- Anatomische und physiologische Grundlagen sowie
- Ernährung

Schulter- und Armmuskulatur (M. teres major, M. latissimus dorsi, Mm. rhomboidei, M. serratus anterior, M. trapezius)

M. teres major, M. latissimus dorsi, Mm. rhomboidei Beweglichkeitstest
Ausgangsposition: Rückenlage, die in Richtung Beine gestreckten Arme liegen mit den Handflächen auf der Unterlage, die Knie sind angewinkelt.
Testbewegung: Beide Arme werden möglichst nahe am Kopf vorbeigeführt und auf der Unterlage abgelegt.
Bewertung: Eine normale Dehnfähigkeit liegt vor, wenn die Arme auf der Unterlage abgelegt werden können.

Abb. 1 M. teres major, M. latissimus dorsi, Mm. rhomboidei Beweglichkeitstest

M. serratus anterior, M. trapezius Krafttest
Ausgangsposition: Vierfüßlerstand
Testbewegung: Das Körpergewicht wird bei leicht gebeugten Armen zunehmend nach vorne verlagert.
Bewertung: Auf der schwachen Seite kommt es zu einem Abheben des Schulterblattes.

Abb. 2 M. serratus anterior, M. trapezius Krafttest Ausgangsstellung

Abb. 3 M. serratus anterior, M. trapezius Krafttest Endstellung

Sonstige Testverfahren zur Bestimmung der Kraft

Wie einleitend bereits erwähnt, lässt sich die motorische Fähigkeit Kraft in die Ausprägungsformen Schnellkraft, Kraftausdauer und Maximalkraft unterteilen.

Testverfahren zur Ermittlung der Schnellkraft
Testverfahren zur Ermittlung der Schnellkraft bieten sich in zahlreichen Sportarten als

7 Bezeichnen Sie die fehlenden Muskeln.

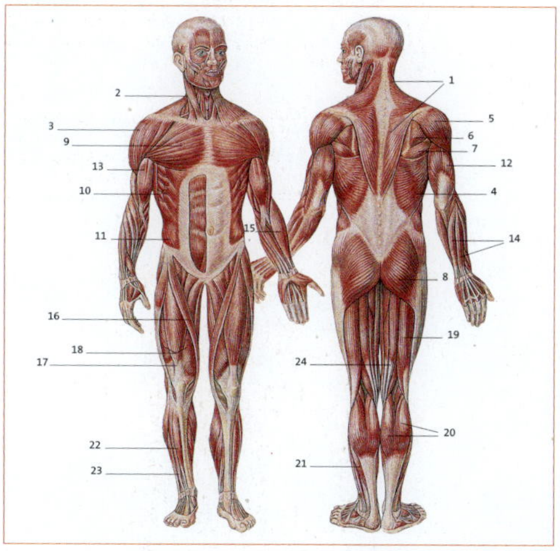

8 Welche Muskelfasern werden bei der Skelettmuskulatur unterschieden? Charakterisieren Sie diese.

9 Warum gibt es Schleimbeutel bzw. Sehnenscheiden?

10 Nennen Sie zwei Beispiele, bei denen Ansatz und Ursprung vertauscht werden können.

11 Nennen Sie die Synergisten und Antagonisten der ischiocruralen Muskulatur in Abhängigkeit ihrer Funktion.

12 Wo hat der M. quadriceps femoris seine Ursprünge und seinen Ansatz?

13 Wo hat der M. trapezius seine Ursprünge und seinen Ansatz?

14 Welche Muskeln gehören zu den Schultergürtelmuskeln?

15 Welche Muskeln gehören zu den Außenrotatoren?

16 Welche Funktion hat die Rotatorenmanschette?

Prüfungsaufgaben bieten die Möglichkeit, erarbeitete Kenntnisse zu wiederholen, und bereiten auf die IHK-Prüfung zum Fitnesstrainer vor.

Sport & Fitness

Sportfachlich beraten und betreuen

von

Tom Flicke

In Zusammenarbeit mit der Verlagsredaktion

Cornelsen

Vorwort

Das Lehrbuch „Sport und Fitness – Sportfachlich beraten und betreuen“ enthält alle Inhalte des Lernfelds „Kunden und Mitglieder sportfachlich beraten und betreuen“ für den Ausbildungsberuf Sport- und Fitnesskaufmann/Sport- und Fitnesskauffrau. Das Buch ist somit auch Grundlage der mündlichen IHK Abschlussprüfung.

Ein Fitnesstrainer hat die Aufgabe, Sport treibende Menschen angemessen in ihren Zielvorstellungen zu beraten, zu betreuen und zu unterstützen.
- Die beratende Tätigkeit erstreckt sich darauf, den Kunden im Hinblick auf seine eigenen Zielvorstellungen richtig einzuschätzen und ihm gegebenenfalls weitere oder realistischere Ziele auf Grund seiner individuellen körperlichen Voraussetzungen aufzuzeigen.
- Während des gesamten Trainingsprozesses hat der Fitnesstrainer betreuende Funktion. Es gilt, dem Kunden nach den gemeinsam entwickelten Zielen geeignete Methoden aufzuzeigen, um diese Ziele zu erreichen. Die Umsetzung dieser Methoden ist im Hinblick auf ihre korrekte Durchführung vom Fitnesstrainer zu kontrollieren.
- Ein weiterer ganz wesentlicher Aspekt im Rahmen der Fitnesstrainer-Tätigkeit ist die soziale Kompetenz des Trainers. So ist es äußerst wichtig, dass der Kunde zum Trainer ein Vertrauensverhältnis aufbaut, damit er seine Anweisungen annimmt. Denn nur wenn der Kunde sich auf den Trainer einlässt, ist dieser letztlich in der Lage, ihn im Rahmen seiner individuellen Zielvorstellung optimal zu unterstützen. Auf Grund des Schwerpunktes dieses Buches kann diese Thematik nicht behandelt werden. Es sei hierbei auf die einschlägige Fachliteratur verwiesen.

Um diesen Aufgaben hinreichend gerecht zu werden, sind grundlegende theoretische und fachpraktische Kenntnisse in den Bereichen
- Trainingslehre, d. h. Durchführung eines Fitness-Checks und Erstellung eines individuellen Trainingsplanes,
- physiologisch und anatomische Grundlagen, d. h. Kenntnisse bezüglich der Atmung, des Blutes, des Kreislaufsystemes und des Bewegungsapparates,
- Ernährung, d. h. Kenntnisse über die Hauptnährstoffe, Vitamine, Mineralstoffe, den Flüssigkeitshaushalt, die Ernährung in den verschiedenen Sportphasen und bei Adipositas notwendig.

Da der Fitness-Check genauere physiologische und anatomische Kenntnisse voraussetzt, empfiehlt es sich unter Umständen die Kapitel 4–6 zuerst zu lesen.
Problematisch erweist sich im Rahmen einer Fitnesstrainer-Tätigkeit, dass die Bezeichnung des Fitnesstrainers oder Personaltrainers rechtlich nicht geschützt bzw. an keine entsprechende Ausbildung gekoppelt ist. Heutzutage kann sich jeder als Fitnesstrainer bezeichnen und entsprechende Dienstleistungen anbieten. Leider ist es für den Laien nicht immer auf den ersten Blick zu durchschauen, ob er es mit einem qualifizierten Trainer zu tun hat.
Eine hinreichende Qualifikation bieten hier sicherlich entsprechende Vorbildungen, wie sie z. B. von der BSA-Akademie angeboten werden.
Dieses Buch soll den Fitnesstrainer unterstützen, eine qualifizierte Dienstleistung anzubieten, um sich damit – auf lange Sicht gesehen – eine zufriedene Kundschaft aufzubauen. Zu guter Letzt sei an dieser Stelle ausdrücklich darauf hingewiesen, dass dieses Buch zwar das notwendige Grundlagenwissen vermitteln kann, jedoch keinen Ersatz für eine fachpraktische Ausbildung ist.

Tom Flicke

Gerne dürfen Sie uns Verbesserungsvorschläge und Anregungen zusenden:
c-mail@cornelsen.de

Trainingslehre

Physiologische und anatomische Grundlagen

Sport und Ernährung

Trainingslehre

1 Festlegung des Trainingsziels

Mit der Festlegung eines individuell zugeschnittenen Trainingsziels steht und fällt die gesamte Trainingsplangestaltung. Die angestrebten Trainingsziele ziehen bestimmte Trainingsmethoden nach sich, die bei der Ausübung des Trainingsplans eingehalten werden müssen. Nachfolgende Tabelle soll den Ablauf der Trainingsplangestaltung aufzeigen:

1 Festlegung des Trainingsziels (Zielfestlegung impliziert Trainingsmethoden und Belastungsnormative)

› Trainingsziele werden vom Kunden geäußert bzw. müssen aus dem Fitness-Check erkannt werden.

Präventive Ziele

Rehabilitative Ziele

Körperformung

Leistungssport

2 Fitness-Check

- Befragung (Anamnese, bisheriges Sportverhalten)
- Messungen (Puls, Blutdruck, Fettgehalt, BMI, Bauchumfang)
- Inspektion (Füße, Knie, Rücken)
- Testverfahren (sportmotorische Tests zur Ermittlung der Kraft, Ausdauer, Beweglichkeit und Koordination)

› Welche Testübungen bieten sich in der gegebenen Situation an?

3 Erstellung eines individuellen Trainingsplans (basierend auf der Zielfestlegung und dem Fitness-Check)

Bei der Trainingsplangestaltung müssen Trainingsprinzipien berücksichtigt werden.

- Trainingsprinzipien

› Welche Prinzipien müssen bei der Trainingsplanerstellung besonders beachtet werden?

Aus der Zielsetzung leiten die Trainingsmethoden das Ausdauer-, Kraft-, Beweglichkeits- und Koordinationstraining und ihre jeweiligen Belastungsnormative direkt ab:

- Trainingsmethoden

› Welcher Methoden-Mix dient der Zielerreichung? Warum?

Basierend auf den Trainingsmethoden geht es nun um die Inhalte zur Gestaltung des individuellen Trainingsplans:

- Ablauf bzw. Aufbau des Trainingsplans
  - Aufwärmung (10–20 min; Organismus vorbereiten, ansteigende Belastung)
  - Hauptteil (20–60 min, individuelles Ziel, hohe Belastung)
  - Cool-down (5–10 min, abklingender Teil)

› Diese Dreiteilung muss bei der Trainingsplanerstellung eingehalten werden.

- Trainingsorganisation

› Welche Organisationsform (Stations-, Circuittraining) bietet sich im Hinblick auf das Erreichen des Trainingsziels an?

- Trainingsinhalte

› Welche Übungen und/oder Kurse bieten sich im Rahmen des Trainingsplans an?

Tab. 1 Ablauf einer Trainingsplanerstellung

Die Trainingszielfestlegung stellt somit ein komplexes Unterfangen dar, welches den Fitnesstrainer nachhaltig fordert.

Ein z. B. von einem Trainingsanfänger geäußertes Ziel, dass er in einem Jahr so aussehen möchte wie Arnold Schwarzenegger zu seinen besten Zeiten, muss der Fitnesstrainer realistisch einordnen können und ggf. korrigieren.

Ein dem Kundenwunsch entsprechender Trainingsplan würde diesem zunächst einmal mehr schaden als nützen. Hier gilt es, nicht stur der Maxime „Des Kunden Wunsch sei mein Himmelreich" zu folgen. Vielmehr muss sich schon in dieser Situation die Qualität des Trainers beweisen. Mitunter ergeben sich neben dem vom Kunden geäußerten Trainingsziel im Gespräch bzw. dem anschließenden Fitness-Check Probleme und/oder Schwächen, die ein weiteres Trainingsziel erkennen lassen.

Die Gestaltung des Trainingsplans basiert daher auf den folgenden Zielen:
1. **Primärziel**, das sich aus der individuellen Zielvorstellung des Kunden ergibt
2. **Sekundärziel**, das aus den Ergebnissen des Fitness-Checks resultiert

Die nachfolgende Tabelle gibt eine Übersicht über die im Fitness-Studio vorherrschenden Trainingsziele. Da sich die Leistungssteigerung als Trainingsziel auf den Leistungs- und Hochleistungssport bezieht, soll sie im weiteren Verlauf der Trainingsplanerstellung nur am Rande angesprochen werden.

Trainingsziele	Erläuterung
Gewöhnung, Anpassung	• „Einstiegsprogramm" nach längerer Sportabstinenz
Fitness- und Gesundheitstraining	• Vorbeugen von Beschwerden (Prävention) • Basistraining, allgemeine Körperstärkung • Fit im Alter
Körperstraffung	• Bodyshaping (Gewebestraffung) • Gewichtsabnahme
Körperformung	• Muskelaufbau • Ein gut durchtrainierter athletischer Körper
Bodybuilding	• Masseaufbau • Bodybuilder
Leistungstraining	• Spezialtraining je nach Sportart
Rehabilitation bzw. Regeneration	• Verringerung von Beschwerden bei Verletzung, Krankheit, Behinderung • Ausgleich von Kraftdefiziten der Skelettmuskulatur nach Verletzungen und Krankheiten

***Tab. 1** Trainingsziele im Fitness-Studio*

2 Fitness-Check

Ein Fitness-Check ist zunächst einmal die Grundvoraussetzung für das Erstellen eines individuellen Trainingsplans. So wird durch den Fitness-Check der aktuelle Leistungs- und Gesundheitszustand und damit das sekundäre Trainingsziel ermittelt. Nachfolgende Module sind während des Fitness-Checks in der empfohlenen Reihenfolge abzuarbeiten:

Sportverhalten ↑Seite 11
Anamnese ↑Seite 11
Puls Blutdruck ↑Seite 12, 13
Fettgehalt BMI Bauchumfang ↑Seite 18, 23
Fuß, Knie Rücken ↑Seite 27–29
Sportmotorische Tests ↑Seite 34
Muskelfunktionstests ↑Seite 38

Fitness-Check und Beratung	
1 Befragung	• Bisheriges ↑ Sportverhalten • ↑ Anamnese
2 Messungen	• ↑ Puls • ↑ Blutdruck • ↑ BMI • ↑ Fettgehalt • ↑ Bauchumfang
3 Inspektion	• ↑ Fuß • ↑ Knie • ↑ Rücken
4 Testübungen	• ↑ Sportmotorische Tests • ↑ Muskelfunktionstests wie Dehnungs- oder Krafttests/ Insuffizienztests
5 Beratung	• Bei pathologisch (= krankhaft) abweichenden Befunden bei Punkt 1 und Punkt 2 wird eine ärztliche Kontrolluntersuchung empfohlen. Generell sollte Kunden ab dem 35. Lebensjahr ein Ruhe- bzw. Belastungs-EKG vor dem Trainingsbeginn nahegelegt werden.

***Tab. 1** Module des Fitness-Checks*

Abgesehen von der aktuellen Istbestandsermittlung kann der Fitness-Check auch als Kontrollinstrument eingesetzt werden. Es handelt sich in der Regel um einen Makro-Zyklusplan, der für mehrere Wochen bis zu 1/4 Jahr Gültigkeit hat.
Um verwertbare Aussagen aus dem Fitness-Check zu erhalten, muss dieser den folgenden Anforderungen gerecht werden:

- für möglichst viele Alters- und Leistungsgruppen geeignet sein,
- zuverlässige, gültige und objektive Ergebnisse liefern,
- einfach durchzuführen und auszuwerten sein und
- ein Ergebnis liefern, mit dem bei der Trainingsplanerstellung gearbeitet werden kann.

Der Fitness-Check sollte zur Qualitätssicherung standardisiert ablaufen. Dadurch werden Fehlerquellen minimiert und eine hohe Transparenz für alle am Trainingsprozess Beteiligten erreicht. Ein weiterer Vorteil der Standardisierung ist die schnelle Einarbeitung der verschiedenen Trainer in die aktuelle Kundensituation. Qualitätsverluste durch die im Fitness-Studio üblichen Trainerwechsel können so vermieden werden.
Zur Dokumentation der Ergebnisse des Fitness-Checks und als Kontrollinstrumentarium bietet sich ein Befundbogen an. Mit dem Befundbogen am Ende dieses Kapitels soll dem Trainer eine Möglichkeit aufgezeigt werden, wie dieser im Fitness-Studio aussehen könnte.

2.1 Befragung

Eine standardisierte Befragung beinhaltet das *bisherige Sportverhalten* und dic *Anamnese.*

2.1.1 Bisheriges Sportverhalten

Im Rahmen der Befragung über das bisherige Sportverhalten gilt es, die sportliche „Biografie" des Kunden herauszufinden. Es sind unter anderem folgende Fragen zu stellen:

- Welche Sportarten haben Sie bisher und wie regelmäßig betrieben bzw. betreiben Sie aktiv?
- Über welchen Zeitraum haben Sie diese Sportart(en) ausgeführt bzw. wann war die letzte längere Trainingspause?
- Warum haben Sie mit Ihrer(en) Sportart(en) aufgehört?
- Welche Erfahrungen haben Sie bisher mit Fitness-Studios?

Auf Grund der Antworten können bereits erste Rückschlüsse über das bisherige Trainingsverhalten und die Ausprägung der motorischen Fähigkeiten gezogen werden.

2.1.2 Anamnese

Die Befragung des Kunden nach evtl. aktuellen Beschwerden, vorangegangenen Erkrankungen sowie Familienerkrankungen heißt Anamnese. Durch die als Informationsgespräch stattfindende Anamnese soll ermittelt werden, ob bei dem Kunden Beschwerden, Verletzungen oder Krankheiten vorliegen, die eine ärztliche Konsultation vor dem Training notwendig machen. Beantwortet der Kunde eine der folgenden Gesundheitsfragen mit „Ja", muss ihm vor Aufnahme des Trainings ein Arztbesuch angeraten werden. Zum Haftungsausschluss von Seiten des Fitnesstrainers bzw. des Studios empfiehlt es sich, den Fragebogen („Risiko-Checkliste") vom Kunden unterschreiben zu lassen. Der sich anschließende Fragebogen soll exemplarisch darstellen, wie die Anamnese im Fitness-Studio aussehen kann:

1 Sind Sie über 35 Jahre alt und haben Sie seit mehr als sechs Monaten keinen Sport mehr betrieben?	☐ Ja	☐ Nein
2 Fühlen Sie sich bei Belastungen häufiger unwohl, d.h. treten z.B. Schwindel, Kopfschmerzen, Kurzatmigkeit oder Schmerzen in der Brust auf?	☐ Ja	☐ Nein
3 Liegt bei Ihnen eine Atemwegserkrankung vor (Rachen, Nase, Nebenhöhlen)?	☐ Ja	☐ Nein
4 Haben Sie Asthma bronchiale?	☐ Ja	☐ Nein
5 Sind Sie starker Raucher (>15 Zigaretten/Tag)?	☐ Ja	☐ Nein
6 Haben Sie erhöhten Blutdruck, der regelmäßig über 140/90 mmHg liegt?	☐ Ja	☐ Nein
7 Liegt Ihr Ruhepuls (gemessen am frühen Morgen vor dem Aufstehen oder nach 15 Minuten Ruhe) regelmäßig über 100 Herzschläge pro Minute?	☐ Ja	☐ Nein
8 Liegt bei Ihnen eine Stoffwechsel- (z.B. Diabetes) oder Schilddrüsenerkrankung (z.B. Überfunktion) vor?	☐ Ja	☐ Nein
9 Leiden Sie an akuten Gelenk- oder Muskelbeschwerden oder -erkrankungen?	☐ Ja	☐ Nein
10 Fühlen Sie sich in letzter Zeit oft abgespannt, gereizt oder gehetzt?	☐ Ja	☐ Nein

Tab. 1 *Gesundheitsfragen („Risiko-Checkliste") vor der Durchführung von Belastungstests*

2.2 Messungen

Messungen sind Untersuchungsvorgänge, bei denen körperliche Veränderungen des Kunden durch den Einsatz verschiedener Hilfsmittel beurteilt werden. Zu den Hilfsmitteln gehören u. a. das Maßband, die Stoppuhr, die Personenwaage, der Caliper (Fettmesszange) oder das Blutdruckmessgerät. Unter Messungen beim Fitness-Check sollen die

- Messungen des Herz-Kreislauf-Systems wie Puls und Blutdruck und
- die Analyse des Körperbaus wie die Ermittlung des BMI, die Analyse des Fettgehalts und die Bestimmung des Bauchumfangs verstanden werden.

2.2.1 Herz-Kreislauf-System

Erste Aussagen über das Herz-Kreislauf-System lassen sich durch Bestimmung des Pulses mit der Stoppuhr und des Blutdrucks mit dem Blutdruckmessgerät machen.

Puls (Herzfrequenz)

Die Pulsmessung innerhalb des Fitness-Checks dient als Indikator, um einen ersten Eindruck über die Ausdauerleistungsfähigkeit und damit den Konditionszustand des Kunden zu gewinnen. Daneben wird der Puls auch zur Kontrolle der Trainingsbelastung eingesetzt. Der Puls entsteht durch den rhythmischen Blutauswurf des Herzens der in der Aorta Pulswellen erzeugt, die sich bis zu den Kapillaren fortpflanzen.
Der Puls wird mit Zeige-, Mittel- und Ringfinger an der Arteria radialis (oberhalb des Handgelenkes) über eine Minute gemessen. Aus Zeitgründen wird in der Praxis die Messung in der Regel nur 15 bzw. 30 Sekunden durchgeführt und mit dem Faktor vier bzw. zwei multipliziert. Um die Messzeit genau einzuhalten, sollte der Fitnesstrainer eine Stoppuhr verwenden. Es ist wichtig bei der Messung darauf zu achten, dass die Arteria radialis durch die Fingerkuppen nicht zu stark komprimiert wird und die Finger dem Gefäßverlauf entsprechend aufgelegt werden.

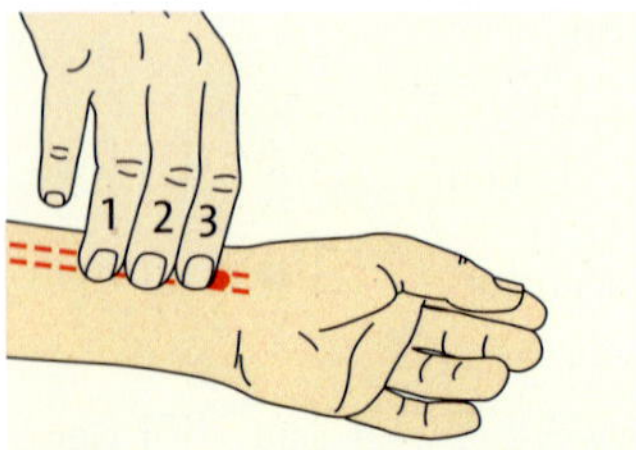

Abb. 1 Tasten des Pulses am Handgelenk

Zunächst einmal findet die Messung in Ruhe statt, d. h., der Ruhepuls wird ermittelt. Im Anschluss an die Ruhepulsmessung wird der Kunde fünf Minuten leicht belastet (z. B. durch lockeres Walking bzw. Jogging auf dem Laufband oder Fahren auf dem Ergometer mit ganz geringem Widerstand) und direkt nach der Belastungsphase wird erneut gemessen. Der ermittelte Wert wird als Belastungspuls bezeichnet. Weitere Messungen finden eine, drei und fünf Minuten nach der Belastung statt.

Ruhepuls im strengen Sinn ist der Puls, der morgens vor dem Aufstehen gemessen wird.

Der Ruhepuls sollte bei einem nicht ausdauertrainierten Erwachsenen 60–80 Schläge pro Minute betragen. Frauen liegen eher im Bereich von 70–80 Schlägen pro Minute und Männer im Bereich von 60–70 Schlägen pro Minute. Die höhere Herzfrequenz der Frauen ist hierbei durch die im Verhältnis zu ihrem Körper kleinere Herzgröße begründet. Das Herz der Frau muss also öfter Schlagen, um relativ gesehen die gleiche Blutmenge zu pumpen. Bei einem ausdauertrainierten Menschen kann die Herzfrequenz auch deutlich unter 60 Schlägen/Minute liegen. Weniger als 60 Schläge/Minute sind bei einem ausdauertrainierten Erwachsenen als positiv, bei einem nicht ausdauertrainierten Erwachsenen als pathologisch (= krankhaft) zu bewerten.
Der Belastungspuls sollte nach einer Belastungsphase innerhalb von 1–5 Minuten Erholungszeit wieder auf seinen ursprünglichen Wert zurückgegangen sein. Längere Erholungszeiten sind wiederum als pathologisch anzusehen.

Nachfolgende Tabelle gibt einen Überblick bezüglich der Eingruppierung der Pulswerte von nicht ausdauertrainierten Erwachsenen:

Puls in Schlägen/Minute	Bewertung der Ruhepulswerte von nicht ausdauertrainierten Erwachsenen
< 60	Bradykardie
60–80	normaler Pulsbereich
> 100	Tachykardie

Tab. 1 Eingruppierung von Pulswerten

Bradykardie = zu langsame Herzfrequenz

Tachykardie = zu schnelle Herzfrequenz

Bei Kunden, die Betablocker einnehmen, geht der Puls infolge der Medikamenteneinnahme auch nach großer Belastung nicht über 110 Schläge/Minute hinaus. Dadurch kann nicht oder nur zu spät erkannt werden, wo die aktuelle Belastungsgrenze des Patienten liegt. Eine Überlastung des Herz-Kreislauf-Systems wäre die Folge. Gerade bei der Durchführung von motorischen Ausdauertests ist die Abklärung der Einnahme dieses blutdrucksenkenden Medikamentes von äußerster Wichtigkeit!

Um auch ohne Pulsuhr die Belastung beim Ausdauertraining zu kontrollieren, bietet die Borg-Skala eine gute Alternative. Bei dieser wird der Puls anhand des individuell empfundenen Anstrengungsgrads abgeleitet. Jedem Anstrengungsgrad ist ein Skalenwert zugeordnet, der mit dem Faktor zehn multipliziert werden muss, um somit den aktuellen Belastungspuls zu erhalten.

Borg-Skala:
- 6: keine Anstrengung
- 7–8: sehr, sehr leicht
- 9–10: sehr leicht
- 11–12: recht leicht
- 13–14: etwas anstrengend
- 15–16: anstrengend
- 17–18: sehr anstrengend
- 19: sehr, sehr anstrengend
- 20: zu stark

Blutdruck

In verschiedenen Bereichen des Blutkreislaufs herrschen unterschiedliche Druckverhältnisse. Wird ganz allgemein vom Blutdruck gesprochen, dann ist damit der arterielle Druck in den großen Schlagadern (Arterien) auf Herzhöhe gemeint. Er wird eingeteilt in einen systolischen (oberer Wert) und diastolischen (unterer Wert) Blutdruckwert.
Mit Hilfe der Blutdruckmessung kann der Fitnesstrainer Informationen über die Funktion des Herzens und des Kreislaufsystems gewinnen. Dass der Blutdruckmessung im Rahmen des Fitness-Checks ein ganz besonderer Stellenwert eingeräumt werden muss, hängt mit der Tatsache zusammen, dass ein erhöhter Blutdruck die Gefahr von Herz-Kreislauf-Erkrankungen (HKE) bedingt bzw. auch ein Indikator für eine bereits bestehende Erkrankung ist. Herz-Kreislauf-Erkrankungen umfassen Krankheitszustände, die sowohl das Herz als auch die Gefäße betreffen. Sie sind in Europa die häufigste Krankheits- und Todesursache.
Die Arteriosklerose (Gefäßverkalkung) und ihre prädisponierenden Risikofaktoren spielen in diesem Zusammenhang eine wichtige Rolle, da sie oftmals Vorboten von tödlichen oder stark einschränkenden Krankheitszuständen wie koronarer Herzkrankheit, Herzinfarkt oder Schlaganfall sind.
Die Blutdruckmessung erfolgt am sitzenden Kunden bei leicht gebeugtem Unterarm an der Arteria brachialis des Oberarms (siehe Seite 14, Abbildung 2). Die Blutdruckmanschette wird dabei so an den freien Oberarm angelegt, dass der untere Manschettenrand einen Abstand von ca. 3 cm zur Ellenbeuge hat. Der Unterarm muss sich beim Messvorgang auf der Höhe des Herzens befinden.

Die **Manschettengröße** bezieht sich dabei immer auf den aufblasbaren Teil der gesamten Vorrichtung.

Um Messfehler möglichst zu minimieren, sind weiterhin folgende Hinweise zu beachten:
- Die Manschettengröße ist vom Armumfang abhängig. Um die geeignete Manschettengröße zu ermitteln, muss daher eine Kontrollmessung vorgenommen werden.

Oberarmumfang	Manschettengröße
< 24 cm	10 × 18 cm
24–32 cm	12 × 24 cm
33–41 cm	18 × 36 cm

Tab. 1 Wahl der Manschettengröße

- Vor der Messung ist eine drei- bis fünfminütige Ruhephase einzuhalten.
- Der Kunde sollte sich vor der Messung weder physischen noch psychischen Belastungen ausgesetzt haben.
- Mindestens eine Stunde vor der Messung sollte der Kunde weder Alkohol noch Nikotin konsumieren.
- Bei der ersten Messung muss der Druck an beiden Armen gemessen werden. Zukünftig ist dann der Arm mit dem höheren Druck zu wählen.

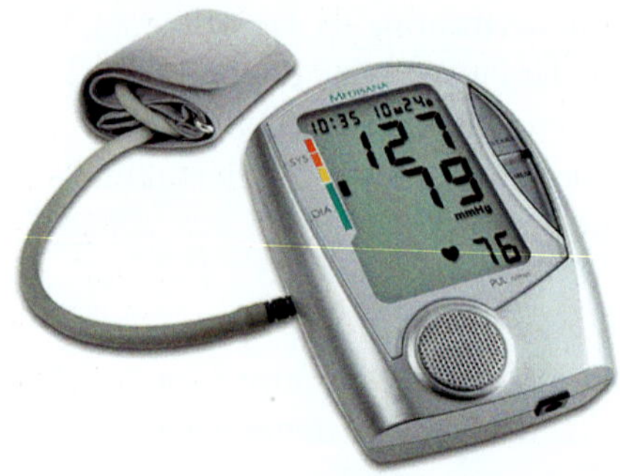

Abb. 1 Blutdruckmessung mit elektronischem Messgerät

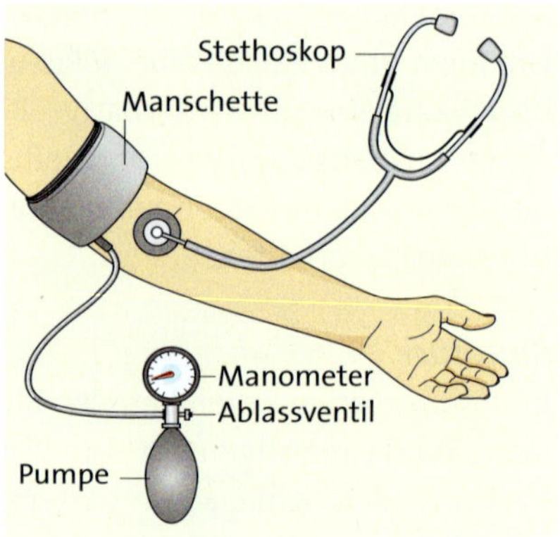

Abb. 2 Blutdruckmessung klassisch

Damit die gemessenen Werte aber auch repräsentativ sind, müssen mindestens drei Messungen zu verschiedenen Zeitpunkten durchgeführt werden. Denn es reicht oftmals schon der „Stress", eine Blutdruckmessung durchzuführen, aus, um das Ergebnis zu verfälschen. Nach Definition der WHO (Weltgesundheitsorganisation) wird der Blutdruck wie folgt eingruppiert.

Die Kraft, die das Blut auf die Gefäßwände der Arterien und Venen ausübt, wird in der Einheit Millimeter Quecksilbersäule (**mmHg**) gemessen.

Blutdruck in mmHg	Bewertung der Ruhewerte
< 100/60	Hypotonie (niedriger Blutdruck)
100/60 – 140/90	normaler Blutdruckbereich
> 140/90	Hypertonie (Bluthochdruck)

Tab. 2 Eingruppierung von Blutdruckwerten

Hypertonie (= Bluthochdruck)

Ursachen der Hypertonie

Bluthochdruck (Hypertonie) gehört zu den häufigsten Erkrankungen in fast allen modernen Industriestaaten. In Deutschland ist fast jeder fünfte Erwachsene betroffen, sodass man von einer echten „Zivilisationskrankheit" ausgehen muss. In der großen Mehrzahl der Fälle kann keine eindeutige Ursache gefunden werden, sodass eine genetische Komponente in Frage kommt. Auffällig ist dabei das häufige gemeinsame Auftreten weiterer Risikofaktoren für Herz-Kreislauf-Erkrankungen wie Nikotin, Alkohol, Zuckerkrankheit (Diabetes mellitus), Fettstoffwechselstörungen oder Übergewicht (**primäre Hypertonie**). So steigern z. B. 10 kg Übergewicht den systolischen Blutdruck in der Regel um 10 mmHg.
Bei etwa 10 % der Patienten kommt eine Hypertonie z. B. durch Nierenerkrankungen oder Wucherungen der Nebennierenrinde zu Stande (**sekundäre Hypertonie**).

Gefahren durch Hypertonie

Das Risiko schwer wiegende Gesundheitsschäden bei Hypertonie zu erleiden wächst mit jedem Millimeter Quecksilber, den das Blutdruckmessgerät zu viel anzeigt. So verdoppelt sich z. B. die Gefahr an einer Herzinsuffizienz (Herzschwäche) zu erkranken, wenn der Blutdruck ständig um nur 5 bis 6 mmHg erhöht ist. Neben dem Herz ist aber auch das Gehirn betroffen. Bluthochdruck schädigt die Gefäßwände der Arterien. In den beschädigten Strukturen der Arterien lagern sich Plaques (Fette und Cholesterin) ab, welche zu Verengungen der Blutgefäße führen. Wird das Gefäß sogar verschlossen, ist die Sauerstoffversorgung z. B. des Herzens oder Gehirns schlagartig unterbrochen. Der Herzinfarkt bzw. Schlaganfall ist eingetreten. Am Auge gehen Gefäßveränderungen infolge des hohen Blutdrucks oft mit Sehstörungen oder sogar einer Erblindung einher. Hat der Bluthochdruck zu einer Schädigung der Arterien in den Nieren geführt, kann die Filterleistung dieses Organs derart herabgesetzt werden, dass der lebenswichtige Reinigungsprozess des Blutes gefährdet ist. Im schlimmsten Fall kann der unbehandelte Bluthochdruck sogar zum völligen Nierenversagen führen.

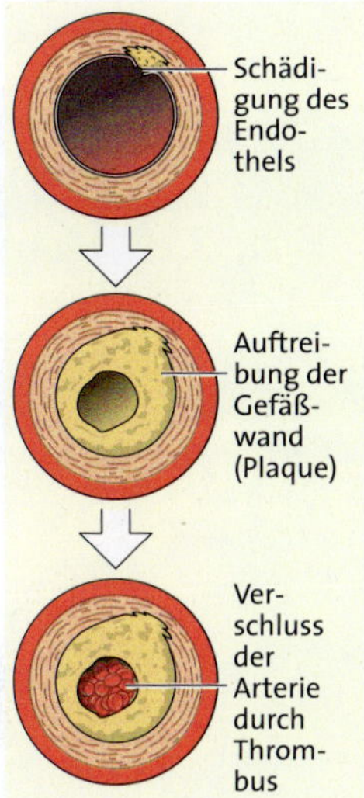

Abb. 1 *Arteriosklerose*

Hypertonie und Fitness

Es ist bekannt, dass Bluthochdruck verbunden mit den Risikofaktoren Nikotin, Zuckerkrankheit (Diabetes mellitus) oder Fettstoffwechselstörungen das Risiko für Herz-Kreislauf-Erkrankungen erhöht. Dass diese Risikofaktoren auch die körperliche Fitness beeinträchtigen, ist damit verständlich. Genauso geläufig ist, dass körperliche Fitness ihrerseits einen positiven Einfluss auf die eben genannten Risikofaktoren hat. So geht eine gute Kondition mit einem geringeren Blutdruck und besseren ↑ Cholesterinspiegeln einher. Alkoholkonsum und Zigarettenrauchen sind hingegen mit einem höheren Blutdruck und schlechteren Blutfettwerten verbunden.
Allerdings ist die körperliche Fitness als alleiniger Indikator für den Gesundheitsstatus nicht ausreichend. Denn selbst die „fittesten" Raucher haben einen schlechteren Gesundheitsstatus und ein höheres Herz-Kreislauf-Risiko als die „unfittesten" Nichtraucher.

Cholesterin
↑ Seite 181

Die beste Fitness nutzt nicht viel, wenn nicht gleichzeitig mit dem Rauchen aufgehört wird. !

Therapie der primären Hypertonie

Die Behandlung der primären Hypertonie erfolgt auf drei Ebenen:

1. *Medikamentöse Behandlung*, auf die nicht näher eingegangen werden soll.
2. *Änderung des Lebensstils* durch z. B.:
   - Aufgabe bzw. Reduzierung schädlicher Lebensgewohnheiten wie Überernährung, Rauchen, hoher Alkohol- und Kaffeekonsum
   - Körperliches Training mit einhergehender Ernährungsumstellung (z. B.: kochsalzarme Kost = weniger als 3 g Kochsalz pro Tag)
   - Stressabbau (evtl. Entspannungsverfahren)

Liegt nur eine leichte Erhöhung des Blutdrucks vor, kann durch die Änderung des Lebensstils oft schon viel ausgerichtet werden.

3. *Kneipp-Wassertherapie*

   Durch die Kneipp-Wassertherapie wird die Stabilität und Regulationsfähigkeit von Kreislauf und Nervensystem verstärkt. Dies wird durch Wasserreize, die nach einem bestimmten Schema verabreicht werden, erreicht. Mögliche Wasserreize sind bei der Hypertonie (allerdings nur nach ärztlicher Rücksprache!) Wechselgüsse, Wadenwickel oder Trockenbürsten. Weitere Praxishinweise bieten z. B. Bachmann/Schleinkofer (2000) in „Die Kneipp-Wassertherapie".

Wichtig ist, dass der Hochdruckkranke sich körperlich fit hält, aber nicht bis an die Grenze der Leistungsfähigkeit trainiert. Sinnvoll wäre ein leichtes körperliches Training von etwa 30 Minuten an mindestens drei Tagen pro Woche. Ausdauersportarten (Schwimmen, Wandern, Walking, Laufen, Radfahren etc.) und Kraftausdauertraining sind dabei zu bevorzugen.

Bereits nach drei Monaten können die Effekte bei der o. g. Trainingshäufigkeit voll erreicht werden. Durchschnittlich senkt sich der systolische Blutdruck um 7–8 mmHg und der diastolische Blutdruck um 5–6 mmHg.

Krafttraining mit hohen Intensitäten hat hingegen keinen blutdrucksenkenden Effekt, sondern stellt vielmehr – besonders bei bestehenden Vorschädigungen – ein zusätzliches Herz-Kreislauf-Risiko dar. Insbesondere sollte jede Körperanspannung, die mit einem Anhalten des Atems („Pressen") verbunden ist, vermieden werden, da hierdurch der Blutdruck in die Höhe getrieben wird. Zum Beispiel können durch die Pressatmung beim Gewichtheben kurzfristig Werte von 320/250 mmHg und mehr gemessen werden.

Auch statisches (isometrisches) Krafttraining sollte unterlassen werden, da es hierbei zu einem Anstieg des peripheren Gefäßwiderstandes kommt, während die Herzfrequenz und das Herzvolumen nur geringfügig ansteigen. In Abhängigkeit der Intensität steigt dadurch der systolische und der diastolische Blutdruckwert deutlich mehr als bei dynamischen Belastungen an.

> Bei Kunden mit einer Hypertonie sind grundsätzlich dynamische Belastungsformen mit geringem Krafteinsatz besser geeignet als Belastungsformen mit hohem Krafteinsatz oder statische Belastungsformen. **!**

Hypotonie (= niedriger Blutdruck)

Ursachen der Hypotonie
Meist sind es große Menschen mit schmalem Körperbau oder junge, schlanke Frauen, deren Blutdruck zu niedrig ist. Da übergewichtige oder adipöse Menschen seltener zu einer Hypotonie neigen, spricht man auch von einer konstitutionellen Hypotonie. Warum der Blutdruck bei dieser Personengruppe niedrig bleibt, konnte bisher nicht geklärt werden. Es wird vermutet, dass hierbei vor allem genetische Faktoren eine Rolle spielen. Diese häufigste Form der Hypotonie wird auch **primäre Hypotonie** genannt.
Ist der niedrige Blutdruck allerdings die Folge einer Grunderkrankung oder Medikamentenwirkung, handelt es sich um eine **sekundäre Hypotonie**.

Grunderkrankungen und Zustände, die eine sekundäre Hypotonie hervorrufen können, sind u. a.:
- Schilddrüsenunterfunktion
- Herzerkrankungen (z. B. Herzinsuffizienz, Herzrhythmusstörungen)
- Flüssigkeitsmangel

Medikamente, die eine sekundäre Hypotonie bedingen können, sind u. a.:
- Wassertreibende Medikamente (Diuretika)
- Blutdrucksenkende Medikamente
- Psychopharmaka gegen Ängste, Schlaflosigkeit oder Depressionen

Auch bei Wachstumsschüben von Kindern und Jugendlichen kann es zu einem niedrigen Blutdruck kommen, da der Kreislauf sich nicht adäquat anpassen kann.

Gefahren durch Hypotonie
Ein niedriger Blutdruck korreliert durch die geringe Belastung der Gefäße mit einer höheren Lebenserwartung. Nichtsdestotrotz kann ein niedriger Blutdruck Beschwerden verursachen, unter denen die Betroffenen sehr leiden. Typische Beschwerden sind z. B. der Antriebsmangel, Müdigkeit, Schwindelanfälle oder Konzentrationsstörungen.
Macht sich der niedrige Blutdruck vor allem beim Aufstehen oder beim Wechsel von kalten in warme Räume mit Herzjagen, Schwarzwerden vor Augen oder Schwindel bemerkbar, handelt es sich hierbei um eine orthostatische Dysregulation. Typische Gefahren sind hierbei der Kollaps und Sturzverletzungen.

Bei dieser Regulationsstörung fällt der Blutdruck rapide ab. Der rapide Blutdruckabfall bei der orthostatischen Dysregulation kann bis zur Bewusstlosigkeit führen.

Therapie bei Hypotonie
Niedriger Blutdruck ist meistens nicht behandlungsbedürftig. Bei Beschwerden gibt es jedoch viele einfache Maßnahmen, die auf Dauer eine Linderung der Symptome bewirken:
1. *Medikamentöse Behandlung*, die meist unnötig ist und nur in Ausnahmefällen zum Tragen kommt.
2. Weitere Behandlungsmaßnahmen sind z. B. die Steigerung der körperlichen Aktivität und die Erhöhung der Trinkmenge.
3. Auch bei der Hypotonie bietet sich die *Kneipp-Wassertherapie* (nach ärztlicher Rücksprache!) an. Methoden die sich bei der Hypotonie anbieten, sind das Wechselarmbad, das Wechselfußbad, der Wechselarmguss, der Wechselknieguss (abends) und der Wechselschenkelguss (abends).

2.2.2 Analyse des Körperbaus

Im Rahmen der Körperanalyse werden folgende Verfahren eingesetzt:

Ermittlung des Body-Mass-Index (BMI)

Adipositas ↑ Seite 200

Die Ermittlung des BMI ist ein Analyseverfahren zur Beurteilung von Übergewicht bzw. ↑ Adipositas. Dieser Gewichtsindex wird durch das Verhältnis zwischen Körpergewicht und Körpergröße ermittelt. Die Grenze der Aussagekraft des BMI ist bei sehr muskulösen Athleten zu sehen. So kommen diese auf Grund ihres gesteigerten Muskelanteils sehr schnell in den Bereich Übergewicht. Die Erklärung dieses Phänomens liegt in der unterschiedlichen Dichte von Fett- und Muskelgewebe. So ist Muskelgewebe je Volumeneinheit etwa 12 Prozent schwerer als Fettgewebe.

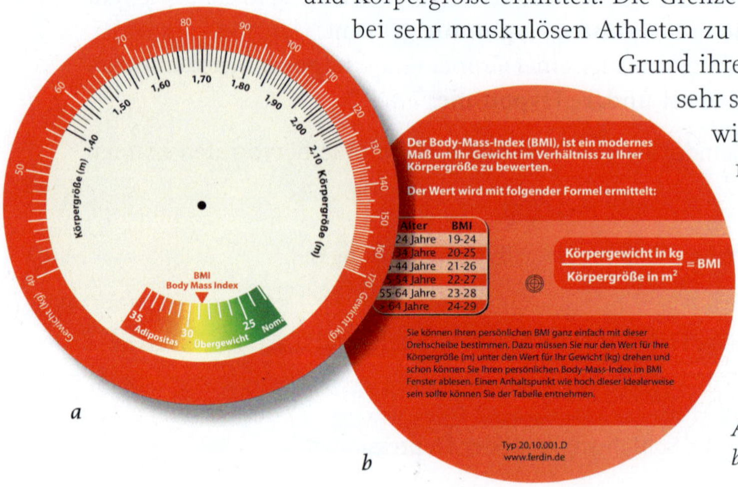

Abb. 1 BMI-Scheibe (a = Vorderseite; b = Rückseite)

Formel:
BMI = Körpergewicht (in kg) / Körpergröße (in m²)

BMI	**Männer**	<20	20–25	25–30	30–35	35–40	>40
	Frauen	<19	19–24	24–30	30–35	35–40	>40
Eingruppierung		Untergewicht	Normalgewicht	Übergewicht	Adipositas I	Adipositas II	Adipositas III

Tab. 1 Schema zur Ermittlung und Anwendung des BMI

Analyse des Fettgehalts

Mit Körperdepotfettbestimmungen kann das Verhältnis zwischen Körperfett und fettfreier Masse anteilsmäßig beurteilt werden. Dadurch kann der Bezug zum Trainings-, Gesundheits- oder Ernährungszustand hergestellt werden.
Es gibt drei Methodenbereiche zur Körperfettbestimmung:

- *Anthropometrische Methode* (z. B.: Calipermetrie)
- *Neuere Methoden* (z. B.: Bioelektrische Impedanz-Analyse – BIA und Infrarotmessung)
- *Labormethode* (z. B.: Densitometrie)

Die in der Sportmedizin üblicherweise eingesetzte Methode ist die Calipermetrie. Da diese Methode sich auf Grund ihrer Messgenauigkeit, einfachen Handhabung und günstigen Anschaffung auch für das Fitness-Studio anbietet, wird diese ausführlicher vorgestellt.
Anschließend wird die genaueste Messmethode, die Densitometrie, die auch Referenzmethode der Calipermetrie ist, dargestellt. Auf Grund des großen Aufwands bei der Messung ist diese Methode für das Fitness-Studio allerdings nicht praktikabel. Abschließend werden die neueren Methoden gewürdigt, die im Fitness-Studio immer mehr eingesetzt werden.

Bei der *Calipermetrie* wird das Körperdepotfett auf der Grundlage der Erfassung der Hautfaltendicke an verschiedenen Stellen des Körpers abgeleitet. Es wird davon ausgegangen, dass ein konstantes Verhältnis zwischen dem subkutanen Fettgewebe und dem Gesamtkörperfett besteht. Mit einem Caliper (Fettmesszange) wird an zehn repräsentativen Stellen die Hautfaltendicke ermittelt. Auf Grund der Summe der gemessenen Hautfalten kann eine Aussage über das Körperdepotfett gemacht werden. Diese Methode ist kostengünstig und mit einem Messfehler von 3 % hinreichend genau.

Der Caliper sollte unabhängig von der Öffnungsweite einen konstanten Druck von 10 g/mm^2 auf die Hautfalten ausüben und eine Ablesegenauigkeit der Skala sollte 0,1 mm betragen. Die Kontaktflächen des Calipers sollten exakt in Richtung der Hautfalte stehen, d. h. etwa 1–2 cm neben den fixierenden Fingern senkrecht zur Körperoberfläche. 2 Sekunden nach Wirksamwerden des Caliperdrucks wird der Zangenabstand abgelesen.

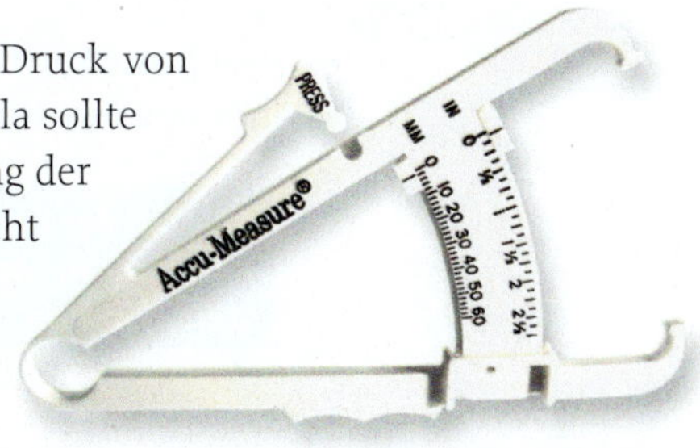

Abb. 1 Caliper

Gemessen wird grundsätzlich an der rechten Körperhälfte an folgenden Punkten:

1. Am Kopf, an dem vor dem äußeren Gehörgang liegenden Vorsprung (Tragus)
2. Am Mundboden, oberhalb des Zungenbeins
3. Am äußeren Axillarrand (Achselfalte) des großen Brustmuskels
4. In Höhe der 10. Rippe in der vorderen Axillarlinie
5. Am Bauch, schräg unterhalb des Nabels, d. h. an der Grenze des ersten Viertels zwischen Nabel und Darmbeinstachel (Spina iliaca anterior superior)
6. Unmittelbar oberhalb des Darmbeinkamms in der vorderen Axillarlinie
7. Unterhalb des Schulterblattwinkels
8. In der Mitte des Trizeps bei hängendem Arm
9. Auf der Vorderseite des Oberschenkels, etwas oberhalb der Patellabegrenzung
10. Über dem äußeren Kopf des Zwillingswadenmuskels, am unteren Rand der Kniekehlenraute

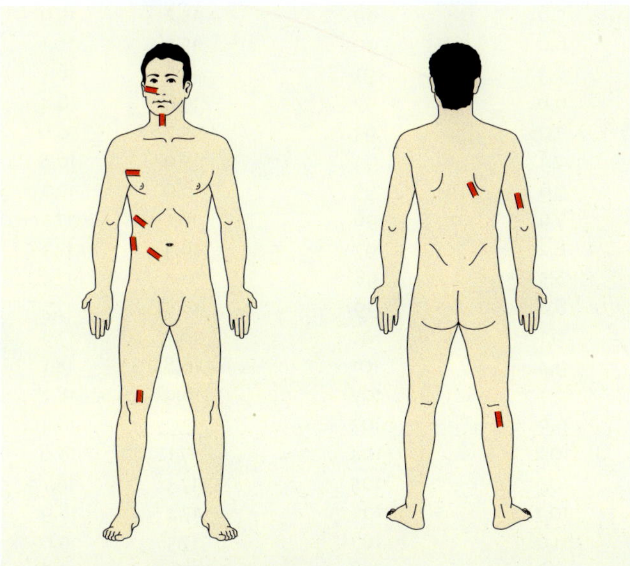

Abb. 2 Messstellen für die Hautfaltenmessung (nach Parizkova 1962)

Normwerte des Fettanteils in %			
Männer		Frauen	
bis 30 Jahre 14–20 %	ab 30 Jahren 17–23 %	bis 30 Jahre 17–24 %	ab 30 Jahren 20–27 %

Tab. 1 Normwerte des Fettanteils in %

Der prozentuelle Körperfettanteil lässt sich nun aus der nachfolgenden Tabelle ablesen und mit den o.g. Normwerten beurteilen

Summe der Hautfalten an 10 Messstellen in mm	Fettanteil in Prozent Männer	Fettanteil in Prozent Frauen	Summe der Hautfalten an 10 Messstellen in mm	Fettanteil in Prozent Männer	Fettanteil in Prozent Frauen
30	1,5		70	12,2	11,8
31	1,9		71	12,3	12,0
32	2,3		72	12,5	12,2
33	2,7		73	12,7	12,5
34	3,1		74	12,9	12,7
35	3,5		75	13,0	12,9
36	3,8	0,4	76	13,2	13,1
37	4,1	0,8	77	13,3	13,4
38	4,5	1,3	78	13,5	13,6
39	4,8	1,7	79	13,7	13,8
40	5,1	2,1	80	13,8	14,0
41	5,4	2,6	81	14,0	14,2
42	5,7	3,0	82	14,2	14,5
43	6,0	3,4	83	14,3	14,7
44	6,3	3,8	84	14,5	14,9
45	6,6	4,2	85	14,6	15,1
46	6,9	4,5	86	14,8	15,3
47	7,1	4,9	87	14,9	15,5
48	7,4	5,3	88	15,0	15,7
49	7,7	5,6	89	15,2	15,9
50	8,1	6,0	90	15,3	16,1
51	8,2	6,3	91	15,5	16,3
52	8,4	6,6	92	15,6	16,4
53	8,7	7,0	93	15,7	16,6
54	8,9	7,3	94	15,9	16,8
55	9,1	7,6	95	16,0	17,0
56	9,4	7,9	96	16,1	17,2
57	9,5	8,2	97	16,3	17,3
58	9,8	8,5	98	16,4	17,5
59	10,0	8,8	99	16,5	17,7
60	10,2	9,1	100	16,7	17,9
61	10,4	9,4	101	16,8	18,1
62	10,6	9,7	102	16,9	18,2
63	10,8	9,9	103	17,0	18,4
64	11,0	10,2	104	17,1	18,6
65	11,2	10,5	105	17,3	18,7
66	11,4	10,7	106	17,4	18,9
67	11,6	11,0	107	17,5	19,0
68	11,8	11,2	108	17,6	19,2
69	12,0	11,5	109	17,7	19,4

Summe der Hautfalten an 10 Messstellen in mm	Fettanteil in Prozent	
	Männer	Frauen
110	17,9	19,5
111	18,0	19,7
112	18,1	19,8
113	18,2	20,0
114	18,3	20,1
115	18,4	20,3
116	18,5	20,4
117	18,6	20,6
118	18,7	20,7
119	18,8	20,9
120	18,9	21,0
121	19,0	21,1
122	19,1	21,3
123	19,2	21,4
124	19,4	21,6
125	19,5	21,7
126	19,6	21,8
127	19,7	22,0
128	19,8	22,1
129	19,9	22,2
130	20,0	22,4
131	20,1	22,5
132	20,1	22,6
133	20,2	22,8
134	20,4	22,9
135	20,4	23,0
136	20,5	23,2
137	20,6	23,3
138	20,7	23,5
139	20,8	23,6
140	20,9	23,7
141	21,0	23,8
142	21,1	24,0
143	21,2	24,1
144	21,3	24,2
145	21,3	24,3
146	21,4	24,5
147	21,5	24,6
148	21,6	24,7
149	21,7	24,8
150	21,8	24,9
151	21,8	25,0
152	21,9	25,1
153	22,0	25,3
154	22,1	25,4
155	22,2	25,5
160	22,6	26,0
165	23,0	26,5
170	23,3	27,0
175	23,7	27,5
180	24,1	28,0
185	24,4	28,5
190	24,7	28,9
195	25,1	29,4
200	25,4	29,8
205	25,7	30,2
210	26,0	30,6
215	26,3	31,0
220	26,6	31,4
225	26,9	31,8
230	27,1	32,2
235	27,4	32,5
240	27,7	32,9
245	27,9	33,2
250	28,2	33,6
255	28,4	33,9
260	28,7	34,3
265	28,9	34,7
270	29,1	35,0
275	29,4	35,3
280	29,6	35,6
285	29,8	35,9
290	30,0	36,2
295	30,3	36,5
300	30,5	36,8
305	30,7	
310	30,9	
315	31,1	
320	31,3	
325	31,5	
330	31,7	
335	31,9	
340	32,0	
345	32,2	
350	32,4	

***Tab. 2** Prozentualer Körperfettanteil*

Mit der *Densitometrie* wird durch Unterwasserwägung – deshalb auch Hydrodensitometrie genannt – die Körperdichte ermittelt. Diese ergibt sich aus der Formel:

Körperdichte (g / cm^3) = Körpermasse (g) / Körpervolumen (cm^3)

Über das Verhältnis von Körpermasse zu Körpervolumen werden Fett und fettfreie Masse bestimmt. Die Densitometrie gilt als die Referenzmethode für die Calipermetrie. Allerdings ist eine densitometrische Untersuchung sehr zeitaufwändig, da z. B. vor der Unterwasserwägung eine Restluftbestimmung nötig ist, um möglichst exakte Dichtewerte zu ermitteln. Dieses Verfahren wird nur für ausgewählte Untersuchungen in einem Labor mit Wassertank durchgeführt.

Bei der *Impedanzmessung* wird das Körperdepotfett auf Grund der elektrischen Leitfähigkeit des Organismus bestimmt. Das magere Muskelgewebe hat mit einem Wasseranteil von 75 % und des damit einhergehenden Flüssigkeits- und Elektrolytgehaltes eine größere elektrische Leitfähigkeit als das Fettgewebe mit einem Wasseranteil von 10–15 %. Es wird also anhand des Widerstands, den der Strom beim Durchfluss durch den Körper erfährt, auf die im Organismus vorhandene Fett- und Magermasse geschlossen. Die Impedanzmessung findet über einen Body-Impedanz-Analyser (BIA), der über Elektroden von „Hand zu Fuß" misst, oder mittels der BIA-Waage auf Basis einer „Fuß zu Fuß"-Stromflussmessung statt. Allerdings ist die Messgenauigkeit dieser Methode kritisch zu beurteilen (vgl. Herm 2003). So ist z. B. die Flüssigkeitsaufnahme und -abgabe durch die Versuchsperson vor einer Impedanzmessung meist nicht nachvollzieh- und kontrollierbar. Schweiß oder ein unterschiedliches Positionieren der Elektroden an den Händen und Füßen, können schon zu erheblichen Messdifferenzen führen. Hinzu kommt eine nicht überschaubare Gerätevielfalt und das Fehlen von Standards bei dieser Messform.

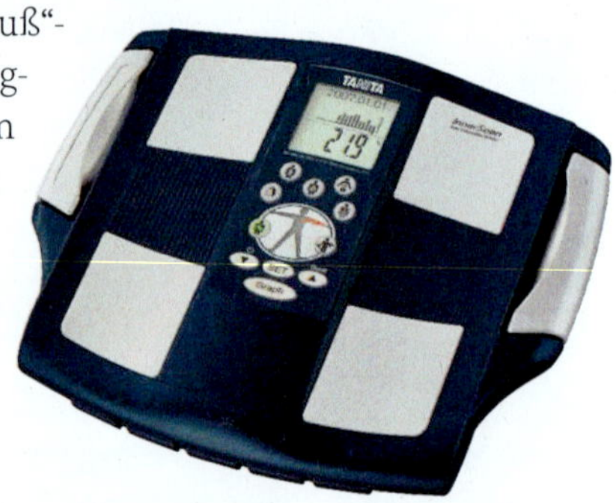

Abb. 1 *Fettmesswaage*

Die *Infrarotmessung* am Muskel wird als leicht handhabbare und genaue Methode beschrieben. Während des Messvorgangs erfolgt eine Neutronenaktivierung mit der gleichzeitigen Analyse des extrazellulären Raums (Körperwasser) und des Körpereiweißes. Dabei werden spezielle Lichtwellenlängen vom Fett absorbiert und über die Messung des absorbierten Lichts der Körperfettanteil ermittelt. Bekannt ist das Gerät Futurex, welches auf die Haut des Oberarmes (M. bizeps) aufgesetzt wird und sowohl einfach als auch schnell zu bedienen ist.

Besonders in Kraft-, Schnellkraft- und Spielsportarten ist ein möglichst geringer Fettanteil gefragt. Auch in den Ausdauerdisziplinen der Leichtathletik würde eine hohe Gesamtkörpermasse verbunden mit einem hohen Fettanteil die Leistung negativ beeinflussen. Allerdings gibt es auch Sportarten, wie z. B. das Sumoringen oder die Wurf- und Stoßdisziplinen der Leichtathletik, wo die höhere Körpermasse mit einhergehendem größeren Fettanteil leistungsfördernd wirkt, da dem Körper im direkten Kampf oder dem Gerät eine höhere Beschleunigung mitgegeben werden kann. Es gilt also in Abhängigkeit der Sportart und Disziplin, die optimale Balance zwischen Körperfett und fettfreier Masse zu erreichen.

Bauchumfangsmessung

Es ist bekannt, dass Übergewicht das Risiko von Herz-Kreislauf-Erkrankungen und Diabetes erhöht. Ob es aber tatsächlich zu diesen Krankheiten kommt, ist vor allem von der Fettverteilung abhängig. Meist kann der Körper Fettansammlungen an Gesäß, Hüften und Oberschenkeln (Birnentyp) relativ gut verkraften, wenn jedoch der Bauchumfang zunimmt (Apfeltyp), ist dies immer ein Warnsignal. Hier befindet sich das Fett unter der Bauchhaut, am Rücken, den Seiten („Rettungsringe") und an den inneren Organen (z. B. Magen, Darm, Leber). Besonders risikoreich ist das Fett um die inneren Organe.

Das Fett um die inneren Organe hat nämlich eine vollkommen andere Zusammensetzung als das Fett an den Oberschenkeln, Hüften oder am Gesäß. Es produziert z. B. besonders viele freie Fettsäuren, die in der Leber in andere Fette umgebaut werden. Während dieser Umbauprozesse kommt es dabei zu Ablagerungen (Plaques) an den Innenwänden der Arterien, die die Gefäße verengen und so die Versorgung der Organe mit Nährstoffen und Sauerstoff einschränken. Bilden sich an einem Engpass Blutgerinnsel oder brechen Ablagerungen auf, können die Gefäße verstopfen. Die Versorgung wäre somit blockiert und ein Teil des Organs stirbt ab. Am Herzen führt das zum Herzinfarkt, im Gehirn zum Schlaganfall und im Bein zu einer peripheren arteriellen Verschlusskrankheit (paVK).

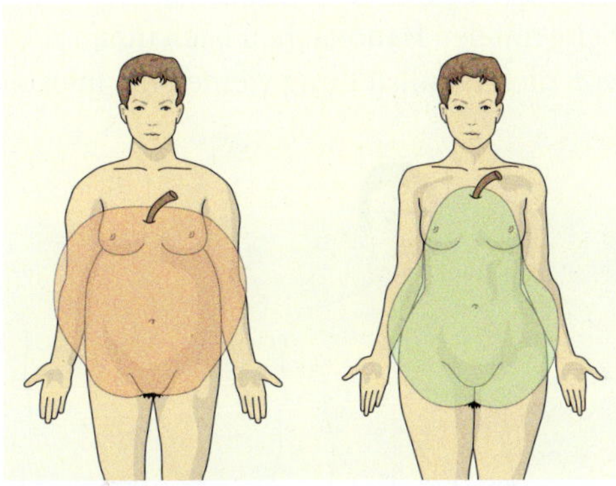

Abb. 1 *Der Apfel- und der Birnentyp*

Der Bauchumfang ist also ein aussagekräftiges Maß, um die Menge des inneren Bauchfetts zu bestimmen. Regelmäßige Bauchumfangsmessungen sind bereits bei einem BMI-Wert jenseits von 25 durchzuführen.

Für die Messung des Bauchumfangs müssen nachfolgende Kriterien eingehalten werden:

- Es wird im Stehen und mit freiem Oberkörper gemessen.
- Das Maßband wird in der Mitte zwischen dem unteren Rippenbogen und dem Beckenkamm angelegt.
- Es wird in gerader Linie zwischen den beiden Punkten um den Bauch herumgeführt.
- Der Bauchumfang wird in leicht ausgeatmetem Zustand abgelesen.

Es gilt, dass

- bei Frauen ein Bauchumfang ab 88 cm und
- bei Männern ein Bauchumfang ab 102 cm

mit einem deutlich erhöhten Risiko für Herz-Kreislauf-Erkrankungen und Diabetes mellitus einhergeht.

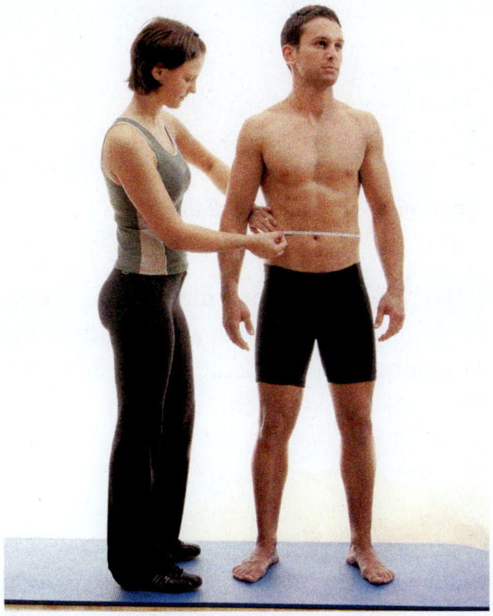

Abb. 2 *Messung des Bauchumfangs*

2.3 Inspektion

Bei der Inspektion (Sichtbefund) wird das äußere Erscheinungsbild des Patienten nach bestimmten Gesichtspunkten genau überprüft. Der nicht physiotherapeutisch oder sportmedizinisch vorgebildete Fitnesstrainer sollte sich auf die Körperhaltungsanalyse von ↑ Fuß-, Kniegelenk und Rücken konzentrieren.

Fuß-, Kniegelenk, Rücken
↑ ab Seite 24 f. und Seite 54

Um eine Inspektion richtig durchführen zu können, sind grundlegende Kenntnisse über die *anatomische Idealstellung*, die *Ebenen* und die verschiedenen *Gelenkbewegungen* des Körpers innerhalb der Ebenen notwendig.
Die anatomische Idealstellung, die auch Nullstellung genannt wird, liegt vor, wenn sich der Körper im aufrechten Stand mit Gesicht nach vorne befindet und dabei die Arme an der Seite mit den Handflächen nach innen zeigen. Die Finger sind hierbei gestreckt. Ausgehend von dieser Nullstellung werden die meisten Körperbewegungen bestimmt.

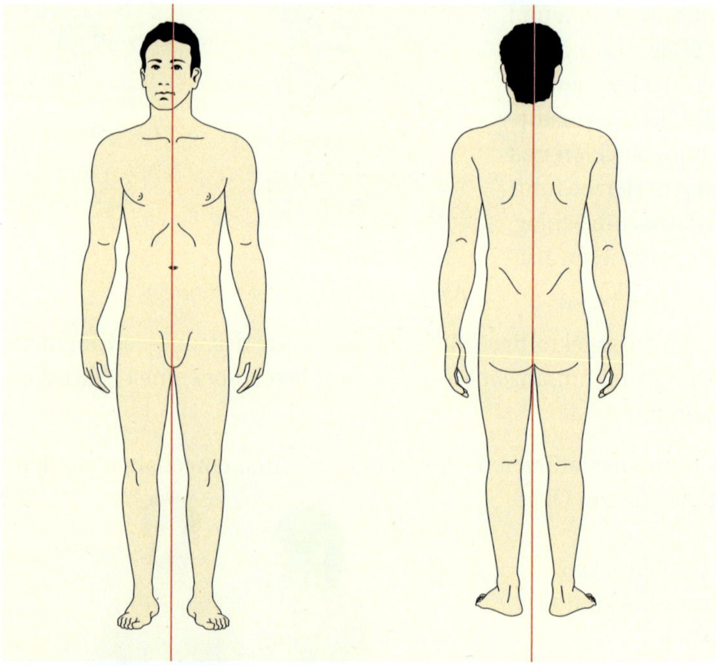

Abb. 1 und 2 *Anatomische Idealstellung*

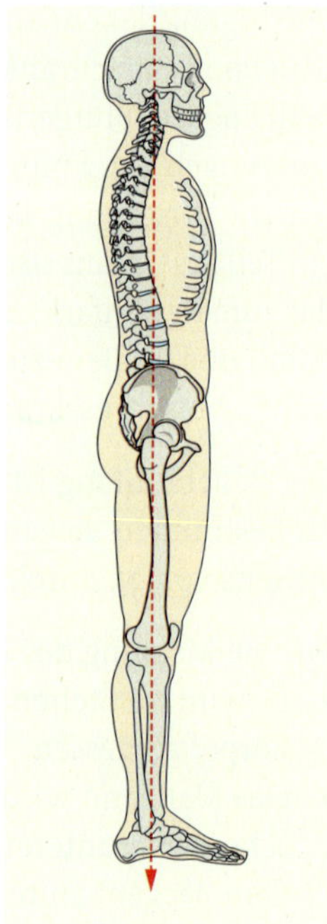

Abb. 3 *Ideale Körperhaltung*

Überprüft werden kann die Haltung des Körpers unter Zuhilfenahme eines Lotes, das von der Seite und von hinten an dem Kunden ausgerichtet wird. Mit dieser Technik lassen sich Abweichungen der Beine (z. B. X-Beine oder O-Beine) oder des Rückens (z. B. Hohlkreuz, Rundrücken, Skoliosen) feststellen.

Abweichungen bzw. Richtungsbezeichnungen und Bewegungen lassen sich mit der folgenden Fachterminologie beschreiben:

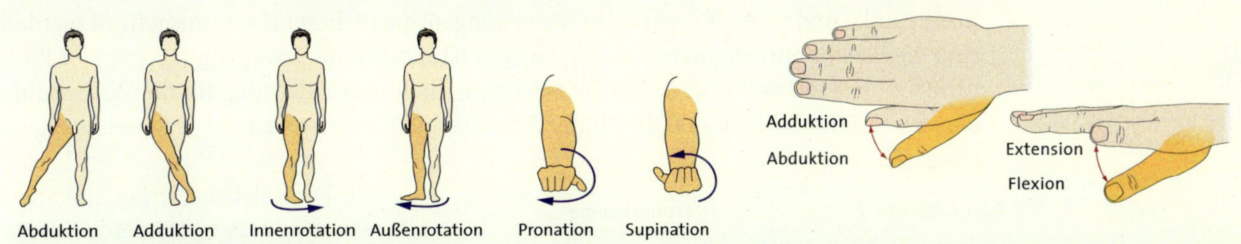

Bewegungsrichtungen	
Abduktion	Abspreizen der Extremität
Adduktion	Heranziehen, Anlegen der Extremität
Rotation	Drehung um die Längsachse „wie eine Pirouette"
Innenrotation	Drehbewegung nach innen
Außenrotation	Drehbewegung nach außen
Pronation	Drehung der Handfläche (oder Fußsohle) nach unten
Supination	Drehung der Handfläche (oder Fußsohle) nach oben Eselsbrücke: Bei der Supination formt man mit der Handfläche einen „Suppenlöffel".

Abb. 1 und Tab. 1 *Bewegungsrichtungen*

Lage- und Richtungsbezeichnungen	
dexter	rechts, der rechte
sinister	links, der linke
cranial	schädelwärts, zum Schädel hin, nach oben
caudal	nach unten, steißwärts
posterior	hinten, der hintere
anterior	vorne, der vordere
dorsal	zum Rücken hin, nach hinten
ventral	zum Bauch hin, bauchwärts
medial	zur Mitte hin, der mittlere
lateral	seitwärts, der seitliche
proximal	zur Körpermitte (zum Rumpf) hin, rumpfwärts
distal	von der Körpermitte weg, vom Rumpf weg
radial	zur Speiche (Unterarmknochen) hin = zum Daumen hin
ulnar	zur Elle (Unterarmknochen) hin = zum kleinen Finger hin
superior	der obere, oben
inferior	der untere, unten

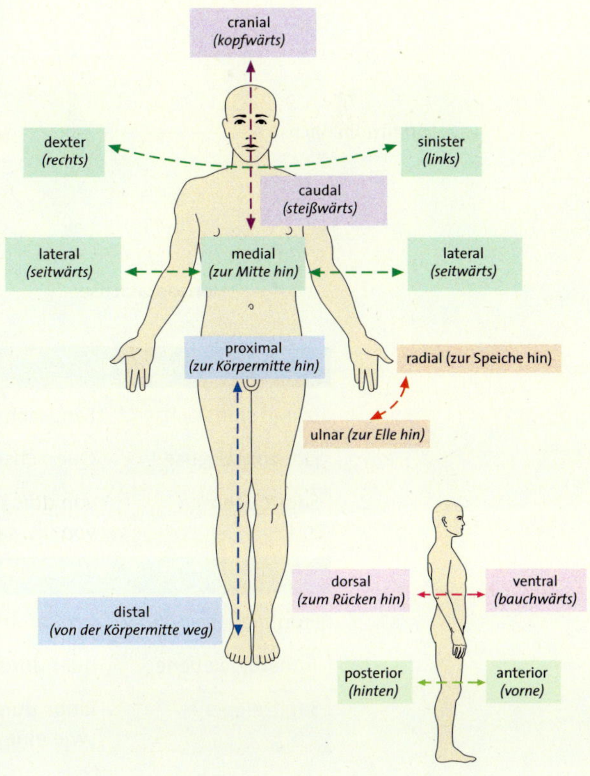

Tab. 2 und Abb. 2 *Lage- und Richtungsbeschreibungen*

Die drei Ebenen, die zueinander rechtwinklig stehen, sind die *Sagittalebene, Frontalebene* und *Transversalebene.*

Die Sagittalebene verläuft im Stand von ventral nach dorsal und schneidet den Menschen in eine linke und rechte Körperhälfte. Bewegungen, die in dieser Ebene ausgeführt werden, sind die Flexion und die Extension. Extension ist hierbei die Bewegung in ventraler Richtung für die Füße und Knie sowie die Bewegung in dorsaler Richtung für die Wirbelsäule, die oberen Extremitäten und die Hüfte. Flexion stellt die entsprechend gegenteilige Bewegung dar.

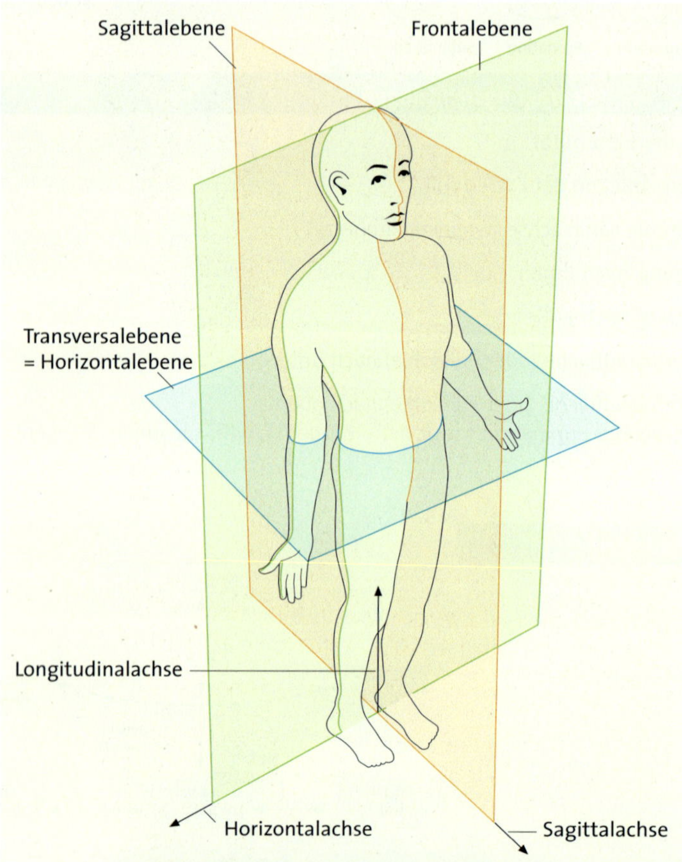

Die Frontalebene verläuft im Stand von der einen zur anderen Körperseite und schneidet den Menschen quasi in eine Vorder- und eine Rückseite. Bewegungen, die in dieser Ebene ausgeführt werden, sind die Abduktion und die Adduktion.

Die Transversalebene verläuft im Stand horizontal und schneidet den Menschen quasi in eine obere und untere Körperhälfte. Bewegungen, die in dieser Ebene ausgeführt werden, sind Rotationsbewegungen.

Körperachsen	
Longitudinalachse	Längsachse „von Kopf bis Fuß“
Horizontalachse	Querachse „wie eine Reckstange“
Sagittalachse	von dorsal nach ventral bzw. umgekehrt verlaufende Achse; von lat. sagitta = Pfeil: „wie ein von vorn in den Körper geschossener Pfeil“
Körperebenen	
Frontalebene	von lat. frons = Stirn: „wie ein Brett vor dem Kopf“
Transversalebene	quer durch den Körper verlaufende Ebene: „wie der Fußboden“
Sagittalebene	längs durch den Körper verlaufende Ebene: „wie eine Wand, die an der Sagittalachse hängt“

Abb. 1 und Tab. 1 *Körperachsen und Körperebenen*

Inspektion der Füße

Wenn man bedenkt, dass jegliche Fortbewegung letztlich durch die Füße realisiert wird, kann sofort nachvollzogen werden, dass Fußschwächen oder Fußfehlformen schnell zu Beschwerden führen können. So kann ein unphysiologisches Nachgeben des „Sockels" Füße zu Fehlbelastungen und Überlastungsreaktionen des gesamten unteren Bewegungsapparates einschließlich der Wirbelsäule führen.

Idealerweise sollten die Füße im schulterbreiten Stand gleichmäßig und ohne deutliches Knicken nach innen belastet sein. Die Ferse zeigt normalerweise eine leichte Knickstellung nach außen. Auch Trittspuren geben Aufschluss über Normabweichungen wie z. B. den Hohlfuß, den Spreizfuß oder den Plattfuß.

Mit der anschließenden Tabelle sollen diese Fehlstellungen näher vertieft werden.

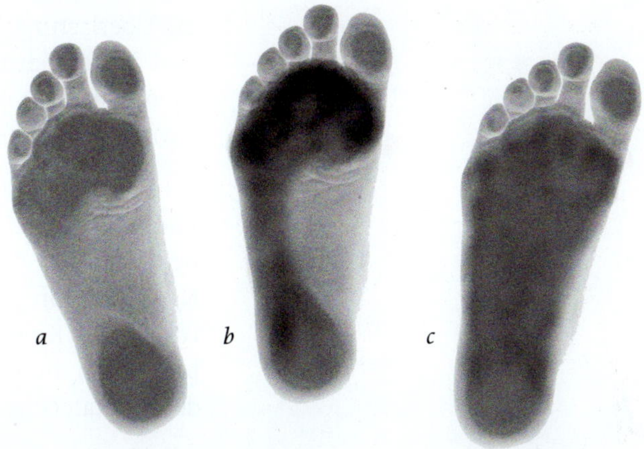

Abb. 1 *a) Hohlfuß, b) Spreizfuß und c) Plattfuß*

> Beim *Plattfuß* ist der Sohlenabdruck vergrößert, beim *Spreizfuß* vorn verbreitert und beim *Hohlfuß* verkleinert.

	Hohlfuß	**Erworbener Plattfuß**	**Erworbener Spreizfuß**
Definition	Beim Hohlfuß ist das Längsgewölbe des Fußes erhöht.	Beim Plattfuß ist das Fußlängsgewölbe abgesenkt.	Beim Spreizfuß ist das Vorfußquergewölbe eingesunken.
Ursachen	Der Hohlfuß tritt bei Muskelerkrankungen und sehr häufig bei neurologischen Erkrankungen auf. Oftmals tritt er zwischen dem 8. und dem 12. Lebensjahr auf und schreitet bis zum Wachstumsabschluss weiter fort.	Der Plattfuß entsteht durch ein Einsinken des Fußlängsgewölbes infolge Insuffizienz der Muskeln und Bänder. Durch das Tragen von Schuhen haben Fuß und Zehen nicht die notwendige Bewegungsfreiheit, um ein Training der Muskulatur zu erlauben.	Beim Einsinken des Vorfußquergewölbes entsteht der Spreizfuß. Er kommt sowohl in Verbindung mit Plattfuß als auch mit Hohlfuß vor. Frauen sind häufiger betroffen.
Therapie	• Einlagenversorgung zur Entlastung der Druckstellen	• Kräftigung der Unterschenkel- und Fußmuskeln • Koordinationsübungen im Einbeinstand auf stabilem und labilem Untergrund • Häufiges Barfußlaufen auf weichem Boden (Sand, Gras, Teppichboden) zur Aktivierung der Fuß- und Unterschenkelmuskeln	

Tab. 1 *Definition, Ursachen und Therapien von Fußfehlstellungen*

Inspektion der Knie

Nachfolgende Abbildung zeigt die Belastungsverteilung der Kniegelenke in Abhängigkeit von der Beinachsenform:

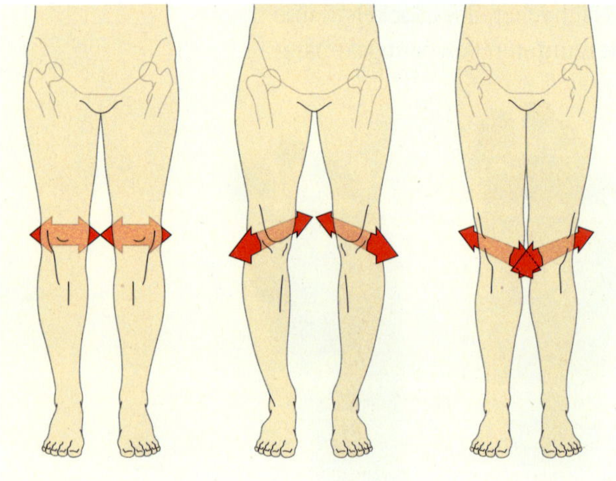

Abb. 1 *Kniefehlstellungen*

Bei der ersten Abbildung handelt es sich um normale Gelenke mit annähernd gleicher Belastung. Bei der zweiten Abbildung liegt eine O-Bein-Stellung (Genu varum) mit Überlastung der medialen (= inneren) Gelenkflächen und bei der dritten Abbildung eine X-Bein-Stellung (Genu valgum) mit Überlastung der lateralen (= äußeren) Gelenkflächen vor.

Idealstellung

Bei der Idealstellung befinden sich die Hüftgelenke in Neutralstellung, d. h., sie sind nicht rotiert, was an der Position der Kniescheiben zu erkennen ist. Die Kniescheiben zeigen direkt nach vorne, d. h., sie befinden sich in der Frontalebene.

O-Bein-Stellung

Die O-Bein-Stellung entsteht durch mediale Rotation der Oberschenkel zusammen mit einer Pronation der Füße und Hyperextension der Kniegelenke. Durch die mediale Rotation der Oberschenkel zeigen die Kniescheiben nach innen und die Flexion und Extension findet schräg zur frontalen Ebene statt. Durch diese Fehlstellung erfolgt eine Hyperextension in posterolateraler Richtung, d. h., es entsteht eine Scherbewegung der Knie von innen nach außen, wodurch diese auseinanderstreben und die Unterschenkel sich dem Anschein nach biegen.

O-Beine treten bei Babys auf, können angeboren sein oder vermehrt bei älteren Menschen durch eine zunehmende Arthrose im Kniegelenk (Gonarthrose) vorkommen.

Die Arthrose zählt zu den degenerativen Gelenkerkrankungen, die häufig die Kniegelenke betrifft. So sind im europäischen Raum etwa 20–40 % bei den über 60-Jährigen von einer Coxarthrose (= Hüftgelenksarthrose), etwas weniger von einer Gonarthrose betroffen. Die Arthrose ist eine Abnutzungserscheinung des Knorpels, die durch Überlastung auftritt und mit chronischen Gelenkentzündungen einhergeht und die zur kompletten Zerstörung des Knorpels mit Versteifung des Gelenks führen kann. Die Aufgabe des Fitnesstrainers besteht darin, gezielt nach dem Risiko für eine Arthrose zu fragen (z. B. Bewegungsschmerzen, Ruheschmerzen, frühere Sportverletzungen) und dies in der Erstellung des Trainingsplans zu berücksichtigen. Zwar ist die Prognose von arthrotischen Veränderungen eher ungünstig, doch können besonders durch gezieltes Koordinationstraining, aber auch durch Kraft- und Ausdauertraining, die Beschwerden erheblich gemindert werden. Bei starken arthrotischen Veränderungen im Kniegelenk sollten gewisse Sportarten wie z. B. Fußball, Handball, Squash, Badminton oder Tennis gemieden werden, da hierbei die Menisken und Bandstrukturen sehr in Mitleidenschaft gezogen werden. Aber auch Scherbewegungen im Kniegelenk, wie sie in klassischer Weise beim Brustschwimmen bzw. Hürden- oder Schneidersitz auftreten, sind zu vermeiden.

Es ist wichtig, beim Vorliegen von O-Beinen zu beachten, dass nicht bei allen O-Beinen zwangsweise eine Arthrose zu Grunde liegt. So machen angeborene O-Beine keine Arthrose und bedürfen ohne Beschwerden auch keiner Behandlung.

X-Bein-Stellung

Zur X-Bein-Stellung kommt es durch laterale Rotation der Oberschenkel zusammen mit einer Supination der Füße und einer Hyperextension der Kniegelenke. Durch die laterale Rotation der Oberschenkel zeigen die Knie nach außen und Flexion und Extension finden schräg zur Frontalebene statt. Durch diese Fehlstellung kommt es durch Adduktion auf Kniehöhe zu einer Hyperextension. Dies bedeutet, dass eine Scherbewegung der Knie von außen nach innen entsteht, wodurch diese nach innen zusammenstreben und die Unterschenkel sich dem Anschein nach biegen.

X-Beine treten als hyperkompensatorischer Effekt bei Kleinkindern und genetisch bedingt bei Frauen auf. Bestehen bei X-Beinen keine Beschwerden, so ist eine Behandlung nicht notwendig. Ansonsten gelten die gleichen Behandlungsempfehlungen wie bei O-Beinen.

Inspektion des Rückens

Die Wirbelsäule stabilisiert als Achsenorgan einerseits die aufrechte Haltung des Menschen, andererseits soll sie für eine ausreichende Bewegung des Rumpfes sorgen. Die größte Beweglichkeit geht von der Hals- und Lendenwirbelsäule aus.

Altersbedingte Verschleißerscheinungen führen in diesen Segmenten schon frühzeitig zu einer allgemeinen Funktionseinbuße des Achsenorgans. So wird die Qualitätsminderung des Bandscheibengewebes mit Verlust der Pufferfunktion umgangssprachlich als ↑*„Bandscheibenschaden"* bezeichnet. Die damit einhergehende mechanische Überlastung der kleinen Wirbelgelenke führt zu deren vorzeitigem Verschleiß und in der Regel zu Rückenschmerzen.

Bandscheibenvorfall ↑Seite 151

Hauptursache für diese Verschleißprozesse sind einseitige Wirbelsäulenbelastungen wie Zwangshaltungen im Sitzen und Stehen, vornübergeneigte Arbeitstätigkeiten sowie das Heben und Tragen von schweren Lasten. Der hierbei am meisten betroffene Abschnitt des Achsenorgans ist die untere Lendenwirbelsäule. Obwohl sie anatomisch am kräftigsten ausgebildet ist, unterliegt sie den stärksten Belastungen und damit vermehrt degenerativen Abnutzungserscheinungen.

Dass auch jüngere Menschen zunehmend über Rückenschmerzen klagen, liegt neben den o.g. Gründen u.a. an einer zu schwachen Rumpfmuskulatur. Eine kräftige Rückenmuskulatur und ein rückengerechtes Verhalten sind dagegen in der Lage, eine Schutzfunktion zu übernehmen, indem sie die betroffenen Bewegungssegmente stabilisieren, die Belastung auf die Bandscheiben und Wirbelgelenke gleichmäßig verteilen und somit Rückenschmerzen reduzieren.

Eine schlechte Körperhaltung, vor allem das Stehen im Hohlkreuz, zusammen mit einer schlaffen Bauchdecke führt zur Überlastung der unteren Wirbelsäulensegmente. Jede Körperhaltung, die von der physiologischen Stellung der Wirbelsäule abweicht, belastet vermehrt Bandscheiben, Bänder, Wirbelgelenke und Muskulatur, insbesondere bei ruckartigen Bewegungen und/oder gleichzeitigem Heben von Lasten.

Auch Wirbelsäulenfehlhaltungen wie Skoliosen, Rundrücken oder hohlrunder Rücken können zu Fehlbelastung der Rückenmuskulatur und zu Rückenschmerzen führen. Gerade in diesen Fällen ist die Muskelkräftigung und das Rückentraining besonders wichtig, weil damit gleichzeitig die Fehlhaltungen verbessert werden können.

Die häufigen Nacken- und Kopfschmerzen vieler Menschen (oft durch überwiegend sitzende Tätigkeiten ausgelöst) beruhen größtenteils auf einer statisch-muskulären Überlastung der Halswirbelsäule mit einhergehenden Verspannungen der Schulter-Nacken-Muskulatur.

Gerade in diesen Fällen kann eine vermehrte muskuläre Stabilisierung und Kräftigung Abhilfe schaffen. Eine korrekte Haltung kann daher in großem Maße die Belastung der Wirbelsäule herabsetzen. Bandscheiben, Wirbelgelenke, Bänder und Muskeln entlasten und erholen sich am besten in der horizontalen Ruhelagerung. Hierbei führt eine vermehrte Flüssigkeitsaufnahme der Bandscheiben zu einer verbesserten Pufferfunktion. Insofern ist ein ausgewogener Wechsel zwischen Belastung und Entlastung eine wesentliche Voraussetzung für die Gesunderhaltung der Wirbelsäule.
Anhand dieser Ausführungen wird deutlich, wie wichtig es ist, Spitzenbelastungen der Wirbelsäule durch rückengerechtes Verhalten zu vermeiden und durch gezieltes Training die Leistungsreserven der schützenden Muskulatur zu erhöhen.
Durch die Inspektion des Körpers von der Seite kann schon einiges über die Rückenform abgeleitet werden. Neben der seitlichen Inspektion müssen aber auch Beugebewegungen in die Analyse einbezogen werden.

Quelle: *verändert nach: „Das Kreuz mit dem Kreuz" – Ratschläge für den Alltag, Dr. med. Hans Bürkle, Arzt für Orthopädie, aus Karlruher Rückenforum und Orthomed Sport Forum e. V.*

Bei der *Körperhaltungsanalyse von vorne* und von hinten sollte das Lot in der Mitte zwischen den Füßen ausgerichtet werden. Abweichungen zur einen oder anderen Seite lassen sich so gut feststellen.

Von der Seite sollte das Lot etwas ventral (bauchwärts) am äußeren Malleolus (Knöchel) ausgerichtet werden. Idealerweise trifft die Lotschnur mit den folgenden Punkten zusammen:

- etwas ventral der Flexions-/Extensionsachse des Kniegelenks
- etwas dorsal (rückenwärts) der Flexions-/Extensionsachse des Hüftgelenks
- den Lendenwirbelkörpern
- dem Schultergelenk
- den meisten Halswirbelkörpern
- dem äußeren Gehörgang

A. Normaler Rücken:
In der wissenschaftlichen Definition gibt es keine Rückenform, die als ein absolutes Grundmaß gelten kann. Generell sollte eine durchschnittliche Ausformung der Lordosen und Kyphosen innerhalb eines gewissen funktionellen und physiologischen Ausmaßes sichtbar sein.

B. Hohlrundrücken:
Der Hohlrundrücken ist die Kombination aus einer verstärkten Brustkyphose und einer verstärkten Lendenlordose. Die Lendenlordose ist dabei sehr oft auf eine zu schwache Bauchmuskulatur zurückzuführen. Die Brustkyphose wird oftmals durch jahrelange vorgebeugte Positionierung während der Arbeit und im Alltagsleben erzeugt. Die Wurzeln dieser Fehlhaltung können bereits in der Kindheit liegen. So kann stundenlanges Sitzen am Fernseher bzw. Computer, eine chronisch schlechte Sitzhaltung und Bewegungsmangel den Rundrücken begünstigen. Da diese Fehlhaltung in unserer westlichen Zivilisationsgesellschaft sehr häufig auftritt, ist neben einem entsprechenden Trainingsprogramm eine besondere Aufklärung gefordert.

C. Flachrücken:
Der Flachrücken ist durch eine Abflachung der sagittalen (= seitlichen) Wirbelsäulenschwingungen bei gleichzeitiger Beckenaufrichtung gekennzeichnet. Die Ursachen des Flachrückens sind meistens genetisch bedingt. Auf Grund dieser flacheren Konstruktion ist eine Verringerung der Wirbelsäulendämpfung beim Laufen oder Springen vorhanden. Eine Überbelastung der Bandscheiben ist somit häufig vorprogrammiert. In diesem Fall sind besonders eine Verstärkung der wirbelsäulenformenden Muskulatur sowie Mobilisationsübungen gefordert.

D. Rundrücken:
Der Rundrücken zeigt sich durch eine Verstärkung der Brustkyphose. Der Rundrücken hat zumeist dieselben Ursachen wie die Brustkyphose beim Hohlrundrücken.
Auch Sportarten wie Klettern, Tennis oder Brustschwimmen können im Extremfall zu einer verstärkten Ausprägung der Brustkyphose und Hyperlordose der Halswirbelsäule führen.

Hohlrücken:
Hierbei handelt es sich um eine Fehlhaltung, bei der eine verstärkte Lendenlordose durch Ventralkippung (= Kippung bauchwärts) des Beckens vorliegt. Diese Fehlstellung tritt besonders häufig bei Frauen auf, evtl. begünstigt durch das Tragen hoher Absätze. Weitere Ursachen können z.B. eine zu schwache Bauchmuskulatur, Schwangerschaften und keinerlei oder falsche Sportausübung sein.

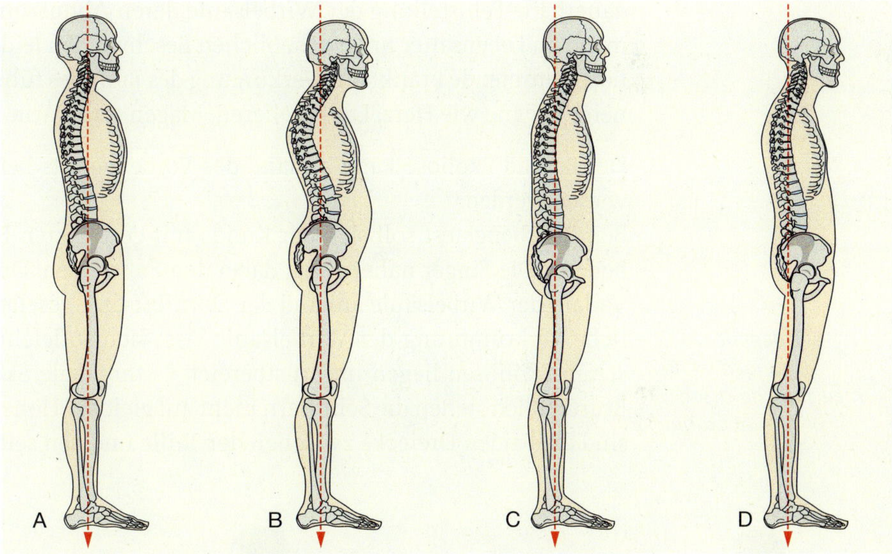

Abb. 1 ***A*** *Idealstellung,* ***B*** *Hohlrundrücken,* ***C*** *Flachrücken,* ***D*** *Rundrücken*

Skoliose
Bei der Skoliose handelt es sich um eine dauerhafte seitliche Verbiegung der Wirbelsäule mit einer Drehung einzelner Wirbelsäulenabschnitte. Der Ausgangspunkt für die seitliche Verkrümmung kann in verschiedenen Bereichen der Wirbelsäule liegen. Unterschieden werden danach die folgenden Formen:

- Thorakale Skoliose: Brustwirbelsäule
- Lumbale Skoliose: Lendenwirbelsäule
- Thorakolumbale Skoliose: Übergangsbereich zwischen Brust- und Lendenwirbelsäule
- Thorakale und lumbale Skoliose: Brust- und Lendenwirbelsäule

Nachfolgende Abbildung zeigt die unterschiedlichen Formen der Skoliose:

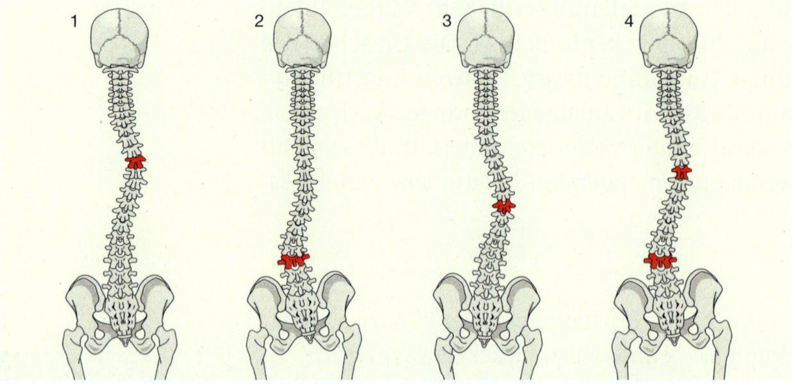

Abb. 1 ***1*** *Thorakale Skoliose,* ***2*** *Lumbale Skoliose,* ***3*** *Thorakolumbale Skoliose,* ***4*** *Thorakale und lumbale Skoliose*

Die Ursachen für die Ausbildung einer Skoliose sind vielfältig und reichen von angeborenen Fehlbildungen bis hin zu knöchernen, muskulären oder nervalen Schädigungen nach Unfällen oder bestimmten Erkrankungen. Bei etwa 85 % der Skoliosen bleibt die auslösende Ursache jedoch unbekannt. Diese so genannte idiopathische Form der Skoliose spielt besonders im Kindes- und Jugendalter eine große Rolle. Da Skoliosen zunächst meist keine Beschwerden verursachen, werden sie häufig erst spät entdeckt. Später begünstigt die dauerhafte Fehlstellung der Wirbelsäule deren Abnutzung, sodass die Kunden mit zunehmendem Lebensalter unter erheblichen Beschwerden leiden können. Die als Folge der Skoliose auftretende krankhafte Verkürzung des Rumpfes führt zu einer enormen Belastung innerer Organe wie Herz, Lunge, Nieren, Magen und Darm.

Der Befund Skoliose kann anhand des Vorbeugetests beim entkleideten Kunden nachgewiesen werden.
Beim Vorbeugetest soll sich der Kunde mit gestreckten Beinen ganz langsam nach vorne beugen. Die Finger nähern sich dabei den Fußspitzen. Durch die Haut hindurch kann der Verlauf der Wirbelsäule anhand der Dornfortsätze gesehen und getastet werden. Eine seitliche Verkrümmung der Wirbelsäule lässt sich so leicht feststellen. 80 % der idiopathischen Skoliosen liegen im Brustbereich (= thorakale Skoliose). Bei Skoliosen im oberen Brustbereich stehen die Schultern nicht auf gleicher Höhe. Bei Skoliosen im Lendenbereich sind die beiden Dreiecke zwischen der Taille und den seitlich am Rumpf herunterhängenden Armen (= Taillendreiecke) unterschiedlich ausgebildet, und es besteht ein Lendenwulst auf einer Seite.

Bei ideopatischen Störungen ist die medizinische Ursache unbekannt.

Nebenstehende Fotos zeigen den Vorbeugetest.

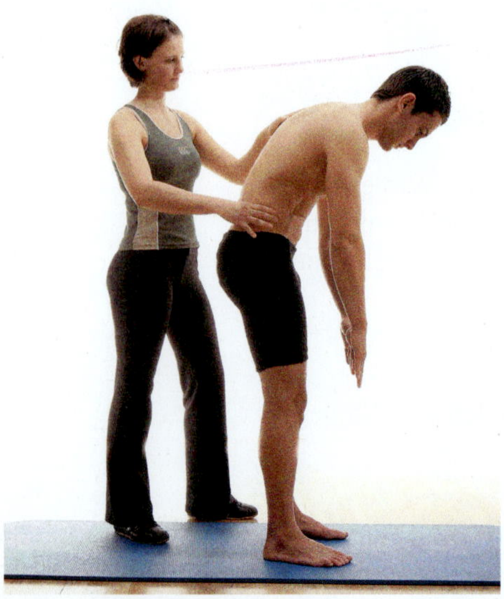

Abb. 1 und 2 *Vorbeugetest*

Durch eine Röntgenuntersuchung kann die Diagnose gesichert und der Grad der Verkrümmung bestimmt werden.
Die Wahl der Therapie richtet sich nach der Ursache der Skoliose, dem Alter des Kunden und dem Ausmaß der Fehlstellung. Bei beginnenden Skoliosen stehen dabei vor allem krankengymnastische Maßnahmen im Vordergrund. Später diagnostizierte Skoliosen bedürfen zusätzlich der Unterstützung durch ein Korsett. Ausgeprägte Skoliosen können in vielen Fällen operativ korrigiert werden. Bei frühzeitiger adäquater Therapie einer Skoliose ist die Lebensqualität der Betroffenen nur gering eingeschränkt.

Mit nachfolgender Tabelle soll eine Übersicht der Muskelgruppen gegeben werden, die in Abhängigkeit der Wirbelsäulenfehlhaltung besonders gekräftigt werden müssen:

Flachrücken	Hohlrundrücken	Totalrundrücken	Skoliose
• Rückenstrecker (lumbaler M. erector spinae) • Hüftbeuger (M. iliopsoas und M. rectus femoris) • Gerade Bauchmuskeln (M. rectus abdominis)	• Hüftstrecker (M. glutaeus maximus und Mm. ischiocrurale) • Gerade Bauchmuskeln (M. rectus abdominis) • Rückenstrecker (thorakaler M. erector spinae) • Kapuzenmuskel (M. trapezius pars transversa)	• Rückenstrecker (thorakaler und lumbaler M. erector spinae) • Kapuzenmuskel (M. trapezius pars transversa) • Hüftbeuger (M. rectus femoris und M. iliopsoas)	**Skoliosen bis 20°:** • Rückenstrecker (thorakaler und lumbaler M. erector spinae) Die Übungen erfolgen überwiegend im Vierfüßlerstand und sollen gezielt die konvexseitige (überdehnte, geschwächte) Muskulatur stärken. **Skoliosen über 20°:** Neben Kräftigung (siehe Skoliosen bis 20°) ist bei einem noch zu erwartendem Wachstum von mehr als einem Jahr eine Korsettversorgung sinnvoll, um die konkavseitigen Wachstumszonen der Wirbelkörper zu entlasten. Während der Sportausübung sollte auf das Tragen des Korsetts verzichtet werden.

Tab. 1 Krafttrainingskonsequenzen bei typischen Wirbelsäulenfehlhaltungen

Bei allen obigen Wirbelsäulenfehlhaltungen ist zusätzlich ein Krafttraining der folgenden muskulären Sicherungssysteme der Wirbelsäule vorzunehmen:

Bei allen Wirbelsäulenfehlhaltungen
• Rückenstreckmuskulatur, d.h. alle Systeme des M. erector spinae • Muskulatur der Halswirbelsäule (HWS) • Breiter Rückenmuskel, d.h. M. latissimus dorsi • Gerade Bauchmuskulatur, d.h. M. rectus abdominis • Seitliche Bauchmuskulatur, d.h. M. transversus abdominis, M. obliquus internus und M. externus abdominis • Hüftstrecker, d.h. die ischiocrurale Muskulatur, M. glutaeus maximus • Hüftbeuger, d.h. M. iliopsoas, M. rectus femoris

2.4 Testverfahren zur Beurteilung der motorischen Fähigkeiten

Mit Hilfe der Testverfahren soll die Leistungsfähigkeit (Ist-Zustand) einzelner motorischer Fähigkeiten ermittelt werden. Unter motorischen Fähigkeiten sind im Folgenden die konditionellen Fähigkeiten (*Ausdauer, Kraft, Schnelligkeit*) sowie die ***Beweglichkeit*** und die ***Koordination*** zu verstehen. Basierend auf dem getesteten Ist-Zustand wird dann ein individueller Trainingsplan entwickelt, um den angestrebten Soll-Zustand (Trainingsziel) zu erreichen.
Es sei an dieser Stelle schon einmal darauf hingewiesen, dass der Schnelligkeit im Fitness-Studio eine eher untergeordnete Rolle zukommt und von daher im Rahmen dieser Testverfahren nicht näher erläutert werden soll. Es sei in diesem Zusammenhang auf die einschlägige Fachliteratur, z. B. Grosser et al. (2004) „Das neue Konditionstraining", verwiesen.

2.4.1 Testverfahren zur Überprüfung der motorischen Ausdauer

Die im Folgenden dargestellten Testverfahren geben Aufschluss über die anaerobe (= ohne Sauerstoff) bzw. aerobe (= mit Sauerstoff) Ausdauerfähigkeit des Kunden.

> Unter **Ausdauer** wird die Fähigkeit verstanden, eine bestimmte Leistung über einen möglichst langen Zeitraum aufrechtzuerhalten (Martin et al. 1993). !

Da die Durchführung der Tests eine stärkere körperliche Beanspruchung für den Untersuchenden impliziert, müssen dem Test zwingend die Fragen zur Gesundheit vorausgehen. Nur bei guter Gesundheit – optimalerweise durch eine sportmedizinische Untersuchung bestätigt – ist der Einsatz der Testverfahren sinnvoll. Für Trainingsanfänger bieten sich besonders der Security- und der PWC-Test auf Grund ihrer einfachen Durchführung an.

Der Security-Test

Mittels dieses Testverfahrens erhalten wir eine schnelle Auskunft über den Trainingszustand des Kunden. Erst nach Durchführung dieses Tests sollten intensivere Ausdauerbelastungen durchgeführt werden.
Zur Durchführung des Tests wird ein Ergometer mit der Möglichkeit, die Watteinstellung in 5er-Sequenzen vorzunehmen, und ein Pulsmessgerät benötigt.

Abb. 1 *Person auf Fahrradergometer*

Durchführung eines Security-Tests:

1. Einstellung des Ergometers

Der Fahrradsitz wird so eingestellt, dass das Bein in der unteren Kurbelposition nicht ganz durchgestreckt ist. Der Lenker sollte von der Testperson mit einem 45° vorgebeugten Oberkörper gut zu erreichen sein.

2. Einstellung der Wattzahl

Nachdem der Kunde sich auf das Ergometer gesetzt hat, wird die entsprechende Wattzahl eingestellt. Die Wattzahl sollte grundsätzlich dem Körpergewicht des Kunden entsprechen. Allerdings wird zur Vereinfachung und zur Verhinderung einer Überlastung von Übergewichtigen die Broca-Formel (Körpergröße – 100 = Normalgewicht) herangezogen.

3. Beginn und Durchführung des Tests
Die Testdauer beträgt vier Minuten, in denen der Kunde mit 60–70 gleichmäßig getretenen Umdrehungen pro Minute radelt. In dieser Zeit sollte sich die Herzfrequenz eingependelt haben. Die nach Beendigung der vier Minuten gemessene Herzfrequenz wird notiert, und der Kunde radelt weitere zwei Minuten bei einer Wattzahl von 30 aus.
Während der gesamten Testphase ist darauf zu achten, dass die Herz- und Atemfrequenz des Kunden überwacht wird. Sollte es hierbei zu „Entgleisungen" kommen, ist der Test umgehend abzubrechen.

4. Bewertung

	sehr gut	gut	mittel	Vorsicht	Gefahr
Männer	<95	96–109	110–135	136–150	>151
Frauen	<105	106–119	120–145	146–160	>161

Tab. 1 *Security-Test Pulstabelle*

Liegt die Herzfrequenz der Kunden im sehr guten, guten und mittleren Bereich, kann einige Tage später ein belastenderer Test (z. B. PWC-Test) durchgeführt werden. Bei Testergebnissen im Bereich Vorsicht oder Gefahr sollte nach ärztlicher Abklärung in den ersten drei Wochen ein ganz leichtes Aufbautraining mit geringer Umfangssteigerung im Bereich von 55–60 % der maximalen Herzfrequenz durchgeführt werden.

*Die **maximale Herzfrequenz** ergibt sich aus der Formel: 220 – Lebensalter.*

Der PWC-Test

Der PWC-Test (PWC = Physical Working Capacity, d. h. körperliche Leistungsfähigkeit) ist ein Ausdauer- bzw. Kardiotest (Kardia = das Herz), der auf Grund der besonderen Bedeutung, die dem Herz-Kreislauf-Training/Kardiotraining beigemessen wird, eine wichtige Rolle spielt. Mit Hilfe eines PWC-Tests können Aussagen über die momentane Ausdauerfähigkeit des Kunden getroffen und auf Basis der Ergebnisse Trainingsempfehlungen ausgesprochen werden. Wird der PWC-Test in weiteren regelmäßigen Zeitabständen durchgeführt, dient er auch als Kontrollinstrumentarium, um den Trainingserfolg zu sichern.
Ein PWC-Test wird auf einem Fahrradergometer durchgeführt. Hierbei wird unter einer vorgegebenen Leistung (in Watt), das Verhalten physiologischer Werte (z. B. Herzfrequenz/Puls, Blutdruck, ggf. Laktat) untersucht.

Durchführung eines PWC-Tests:

Vor Beginn des Tests werden von dem Kunden die anthropometrischen Daten (Körpermaße) Alter, Größe und Gewicht aufgenommen.

1. Einstellung des Ergometers
Der Fahrradsitz wird so eingestellt, dass das Bein in der unteren Kurbelposition nicht ganz durchgestreckt ist. Der Lenker sollte von der Testperson mit einem 45° vorgebeugten Oberkörper gut zu erreichen sein.

2. Festlegung des Zielpulses
In der Praxis haben sich drei Abstufungen zur Einteilung der Herzfrequenz des PWC-Tests bewährt:

- < 30 Jahre (auch Leistungsstarke < 30–40 Jahre) PWC 170
- 31–50 Jahre PWC 150
- > 50 Jahre (auch Leistungsschwache > 40 Jahre) PWC 130
- Leistungsgrenze PWC_{max}

__PWC 170__ wird in der Regel für Personen unter 30 Jahren angewendet und bedeutet, dass diese Person einen Zielpuls (Herzfrequenz) von 170/min hat.

*Beim **PWC_{max}** liegt der Zielpuls bei der maximalen Herzfrequenz. Dieser Test darf nur bei sportlichen, gesunden Personen angewendet werden.*

3. Beginn und Durchführung des Tests:
Der Ruhepuls der Testperson wird gemessen und notiert. Anschließend beginnt die Testperson mit einer Leistung von 25 Watt bei gleichmäßiger Trittfrequenz und 70–80 Umdrehungen pro Minute zu fahren. Alle zwei Minuten wird die Leistung jeweils um weitere 25 Watt so lange erhöht, bis der festgelegte Zielpuls erreicht ist. Dabei wird bei jeder Erhöhung der Wattzahl der Puls protokolliert. Bei leistungsstärkeren Personen kann bereits mit 50 Watt begonnen und anschließend alle drei Minuten um weitere 50 Watt gesteigert werden.
Ist der Zielpuls erreicht, wird dieses Belastungsintervall zu Ende gefahren und es beginnt die Auslaufphase, in der das Ergometer auf die geringste Belastungsstufe gestellt wird.
Nach der Belastung wird noch dreimal der Puls kontrolliert und notiert und zwar nach einer, drei und fünf Minute(n) (Erholungspuls).

> Bei ungewöhnlichen und unerwarteten Reaktionen, z. B. Unwohlsein der Testperson oder starken Schwankungen des Blutdrucks und der Herzfrequenz muss der Test sofort abgebrochen werden!

4. Testauswertung
Aus dem Testprotokoll wird nun abgelesen, bei welcher Wattleistung der festgelegte Zielpuls erreicht wurde. Da die Wattzahl nicht immer mit einer neuen Belastungsstufe einhergeht, muss diese u. U. geschätzt werden.
Zur Bewertung der Leistung, wird nun die erreichte Wattleistung durch das Körpergewicht der jeweiligen Testperson geteilt. Es ergibt sich der Quotient: Watt *pro* kg Körpergewicht. Auf Grund dieses Quotienten kann eine Aussage über den momentanen Leistungsstand der Testperson getroffen und Trainingsempfehlungen abgeleitet werden.
Die Interpretation des Quotienten findet mit der nebenstehenden Tabelle statt.

Bewertungsnormen (Watt/kg Körpergewicht)

Test \ Bewertung		–	o	+	++	+++	Spezial
PWC 130	M	1,1	**1,5**	1,9	2,4	2,9	
	W	1,0	**1,3**	1,6	2,0	2,5	
PWC 150	M	1,5	**2,0**	2,5	3,0	3,5	
	W	1,2	**1,6**	2,0	2,4	2,9	
PWC 170	M	2,0	**2,5**	3,0	3,5	4,0	
	W	1,6	**2,0**	2,4	2,9	3,4	
PWC max.	M	2,5	**3,0**	3,5	4,1	4,6	>6,2
	W	2,1	**2,6**	3,0	3,5	3,8	>5,4

Tab. 1 *Bewertung des PWC-Tests (nach Stemper 2003)*

5. Trainingsempfehlungen
Mittels der jeweiligen Bewertung (– bis +++) kann unter Zuhilfenahme der folgenden Tabelle eine Trainingsempfehlung über Intensität, Dauer und Häufigkeit des Trainings ausgesprochen werden.

PWC-Testergebnis	Empfohlener Programmtyp	Intensität in % des Hf_{max}	Dauer in min	Häufigkeit pro Woche
<–	Aufbau	50–70	ca. 10	2 ×
bis o	Minimal	50–70	10–20	2–3 ×
o bis +	Mittel	60–80	20–30	2–3 ×
+ bis ++	Optimal	60–90	>30	3–5 ×
> ++	„Spezial“	Individuell	>45	4–6 ×

Tab. 2 *Trainingsempfehlung nach PWC-Test, Hf = Herzfrequenz (nach Stemper 2003)*

Cooper-Test

Beim Cooper-Test soll innerhalb von zwölf Minuten eine möglichst lange ebenerdige Strecke laufend zurückgelegt werden.

Die Durchführung dieses Tests ist jedoch in sofern problematisch, da der Durchführende sich maximal „ausbelasten" muss. Ohne läuferische Vorerfahrung kann es daher zu einem „verfälschten" Ergebnis kommen, da der Durchführende sich nicht maximal ausbelastet oder bereits vorzeitig erschöpft ist. Bei gut ausdauertrainierten Kunden wäre eine Durchführung dieses Testverfahrens auf dem Laufband denkbar. Allerdings muss der Kunde seine Leistungsfähigkeit im Vorfeld schon sehr genau einschätzen können, damit er die richtige Geschwindigkeit auswählt. Ideal ist die Durchführung auf dem Laufband sicherlich nicht.

Abb. 1 und 2 *Cooper-Test auf einem Laufband oder einer 400-m-Bahn*

Mit Hilfe der nachfolgenden Tabelle wird die erreichte Kilometerzahl bewertet:

Cooper-Test Angaben in Kilometer, M = männlich, W= weiblich					
Alter		**20–29**	**30–39**	**40–49**	**50–59**
sehr gut	M	2,64–2,81	2,51–2,70	2,46–2,64	2,32–2,53
	W	2,16–2,32	2,08–2,22	2,00–2,14	1,90–2,08
gut	M	2,40–2,63	2,34–2,50	2,24–2,45	2,10–2,31
	W	1,97–2,15	1,90–2,07	1,79–1,99	1,70–1,89
mittel	M	2,11–2,39	2,10–2,33	2,00–2,23	1,87–2,09
	W	1,79–1,96	1,70–1,89	1,58–1,78	1,50–1,69
schwach	M	1,95–2,10	1,89–2,09	1,82–1,99	1,65–1,86
	W	1,54–1,78	1,52–1,69	1,41–1,57	1,34–1,49
sehr schwach	M	< 1,95	< 1,89	< 1,82	< 1,65
	W	< 1,54	< 1,52	< 1,41	< 1,34

Tab. 1 *Cooper-Test*

2.4.2 Testverfahren zur Überprüfung der motorischen Kraft und Beweglichkeit

Im Rahmen eines standardisierten Fitness-Checks sollten die motorischen Fähigkeiten Kraft und Beweglichkeit aus Praktikabilitätsgründen stets nacheinander überprüft werden. Die darunter fallenden Kraft- und Beweglichkeitstests werden auch als Muskelfunktionstests bezeichnet.

Unter **Kraft** im physiologischen Sinne ist die Fähigkeit des Muskels zu verstehen, sich zu kontrahieren und dabei eine Zugspannung zu bewirken. Als Erscheinungsformen der Kraft werden die Maximalkraft, die Schnellkraft und die Kraftausdauer verstanden.

Testverfahren zur Überprüfung der Kraft werden in der gängigen Praxis oftmals auf die Durchführung von Maximalkrafttests reduziert. Da sich der Kunde bei dieser Testform allerdings maximal ausbelasten muss, ist der Einsatz im Rahmen eines Fitness-Checks nur bei leistungsorientierten, trainingserfahrenen Kunden geeignet.
In Abhängigkeit der Zielsetzung des Kunden bieten sich daher physiologisch sinnvollere Testverfahren an. So dienen Muskelfunktionstests der eigentlichen Ermittlung des Status quo bezüglich Kraft- und Beweglichkeitsleistungen. Basierend auf diesem Status quo können dann Aussagen über Normabweichungen getroffen werden.

- **Krafttests** sollen zeigen, ob beim Kunden muskuläre Schwächen oder Ungleichgewichte (z. B. zwischen den Beinen oder Armen) vorliegen. Spezifischere Krafttests zur Feststellung der Maximalkraft, Kraftausdauer oder Schnellkraft sollen individuell in Abhängigkeit der körperlichen Voraussetzungen und Zielvorstellungen eingesetzt werden.
- **Verkürzungstests** sollen aufzeigen, ob beim Kunden in einer bestimmten Muskelgruppe eine Verkürzung vorliegt.

Kann mittels Krafttests die jeweils physiologische Kraftleistung getestet werden, so dienen Verkürzungstests zur Testung der Beweglichkeitsleistung.

Unter **Beweglichkeit** wird die Fähigkeit verstanden, Bewegungen in den Gelenken mit einer bestimmten physiologischen Schwingungsweite auszuführen.

Abb. 1 Person im Sitzen

Ziel der Muskelfunktionstests ist es festzustellen, ob bei den Kunden ein von der Norm abweichender Befund vorliegt, um gegebenenfalls entsprechende Maßnahmen einzuleiten. Um dem Fitnesstrainer einen Anhaltspunkt von typischen Normabweichungen zu geben, soll zusammenfassend der durchschnittliche Tagesablauf eines Menschen in unserer westlichen Welt unter Aktivitätsgesichtspunkten dargestellt werden:
So *liegt* der Durchschnittsmensch bis zu 8 Stunden im Bett, steht dann auf, um sich zum Frühstück zu *setzen*, er *setzt* sich anschließend ins Auto, um zur Arbeit zu fahren, *sitzt* dann 8 Stunden im Büro, *setzt* sich wiederum ins Auto, um nach Hause zu fahren, *sitzt* zum Abendessen und zumeist dann noch 2–5 Stunden vor dem Fernseher, um sich dann wieder ins Bett zu *legen*.

Es zeigt sich, dass ein Großteil des Tagesablaufs durch sitzende und liegende Aktivitäten bestimmt wird.

Im **Sitzen** wird:
- der Gesäßmuskel (M. glutaeus maximus) übermäßig gedehnt,
- die Hüftbeuger (M. iliopsoas, M. rectus femoris) passiv verkürzt,
- die Bauchmuskulatur (M. rectus abdominis, M. obliquus externus und internus abdominis, M. transversus abdominis) fast nicht beansprucht.

Im **Liegen**:
- in der Rückenlage mit gestreckten Beinen zieht der bereits überstarke Hüftbeuger die Lendenwirbelsäule in eine verstärkte Hohlkreuzhaltung,
- in der Bauchlage mit gestreckten Beinen bringt die – zumeist etwas durchhängende – Unterlage die Lendenwirbelsäule in die Hohlkreuzhaltung,
- in der Seitenlage mit angezogenen Beinen wird zwar der Rücken entlastet, aber der Hüftbeuger ist oft lange Zeit in passiv verkürzter Position.

Abb. 1 *Person im Liegen*

Da die betroffenen Muskeln neben Streck- und Beugebewegungen auch Rotationen ausführen, ist ein Verkümmern der Bewegungsamplitude in allen räumlichen Dimensionen vorprogrammiert. Und da der Mensch immer ganzheitlich betrachtet werden muss, liegt der Schluss nahe, dass Ursache und Wirkung von körperlichen Problemen oftmals an unterschiedlichen Körperstellen zu finden sind. So kann z. B. eine Unflexibilität der Wadenmuskulatur der kausale Auslöser von Gelenkschmerzen, Muskelschmerzen und/oder Kopfschmerzen sein.
Umgekehrt wirken muskuläre Dysbalancen, d. h., der Funktionszustand der Muskulatur liegt in einem Ungleichgewicht, auch von oben nach unten: Durch falsche Haltung beim langen Sitzen mit rundem Rücken und vorgezogenen Schultern (z. B. Fernseher, Computer, Hausarbeit, Fließband etc.) entsteht eine Abschwächung der Rückenmuskulatur (M. erector spinae, M. trapezius, Mm. rhomboidei usw.). Beim aufrechten Stehen wird nun diese vorgebeugte Haltung im Bereich der Halswirbelsäule und der Lendenwirbelsäule kompensiert.

Fazit: Bei fast allen täglichen Positionen, Haltungen und Bewegungen werden die Hüftbeugemuskeln stark aktiv bzw. passiv verkürzt, der Gesäßmuskel überdehnt und die Rückenmuskulatur im Bereich der Lendenwirbelsäule passiv verkürzt. Die Folgen sind Rückenschmerzen durch Rückgratverkrümmungen, eine Beckenkippung nach vorne (verstärkte Lendenlordose), ein hervorquellender Bauch und ein schlaffes Gesäß.
Das Ziel sollte also sein, eine gesunde Muskelbalance zu erreichen, die neben Verringerung der Beschwerden auch das körperliche Erscheinungsbild verbessert.

Die hieraus resultierende Forderung an die Fitnessbetriebe muss also lauten:
1. Testen der zu Unflexibilität und Abschwächung neigenden Muskulatur und Einbeziehung von entsprechenden Gegenmaßnahmen in die individuelle Programmerstellung sowie
2. Aufklärung der Mitglieder über die Fakten und Konsequenzen dieses typischen Alltagsverhaltens.

Allerdings kann durch diese Tests nur festgestellt werden, ob beim Kunden eine Verkürzung oder Schwäche der Muskelfunktion vorliegt (objektiv symptomatische Betrachtung). Diese Testverfahren können keinesfalls Aussagen über die Ursache treffen. Die Frage, warum eine Schwäche, eine Verkürzung oder gar Schmerzen vorliegen, kann und soll von einem Fitnesstrainer nicht geleistet werden. Hier ist bei auffälligen körperlichen Veränderungen (z. B. einer sehr auffälligen Skoliose, starken Rückenschmerzen usw.) wiederum zwingend ein ärztlicher Besuch anzuraten. Genau an so einem Punkt zeigt sich die Qualität eines Fitnesstrainers. Denn nichts wäre an dieser Stelle einfacher, als dem Kunden Übungen zu zeigen, um diese scheinbare Funktionsstörung zu beheben. Es würde sich hierbei aber um eine reine Symptombehandlung handeln, die unter Umständen auch negative Auswirkungen haben kann.
Das soll natürlich nicht bedeuten, dass bei jeder Bauchmuskel- bzw. Rückenmuskelschwäche, die offensichtlich auf sitzende Tätigkeit, mangelnde Bewegung bzw. fehlendes Training zurückzuführen ist, ein Arzt aufgesucht werden muss. Hier ist die Problematik klar ersichtlich und es bietet sich ein Aufbautraining der Rumpfmuskelgruppen an.

> Diese Ausführungen sollen nicht dazu dienen, den Fitnesstrainer zu verunsichern, sondern lediglich zu sensibilisieren, um verantwortungsbewusst mit dem höchsten Gut des Kunden, nämlich seiner Gesundheit, umzugehen.

Erläuterungen zur Durchführung der Muskelfunktionstests
Es ist offenkundig, dass die sinnvolle Durchführung von Muskelfunktionstests ein umfassendes Wissen über die *Muskelfunktionen*, ihren *Ansatz und Ursprung* sowie ihre *agonistische und antagonistische Wirkungsweise* erfordert. Da es bei diesen Tests insbesondere auf die Qualität der Bewegung ankommt, verlangen diese neben den genannten Grundkenntnissen auch ausreichende Erfahrung und Geschick des Prüfers. So sind trotz korrekter Durchführung der Muskelfunktionstests die Ergebnisse nicht immer einfach ablesbar. Im Unterschied zu den Beweglichkeitstests, bei denen die Verkürzungen klar messbar bzw. durch das Schmerzempfinden des Kunden bewertbar sind, ist bei den Krafttests oftmals die Erfahrung des Prüfers gefragt, um das Ergebnis in Bezug zu den körperlichen Voraussetzungen des Kunden zu bewerten. Auch das Feststellen von muskulären Dysbalancen, wenn z. B. beide Beine getestet werden, erfordert das Feingefühl des Prüfers. Die Bewertungsformel für den Befundbogen lautet daher: *subjektives Empfinden* im *Seitenvergleich.*

> Bevor der Fitnesstrainer die Ergebnisse aus seinen Testuntersuchungen verwerten kann, empfiehlt es sich, mindestens 20 bis 30 Personen unter Aufsicht eines erfahrenen Prüfers getestet zu haben.

Nachfolgender Bewertungsschlüssel – in Anlehnung an Kendall (2001) – soll dem Prüfer als Bewertungshilfe für die Einschätzung der Muskelkraft dienen.
Für die Interpretation der Testergebnisse gilt, dass 100 % als normaler Kraftgrad eines Erwachsenen definiert ist, mit der er eine Bewegung gegen die Schwerkraft und maximalen Widerstand des Prüfers halten kann. Bei Kindern ist dieses Bewertungsschema nicht anwendbar, da sie auf Grund ihrer Entwicklung noch andere Kraftverhältnisse besitzen. Für die Besonderheiten bei der Testung von Kindern sei in diesem Zusammenhang auf Kendall (2001) „Muskeln, Funktionen und Tests“ verwiesen.

Bewertungsschlüssel der Muskelkraft bei Erwachsenen	
Leistung in Prozent/Worten	**Kriterien für die Bewertung**
100/normal 95/normal minus	Das Körperteil kann in die Testposition bewegt und gegen die Schwerkraft und maximalen Druck des Prüfers gehalten werden.
90/gut plus 80/gut	Das Körperteil kann in die Testposition bewegt und gegen die Schwerkraft und mittleren Druck des Prüfers gehalten werden.
70/gut minus 60/ausreichend plus	Das Körperteil kann in die Testposition bewegt und gegen die Schwerkraft und leichten Druck des Prüfers gehalten werden.
50/ausreichend	Das Körperteil kann in die Testposition bewegt und gegen die Schwerkraft gehalten werden.
40/ausreichend minus	Das Körperteil kann fast oder mit geringer Hilfe in die Testposition bewegt und nicht gegen die Schwerkraft gehalten werden, d.h., ein langsames Nachlassen aus der Testposition ist festzustellen.
30/schwach plus 20/schwach	Das Körperteil kann in einem geringen Bewegungsausmaß bei geringer Einwirkung der Schwerkraft bewegt werden.
10/schwach minus 5/Zuckung	Eine schwache Kontraktion ist spürbar.
0/null	Es ist keine Kontraktion spürbar.

Tab. 1 *Bewertungsschlüssel der Muskelkraft bei Erwachsenen*

Folgende (aktive) Beweglichkeits- und Krafttests können im Rahmen des Eingangs-Checks und zur fortlaufenden Kontrolle des Trainingserfolges eingesetzt werden:

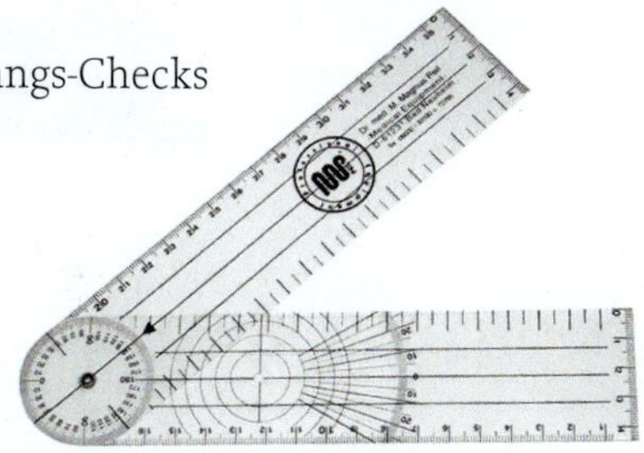

Abb. 3 *Winkelmesser (Goniometer)*

Wadenmuskulatur (M. soleus, M. gastrocnemius)

M. soleus Beweglichkeitstest

Ausgangsposition: Bauchlage bei Knieflexion von ca. 90°
Testbewegung: Dorsalflexion im oberen Sprunggelenk des Fußes
Beurteilung: Ungefähr 20° Dorsalflexion des Fußes sind das normale Bewegungsausmaß.

M. gastrocnemius Beweglichkeitstest

Ausgangsposition: Sitzen mit gestreckten Beinen
Testbewegung: Dorsalflexion des Fußes bei gestrecktem Kniegelenk
Beurteilung: Ungefähr 10° Dorsalflexion sind das normale Bewegungsausmaß.

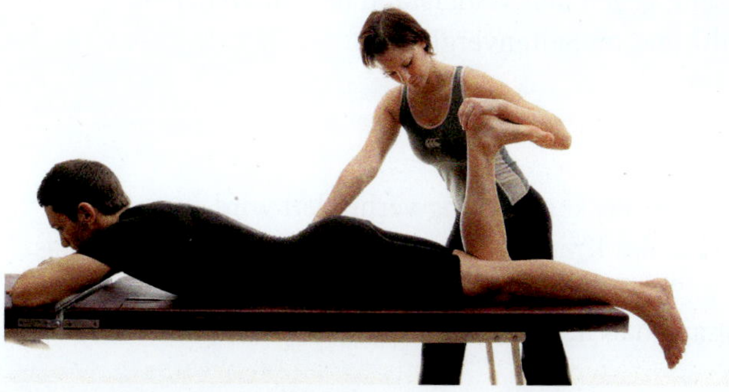

Abb. 1 *M. soleus Beweglichkeitstest*

Abb. 2 *M. gastrocnemius Beweglichkeitstest*

M. soleus, M. gastrocnemius Krafttest
Ausgangsposition: Stand, zur Einhaltung des Gleichgewichts ist ein leichtes Festhalten z. B. am Tisch möglich.
Testbewegung: Der Kunde drückt sich mehrmalig einbeinig in den Zehenstand.
Beurteilung: Mindestens fünf Bewegungen pro Bein sind bei einem normalen Befund möglich.

Muskulatur der Oberschenkel-Vorderseite (M. quadriceps femoris)

M. quadriceps femoris Beweglichkeitstest
Ausgangsposition: Rückenlage, wobei der Rücken bis zum Gesäß auf der Bank liegt und das nicht getestete Bein zur Ausschaltung der Lendenlordose und Beckenseitneigung im Hüftgelenk flektiert (gegen den Oberkörper gezogen) wird.
Fixation: Fixation des Oberschenkels oberhalb des Kniegelenks
Testbewegung: Flexion im Kniegelenk, d. h. Verkleinerung des Winkels zwischen Unter- und Oberschenkel
Beurteilung: Das normale Bewegungsausmaß liegt vor, wenn der Winkel zwischen Unter- und Oberschenkel kleiner als 80° ist.

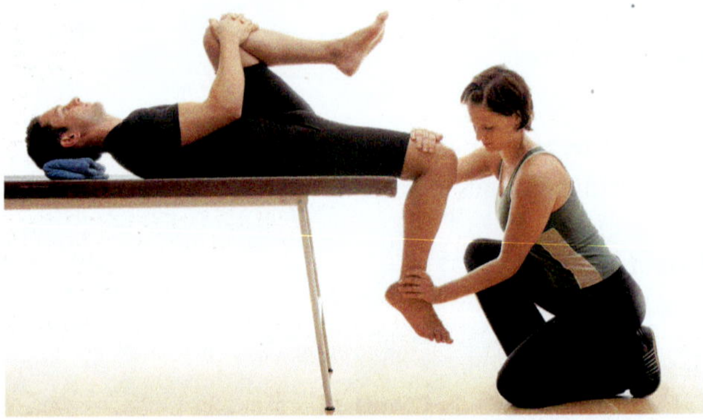

Abb. 1 *M. quadriceps femoris Beweglichkeitstest bzw. Krafttest*

M. quadriceps femoris Krafttest
Ausgangsposition: Rückenlage, wobei sich der Rücken bis zum Gesäß auf der Liege befindet und das nicht getestete Bein zur Ausschaltung der Lendenlordose und Beckenseitneigung im Hüftgelenk flektiert (gegen den Oberkörper gezogen) wird.
Fixation: Fixation des gestesteten Beins am Oberschenkel oberhalb des Kniegelenks
Testbewegung: Extension im Kniegelenk gegen den Widerstand des Untersuchers
Beurteilung: Nach subjektivem Gefühl und im Seitenvergleich

M. rectus femoris Beweglichkeitstest
Ausgangsposition: Bauchlage
Fixation: Fixation des Beckens, damit eine Beckenkippung verhindert wird.
Testbewegung: Unter maximaler Flexion des Kniegelenks wird versucht, die Ferse an das Gesäß anzunähern.
Beurteilung: Das normale Bewegungsausmaß liegt unter 15 cm Fersen-Gesäß-Abstand.

Muskulatur der Oberschenkel-Rückseite (Mm. ischiocrurales)

Mm. ischiocrurales Beweglichkeitstest

Ausgangsposition: Rückenlage, die Beine sind gestreckt und die Lendenwirbelsäule sowie das Becken liegen flach auf.

Liegt bei der zu testenden Person eine Verkürzung der Hüftflexoren vor, kann ein falsches Bild über die Dehnfähigkeit der ischiocruralen Muskulatur entstehen. In diesem Fall muss durch eine Änderung der Stellung des gestreckten Beines der Kontakt zwischen Lendenwirbelsäule und Unterlage erreicht werden. Möglich wäre es, z. B. ein Handtuch oder eine Nackenrolle unter das Kniegelenk des ausgestreckten Beines zu legen.

Testbewegung: Anheben des gestreckten Beins mit entspanntem Fuß, bis ein Widerstand eintritt und der Kunde einen leichten Dehnungsschmerz verspürt. Tritt eine Flexion im Kniegelenk ein, ist das Bein geringfügig abzusenken, das Knie wieder vollständig zu strecken und erneut anzuheben.

Beurteilung: Ein normales Bewegungsausmaß liegt vor, wenn der Winkel zwischen Unterlage und angehobenem Bein mindestens 80° beträgt.

Abb. 1 *Mm. ischiocrurales Beweglichkeitstest*

Mm. ischiocrurales Krafttest

Ausgangsposition: Bauchlage, das getestete Bein ist im Kniegelenk weniger als 90° gebeugt.

Fixation: Fixation des Beckens, damit eine Beckenkippung verhindert wird.

Testbewegung: Flexion im Kniegelenk gegen den Widerstand des Prüfers

Beurteilung: Nach subjektivem Gefühl und im Seitenvergleich

Abb. 2 *Mm. ischiocrurales Krafttest*

Hüftbeugemuskulatur (M. iliopsoas, M. rectus femoris, M. tensor fasciae latae)

M. iliopsoas, M. rectus femoris Beweglichkeitstest

Ausgangsposition: Rückenlage, wobei der Rücken bis zum Gesäß auf der Bank liegt und das nicht getestete Bein zur Ausschaltung der Lendenlordose und Beckenseitneigung im Hüftgelenk flektiert (gegen den Oberkörper gezogen) wird.

Fixation: Fixation des angezogenen Beins

Beurteilung: Hebt der Oberschenkel ab, ist der eingelenkige Hüftflexor (M. iliopsoas) verkürzt.

Die zweigelenkigen Hüftflexoren (M. rectus femoris und M. tensor fasciae latae) sind normal dehnfähig, wenn der Winkel zwischen Unterschenkel und Oberschenkel höchstens 100° beträgt. Ist der Winkel größer als 100°, d. h., das Bein wird in zunehmendem Maße gestreckt, entspricht die Differenz zu 100° dem Ausmaß der Verkürzung der zweigelenkigen Hüftflexoren.

Abb. 3 *M. iliopsoas, M. rectus femoris Beweglichkeitstest*

M. iliopsoas, M. rectus femoris Krafttest

Ausgangsposition: Rückenlage, wobei der Rücken bis zum Gesäß auf der Bank liegt und das nicht getestete Bein zur Ausschaltung der Lendenlordose und Beckenseitneigung im Hüftgelenk flektiert (gegen den Oberkörper gezogen) wird.

Fixation: Fixation des angezogenen Beins

Testbewegung: Flexion des Beins gegen den Widerstand des Prüfers

Beurteilung: Nach subjektivem Gefühl und im Seitenvergleich

Abb. 1 *M. iliopsoas, M. rectus femoris Krafttest*

Seitliche Rumpf- und Hüftmuskulatur (M. adductor magnus, M. adductor brevis, M. adductor longus, M. gracilis, M. pectineus, M. glutaeus medius, M. glutaeus minimus)

M. adductor magnus, M. adductor brevis, M. adductor longus, M. gracilis, M. pectineus Beweglichkeitstest

Ausgangsposition: Rückenlage, die Beine sind angewinkelt und aufgestellt.

Testbewegung: Maximale Abspreizung beider Oberschenkel

Beurteilung: Nach subjektivem Gefühl und im Seitenvergleich. Bei einem Winkel von 30° zwischen der Unterlage und den Beinen sind die Adduktoren normal dehnfähig.

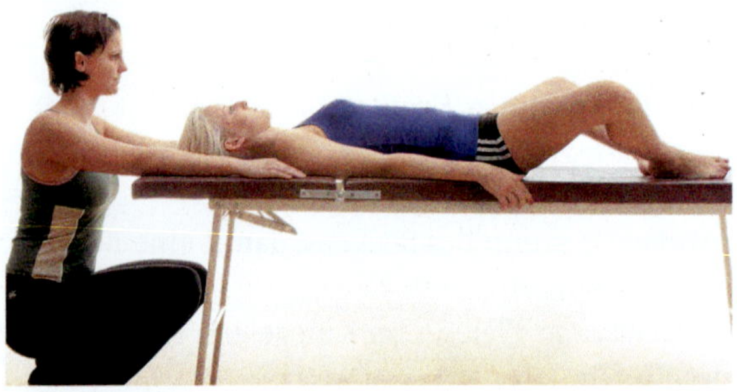

Abb. 2 *M. adductor magnus, M. adductor brevis, M. adductor longus, M. gracilis, M. pectineus Beweglichkeitstest*

M. adductor magnus, M. adductor brevis, M. adductor longus, M. gracilis, M. pectineus Krafttest

Ausgangsposition: Seitenlage, der Körper und die Beine sind dabei in einer geraden Linie gestreckt.

Fixation: Fixation des oberen Beins in Abduktion mit Unterarm und Hand am Unterschenkel und am Knie

Testbewegung: Adduktion des unteren Beins gegen die Hand des Prüfers

Beurteilung: Nach subjektivem Gefühl und im Seitenvergleich

Abb. 3 *M. adductor magnus, M. adductor brevis, M. adductor longus, M. gracilis, M. pectineus Krafttest*

M. glutaeus minimus, M. glutaeus medius Krafttest

Ausgangsposition: Seitenlage, der Körper und das obere Bein sind dabei in einer geraden Linie gestreckt, das untere Bein ist aus Stabilitätsgründen leicht angewinkelt.

Fixation: Der Prüfer fixiert das Becken.

Testbewegung: Abduktion des oberen Beines gegen die Hand des Prüfers

Beurteilung: Nach subjektivem Gefühl und im Seitenvergleich

Abb. 1 *M. glutaeus minimus, M. glutaeus medius Krafttest*

Rücken- und Gesäßmuskulatur (M. erector spinae, M. glutaeus maximus)

Lumbaler M. erector spinae Beweglichkeitstest

Ausgangsposition: Sitzend, wobei die Kniekehlen den Rand der Liege berühren. Die Arme hängen seitlich am Körper herab.

Testbewegung: Flexion des Oberkörpers, sodass der Kopf sich in Richtung der Knie bewegt

Beurteilung: Ein normales Bewegungsausmaß der Rückenmuskulatur der Lendenwirbelsäule liegt vor, wenn der Abstand zwischen Kinn und Knie weniger als 15 cm beträgt. Bei der Beurteilung ist darauf zu achten, dass die getestete Person die Beweglichkeit nicht aus einem anderen Bereich des Rückens herausholt.

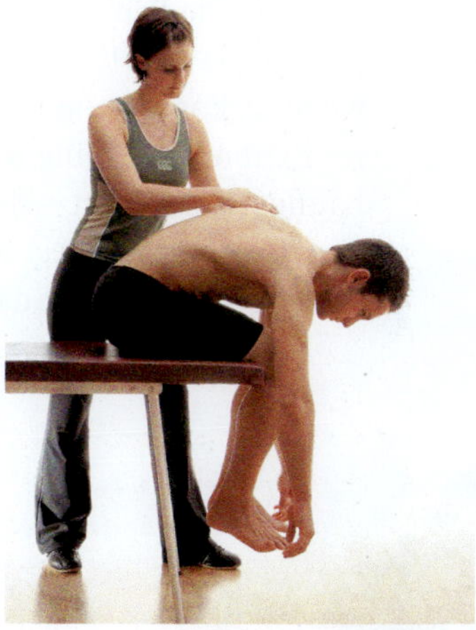

Abb. 2 *Lumbaler M. erector spinae Beweglichkeitstest*

M. erector spinae Krafttest

Ausgangsposition: Bauchlage mit gestreckten Armen, die sich an der Liege festhalten, wobei der Hüftknochen gerade noch auf der Liege aufliegt.

Fixation: Fixation am Becken

Testbewegung: Die Beine werden unter Streckung des Hüftgelenkes gegen den Widerstand des Prüfers über die Horizontale gehoben.

Beurteilung: Nach subjektivem Gefühl. Alternativ kann der Rückenstrecker auch in der Ausgangsposition der Kräftigungsübung Arm- und Beinheben in Bauchlage getestet werden. Wird die Ausgangsposition zwei Minuten gehalten, handelt es sich um ein sehr gutes, bei ein bis zwei Minuten um ein befriedigendes und bei weniger als einer Minute um ein mangelhaftes Ergebnis.

Abb. 3 *M. erector spinae Krafttest*

M. gluteus maximus Krafttest

Ausgangsposition: Bauchlage

Fixation: Das zu testende Bein wird an der Rückseite des Oberschenkels oberhalb der Kniekehle fixiert.

Testbewegung: Überstreckung im Hüftgelenk gegen den Druck des Prüfers

Beurteilung: Nach subjektivem Gefühl und im Seitenvergleich

Abb. 4 *M. gluteus maximus Krafttest*

Bauchmuskulatur (M. rectus abdominis, M. obliquus internus abdominis, M. obliquus externus abdominis)

M. rectus abdominis (Mm. obliquus internus und externus abdominis) Krafttest I

Vor diesem Test sollte die Kraft der Hüftflexoren sowie die Dehnfähigkeit der Rückenextensoren, der Hüftflexoren und der ischiocruralen Muskulatur geprüft werden, damit bei der Testausführung eine Bewegungseinschränkung nicht mit einer Muskelschwäche verwechselt wird.

Ausgangsposition: Rückenlage, die Beine sind ausgestreckt. Evtl. muss durch die Unterlage eines Handtuches oder einer Nackenrolle unter das Kniegelenk eine Lendenlordose (Verkürzung der Hüftflexoren) ausgeglichen werden.

Fixation: Die Beine dürfen in der ersten Phase der Bewegungsausführung nicht fixiert werden, da die Hüftflexoren sofort aktiv werden würden. In der zweiten Phase der Testbewegung, können die Fußgelenke fixiert werden, falls das Gewicht von Rumpf und unterer Extremität in einem Missverhältnis – wie es besonders bei erwachsenen Männern häufiger der Fall ist – steht.

Testbewegung: Der Test wird in zwei Phasen mit drei Schwierigkeitsgraden durchgeführt. ***In der ersten Phase*** ist das Gewicht des Oberkörpers mittels der Bauchmuskeln zu überwinden, damit sich der Oberkörper aufrichtet und sich dadurch das Becken und der Thorax nähern.

Abb. 1 *M. rectus abdominis (Mm. obliquus internus und externus abdominis) Krafttest I Phase 1*

Abb. 2 *M. rectus abdominis (Mm. obliquus internus und externus abdominis) Krafttest I Phase 2*

In der zweiten Phase entstehen durch die Kontraktion der Hüftflexoren Zugkräfte, die der Kraft der Bauchmuskeln entgegenwirken, d. h., die Lendenwirbelsäule extendieren. Bei einer abgeschwächten Bauchmuskulatur tendiert der Abstand zwischen Becken und Thorax sich wieder zu vergrößern. Nachdem die Testperson die maximale Wirbelsäulenflexion erreicht hat, werden die Beine fixiert und die Position soll beibehalten werden.

Der kritische und auch aussagekräftige Zeitpunkt ist dann erreicht, wenn die Hüftflexoren anspringen, d. h. wenn man einen plötzlichen Widerstand wahrnimmt. Zu diesem Zeitpunkt müssen die Bauchmuskeln in der Lage sein, der Kraft der Hüftflexoren entgegenzuwirken und die Flexion der Wirbelsäule aufrechtzuerhalten. Liegt eine Schwäche der Bauchmuskeln vor, kommt es zu einem sofortigen Absinken bzw. einer Lageveränderung des Oberkörpers.

Bewertung:

- 100 % oder normal liegt vor, wenn die Hände hinter dem Kopf verschränkt in Phase zwei gehalten werden können.
- 80 % oder gut liegt vor, wenn die Hände auf dem Brustkorb verschränkt in Phase zwei gehalten werden können.
- 50 % oder ausreichend plus liegt vor, wenn die Hände nach vorne gestreckt in Phase zwei gehalten werden können.

M. rectus abdominis Krafttest II

Vor diesem Test sollte die Kraft der Hüftflexoren und des M. quadriceps geprüft werden.

Ausgangsposition: Rückenlage auf einer festen Unterlage. Klagt die Testperson über Rückenschmerzen, sind die Arme auf alle Fälle auf der Brust zu verschränken.

Fixation: Keine, es wird lediglich eine Hand unter der Lendenwirbelsäule platziert, damit eine entstehende Lendenlordose gleich bemerkt wird.

Testbewegung: Beide Beine werden in einen rechten Winkel zum Oberkörper gebracht. Unter Anspannung der Bauchmuskeln sollen die Beine langsam gegen die Unterlage abgesenkt werden, ohne dass eine Lendenlordose, d. h. ein Hohlkreuz, entsteht. Für die Bewertung des Testverfahrens ist der Winkel der Beine entscheidend, bei denen die Lendenwirbelsäule den Untergrund verlässt.

Bewertung:

- 100 % oder normal liegt vor, wenn die Beine bis zum Untergrund gesenkt werden können, ohne dass die Lendenwirbelsäule den Untergrund verlässt.
- 80 % oder gut liegt vor, wenn die Beine bis zu einem Winkel von 30° gesenkt werden können, ohne dass die Lendenwirbelsäule den Untergrund verlässt.
- 60 % oder ausreichend plus liegt vor, wenn die Beine bis zu einem Winkel von 60° gesenkt werden können, ohne dass die Lendenwirbelsäule den Untergrund verlässt.

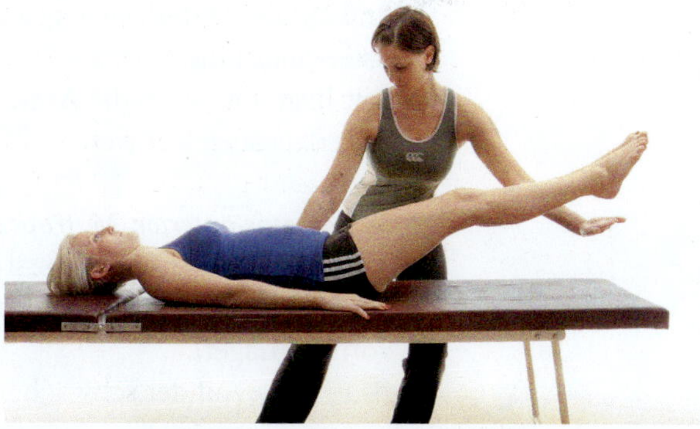

Abb. 1 *M. rectus abdominis (Mm. obliquus internus und externus abdominis) Krafttest II*

Mm. obliquus externus und internus abdominis, M. quadratus lumborum, M. latissimus dorsi und der M. rectus abdominis auf der Testseite Krafttest

Ausgangsposition: Seitenlage, wobei Kopf, Rumpf und Beine in einer geraden Linie ausgerichtet sind.

Fixation: Fixation von Beinen und Becken

Testbewegung: Lateralflexion, d. h., seitliches Aufbäumen des Oberkörpers

Beurteilung:

- 100 % oder normal liegt vor, wenn der Rumpf die volle Lateralflexion durchführen kann, d. h., der Oberkörper kann bis zum Becken abgehoben werden.
- 80 % oder gut liegt vor, wenn die Schulter ca. 10 cm von der Unterlage abgehoben werden kann.
- 50 % oder ausreichend liegt vor, wenn die Schulter nur leicht von der Unterlage abgehoben werden kann.

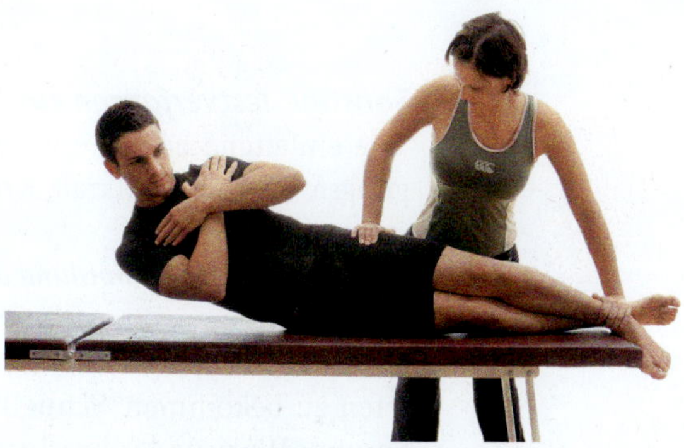

Abb. 2 *Mm. obliquii externi und interni abdominis, M. quadratus lumborum, M. latissimus dorsi und der M. rectus abdominis auf der Testseite Krafttest*

Schulter- und Armmuskulatur (M. teres major, M. latissimus dorsi, Mm. rhomboidei, M. serratus anterior, M. trapezius)

M. teres major, M. latissimus dorsi, Mm. rhomboidei Beweglichkeitstest

Ausgangsposition: Rückenlage, die in Richtung Beine gestreckten Arme liegen mit den Handflächen auf der Unterlage, die Knie sind angewinkelt.
Testbewegung: Beide Arme werden möglichst nahe am Kopf vorbeigeführt und auf der Unterlage abgelegt.
Bewertung: Eine normale Dehnfähigkeit liegt vor, wenn die Arme auf der Unterlage abgelegt werden können.

Abb. 1 *M. teres major, M. latissimus dorsi, Mm. rhomboidei Beweglichkeitstest*

M. serratus anterior, M. trapezius Krafttest

Ausgangsposition: Vierfüßlerstand
Testbewegung: Das Körpergewicht wird bei leicht gebeugten Armen zunehmend nach vorne verlagert.
Bewertung: Auf der schwachen Seite kommt es zu einem Abheben des Schulterblattes.

Abb. 2 *M. serratus anterior, M. trapezius Krafttest Ausgangstellung*

Abb. 3 *M. serratus anterior, M. trapezius Krafttest Endstellung*

Sonstige Testverfahren zur Bestimmung der Kraft

Wie einleitend bereits erwähnt, lässt sich die motorische Fähigkeit Kraft in die Ausprägungsformen Schnellkraft, Kraftausdauer und Maximalkraft unterteilen.

Testverfahren zur Ermittlung der Schnellkraft

Testverfahren zur Ermittlung der Schnellkraft bieten sich in zahlreichen Sportarten als Kontrollinstrumentarium an, um eine Rückmeldung über die Leistungsfähigkeit der Athleten zu bekommen. Schnellkrafttests werden in Abhängigkeit der Sportart als Sprint-, Sprung-, Wurf- und Schusskrafttests durchgeführt. Da Schnellkrafttests sehr häufig im Leistungssport, im Fitness-Studio aber so gut wie gar nicht durchgeführt werden, soll auf die einzelnen Testverfahren nicht näher eingegangen werden. Umfassende Informationen zu diesen Testverfahren bieten z. B. Bös (2001) im „Handbuch Motorische Tests“ oder Weineck (2003) in „Optimales Training“.

Testverfahren zur Ermittlung der Kraftausdauer

Auch die Testverfahren der Kraftausdauer bieten sich im Leistungssport, aber auch im Fitness-Sport als Kontrollinstrumentarium an. Steht bei den Schnellkrafttests die Geschwindigkeit im Vordergrund, geht es bei den Kraftausdauertests darum,

- eine möglichst hohe Wiederholungszahl einer vorgegebenen Bewegung (evtl. auch in einer bestimmten Zeit) zu schaffen,
- eine Bewegung möglichst lange durchzuhalten oder
- mit bestimmten Bewegungen (z.B. Vielsprünge) und vorgegebener Bewegungsanzahl eine möglichst hohe Distanz zu überwinden.

Da Kraftausdauertests im Hinblick auf die einzelne Bewegung keine maximale Belastung darstellen, sind sie auch aus gesundheitlicher Sicht bei einem gesunden Kunden vertretbar. Kraftausdauertests im Fitness-Studio werden in der Regel über die maximale Wiederholungsanzahl bei einer vorgegebenen Bewegung (z.B. Bankdrücken, Klimmzüge oder Crunches) durchgeführt. Oft sind es die Kunden selber, die sich einem Kraftausdauertest unterziehen. So wird der Trainingsfortschritt z.B. beim Crunch über die Steigerung der maximal möglichen Wiederholungszahl festgestellt. Kraftausdauertests im Fitness-Studio werden mit und ohne Geräte sowie mit und ohne Zusatzgewichte durchgeführt.

Testverfahren zur Bestimmung der Maximalkraft

Tests zur Bestimmung der Maximalkraft bieten sich im Fitness-Studio besonders im Rahmen der Trainingssteuerung an, da die Belastungsstärke (= Intensität) einer Übung prozentual in Abhängigkeit der individuellen Maximalkraft angegeben wird. Wie kann der Trainer aber dem Kunden ein Gewicht einstellen, das z.B. 50 % seiner Maximalkraft entspricht? Gerade für den noch nicht so erfahrenen Trainer hat sich hierbei die *Wiederholungsmethode* gegenüber der *Einerwiederholungsmethode* durchgesetzt.

Bei der *Wiederholungsmethode* erhält der Kunde ein Gewicht, das er voraussichtlich 15- bis 25-mal bewegen kann. Gezählt werden hierbei die korrekt ausgeführten Bewegungen. Auf Grund der Anzahl der korrekt ausgeführten Bewegungen kann der Trainer im Anschluss an dieses Testverfahren mittels der folgenden Tabelle die ungefähre Maximalkraft des Kunden bestimmen.

Wiederholungszahl der korrekt ausgeführten Bewegungen	Prozentualer Anteil der Maximalkraft
1	100 %
2	95 %
3–4	90 %
5–6	85 %
7–8	80 %
9–10	75 %
11–13	70 %
14–16	65 %
17–20	60 %
21–24	55 %

Tab. 1 Prozentuale Maximalkraft

Bei der *Einerwiederholungsmethode* wird dem Kunden ein Gewicht eingestellt, welches er nach Einschätzung des Trainers nur einmal korrekt bewegen kann. Durch „Trial and Error" wird jetzt so lange ausprobiert, bis das Maximalgewicht ermittelt wurde. Zu viele „Error-Versuche" verfälschen das Ergebnis jedoch, da die Muskulatur bei diesen annähernden Maximalbelastungen schnell ermüdet. Bei jüngeren, gut trainierten Kunden ist diese Methode durchaus attraktiv und als Alternative zu betrachten. Problematisch erweist sich diese Methode besonders bei Trainingsanfängern, älteren oder gesundheitlich eingeschränkten Kunden. Bei diesen Zielgruppen ist von einem Austesten der Leistungsgrenze wegen der relativ hohen Verletzungsgefahr vor allem bei unsachgemäßer und technisch unsauberer Ausführung dringend abzuraten.

2.4.3 Testverfahren zur Überprüfung der motorischen Koordination

Je besser ein Bewegungsablauf koordinativ gesteuert wird, desto weniger Kraftaufwand ist zum Erreichen eines Bewegungsziels notwendig. Koordination umfasst daher alle Komponenten der Bewegungskontrolle, wodurch sich unter anderem Ermüdung und Verletzungsgefahr verringern.

> **Koordination** ist das Zusammenwirken des Zentralnervensystems als Steuerungsorgan und der Skelettmuskulatur als Ausführungsorgan, um Bewegungsausführungen im Sinne eines beabsichtigten Bewegungsziels anzupassen. **!**

Da Koordination immer auch von den weiteren motorischen Fähigkeiten Kraft, Ausdauer, Schnelligkeit und Beweglichkeit beeinflusst wird, ist sie als reine motorische Fähigkeit nicht messbar. In den meisten Fällen handelt es sich in der gängigen Praxis um Ganzkörpertests, die neben körperlichen Funktionen auch koordinative Fähigkeiten, z. B. die Gleichgewichtsfähigkeit, erfassen. Gerade diesen Ganzkörpertests muss im Hinblick auf den therapeutischen Erfolg eine genauso große Bedeutung wie den reinen Muskelfunktionstests beigemessen werden. Denn erst durch die ökonomisch optimierte Anwendung der gewonnenen Kraft ist der therapeutische Erfolg gesichert.

Die nachfolgend dargestellten Testverfahren dienen der Überprüfung des Gleichgewichtssinns des Rumpfes sowie der schmerzfreien Stabilisationsfähigkeit des Knie- und Sprunggelenks. Gerade das Kniegelenk stellt nach Verletzungen oder im Alter einen leistungslimitierenden Faktor dar.

Bereits durchschnittliche Ergebnisse bei diesen Testverfahren sollten dazu führen, dass Knie stabilisierende Koordinationsübungen in das Training integriert werden. Oftmals stellen sich gerade bei Knieproblemen bereits nach wenigen Wochen signifikante Fortschritte ein. Selbstverständlich bietet sich ein Koordinationstraining als integraler Bestandteil des Trainingsprogramms auch bei guten bzw. sehr guten Ergebnissen zum Erhalt dieser Leistungsfähigkeit an.

Der Einbeinstand-Test

Mittels des Einbeinstand-Tests wird unter statischen Bedingungen die Gleichgewichtsfähigkeit getestet. Dieses Testverfahren ist barfuß mit beiden Beinen durchzuführen. Das freie Bein ist bei den verschiedenen Schwierigkeitsstufen locker auf der Wade des Standbeines aufzulegen. Verlässt das Bein die Wade, ist der Test zu beenden.

Die Schwierigkeitsstufen sind in der vorgegebenen Reihenfolge einzuhalten:

1. Beidbeiniger Stand mit geschlossenen Augen über zehn Sekunden
2. Einbeiniger Stand mit offenen Augen über zehn Sekunden
3. Einbeinstand mit geschlossenen Augen über zehn Sekunden
4. Einbeiniger Zehenstand mit offenen Augen über zehn Sekunden
5. Einbeiniger Zehenstand mit geschlossenen Augen über zehn Sekunden

Zur Beurteilung der Testergebnisse werden die folgenden altersabhängigen Tabellen herangezogen:

Schwierigkeitsstufe	1	2	3	4	5	Beurteilung der koordinativen Leistungsfähigkeiten
Ergebnisse	×					schlecht
	×	×				zu gering
	×	×	×			durchschnittlich/ ausreichend
	×	×	×	×		gut
	×	×	×	×	×	sehr gut

Tab. 1 Beurteilung der Koordinationsfähigkeit beim Einbeinstand-Test bei Personen ***bis*** *45 Jahren*

Schwierigkeitsstufe	1	2	3	4	5	Beurteilung der koordinativen Leistungsfähigkeiten
Ergebnisse						schlecht
	×					zu gering
	×	×				durchschnittlich/ ausreichend
	×	×	×			gut
	×	×	×	×		sehr gut
	×	×	×	×	×	hervorragend

Tab. 2 Beurteilung der Koordinationsfähigkeit beim Einbeinstand-Test bei Personen ***ab*** *45 Jahren*

Der Jump-off-Test

Dieser Test wird zur Ermittlung der schmerzfreien Stabilisationsfähigkeit des Knie- und Sprunggelenks durchgeführt.

Es muss einbeinig, zunächst mit der gesunden, dann mit der verletzten Seite, von einer höhenverstellbaren Plattform (Mindesthöhe: 10 cm, maximale Höhe: 60 cm) auf den Boden gesprungen werden. Das Absprungbein sollte hierbei auch das Landebein sein. Der Test wird mit einer Sprunghöhe von 10 cm gestartet, die nach erfolgreich absolvierten Sprüngen jeweils um 5–10 cm erhöht wird. Die maximale Endhöhe beträgt 60 cm. Bei Schmerzen oder unsicherer Landung ist der Test zu beenden. Die Beurteilungsgrundlage dieses Testverfahrens ist die Höhe, die der Kunde ohne Schmerzen im sicheren Stand absolviert hat.

Kunden ohne Verletzungen der unteren Extremitäten sollten aus einer Höhe von 60 cm schmerzfrei und sicher landen können. Bei verletzten Beinen beträgt die durchschnittliche Höhe, je nach Körpergewicht, etwa 45 cm. Als individueller Vergleichsmaßstab gilt die Höhe des nicht verletzten Beines oder es werden weitere Tests in bestimmten Zeitabständen durchgeführt.

Befundbogen

Name:	Geburtsdatum:	Beruf:
Größe:	Gewicht:	BMI:
Bauchumfang:	Fettgehalt:	
Ruhepuls:	Blutdruck:	

Anamnese/Allgemeine Fragen zur Gesundheit

	Ja	Nein
1. Sind Sie über 35 Jahre alt und haben Sie seit mehr als sechs Monaten keinen Sport mehr betrieben?	☐	☐
2. Fühlen Sie sich bei Belastungen häufiger unwohl, d. h. treten z. B. Schwindel, Kopfschmerzen, Kurzatmigkeit oder Schmerzen in der Brust auf?	☐	☐
3. Liegt bei Ihnen eine Atemwegserkrankung vor (Rachen, Nase, Nebenhöhlen)?	☐	☐
4. Haben Sie Asthma bronchiale?	☐	☐
5. Sind Sie starker Raucher (> 15 Zigaretten/Tag)?	☐	☐
6. Sind bei Ihnen oder Ihren Eltern bereits Herz-Kreislauf-Erkrankungen aufgetreten (Herzinfarkt, Angina pectoris, Rhythmusstörungen)?	☐	☐
7. Haben Sie erhöhten Blutdruck, der regelmäßig über 140/90 mmHg liegt?	☐	☐
8. Liegt Ihr Ruhepuls (gemessen am frühen Morgen vor dem Aufstehen oder nach 15 Minuten Ruhe) regelmäßig über 100 Herzschläge pro Minute?	☐	☐
9. Liegt bei Ihnen eine Stoffwechselerkrankung (z. B. Diabetes) oder eine Schilddrüsenerkrankung (z. B. Überfunktion) vor?	☐	☐
10. Leiden Sie an akuten Gelenk- oder Muskelbeschwerden oder -erkrankungen?	☐	☐
11. Fühlen Sie sich in letzter Zeit oft abgespannt, gereizt oder gehetzt?	☐	☐
12. Nehmen Sie regelmäßig Medikamente, vor allem Herz-Kreislauf-Medikamente (z. B. Betablocker)?	☐	☐
13. Für Frauen: Liegt bei Ihnen eine Schwangerschaft vor?	☐	☐

Bisheriges Sportverhalten

1. Betreiben Sie Sport? ☐ Ja (weiter mit 2–3) ☐ Nein (weiter mit 4)
2. Welche Sportarten? ....
3. Durchschnittliche Trainingshäufigkeit pro Woche mit Zeitangabe. ....
4. Wie lange treiben Sie keinen Sport mehr? ....

Körperliche Untersuchung

Stellung der Körperabschnitte

Füße		Hohlfuß		Spreizfuß		Plattfuß
Knie		X-Bein-Stellung				O-Bein-Stellung
LWS		Lordose				Flach
BWS		Kyphose				Flach
Abdomen		Vorwölbung				
Kopf		Vorgeschoben				Neigung

Prüfung der Beweglichkeit

Wadenmuskulatur:	L:	R:
Kniestrecker:	L:	R:
Kniebeuger:	L:	R:
Hüftbeuger:	L:	R:
Adduktoren:	L:	R:
Rücken u. Gesäß:	L:	R:
Schultern u. Arme:	L:	R:

Prüfung der Muskelkraft

Wadenmuskulatur:	L:	R:
Kniestrecker:	L:	R:
Kniebeuger:	L:	R:
Hüftbeuger:	L:	R:
Adduktoren:	L:	R:
Rücken u. Gesäß:	L:	R:
Bauch:	L:	R:
Schultern u. Arme:	L:	R:

Prüfung der Ausdauer

Security-Test:

PWC-Test:

Prüfung der Koordination

Einbeinstand-Test:

Jump-Off-Test:

Bemerkungen: Therapievorschläge:

Kode:
Stellung der Körperabschnitte: X = Fehlstellung manifest; L = links, R = rechts, B = beide/beidseitig; ant. = anterior, post. = posterior

2.5 Praxishinweise für den Einsatz der Testübungen und Beratung

Wie bereits angeführt, müssen die Testübungen zielgerichtet eingesetzt werden. Es gilt also auf Basis der Trainingsziele und der durchgeführten Befragung, Messung und Inspektion, die geeigneten Testübungen herauszufinden.
Im Folgenden wird ein kleiner Überblick über den sinnvollen Einsatz der Testverfahren gegeben. Aus den Testübungen ermittelte Schwächen bzw. Verkürzungen müssen durch eine geeignete Übungsauswahl im Rahmen des Trainingsplans Beachtung finden.

Kundenprofil	Testübungen und Beratung	Nähere Erläuterung
Alle Kunden	Krafttests: • Bauch, Kniebeuger • Rückenstrecker, Gesäß	Diese Muskelgruppen sind von ihrer Wichtigkeit für den „gesunden“ Menschen sehr hoch einzuschätzen und *müssen* in jedem Trainingsplan ihre Würdigung finden.
Kunden nach langer Trainingsabstinenz	Motorische Testverfahren: • Security-Test	Dieser Test belastet das Herz-Kreislauf-System nur sehr gering und gibt bereits erste Auskünfte über die Ausdauerfähigkeit.
Kunden mit der Zielsetzung „Gesundheits- und Fitnesstraining“, „Fit im Alter“ und „Körperstraffung“	Motorische Testverfahren: • PWC-Test	Zur Ermittlung der Ausdauerfähigkeit
Kunden, die rauchen	Motorische Testverfahren: • PWC-Test	Zur Ermittlung der Ausdauerfähigkeit
Frauen, die gerne und oft Schuhe mit höheren Absätzen tragen	Beweglichkeitstests: • Wadenmuskulatur • Hüftbeuger Krafttests: • Bauch • Rückenstrecker	Diese Frauen verlagern das Körpergewicht auf den vorderen Teil des Fußes. Als natürlicher Ausgleichsmechanismus, um nicht ständig nach vorne umzufallen, müssen die Kniegelenke leicht gebeugt (Verkürzung der Wadenmuskulatur) und das Becken nach vorne gekippt werden (Verkürzung des Hüftbeugers). Die Folge ist ein Hohlkreuz. Begünstigt durch die genannten Fehlstellungen kann es längerfristig auch zu negativen Auswirkungen auf das Kniegelenk kommen.
Kunden mit leichten Knieproblemen	Inspektion: • der Füße • der Knie Beweglichkeitstests: • Kniegelenkbeuger • Kniegelenkstrecker • Adduktoren Messungen • BMI • Bauchumfang	Bei Kunden, die über leichte Knieprobleme z.B. nach dem Skifahren oder anderen sportlichen Belastungen klagen, können u.a. folgende Ursachen zu Grunde liegen: • Muskuläre Defizite der kniegelenkstabilisierenden Muskulatur (vor allem der Kniegelenkbeuge- und -streckermuskulatur, d.h. Mm. ischiocrurale und M. quadrizeps) • Mangelnde Dehnfähigkeit der Kniestreckermuskeln • Nicht selten treten konstitutionelle Besonderheiten wie ungünstige Beinstatik (X-Bein, O-Bein), Beinlängendifferenz oder Fehlformen der Kniescheibe auf. • Übergewicht
Kunden mit leichten Rückenproblemen	Verkürzungstests: • Rückenstrecker Inspektion: • Körperhaltung • Wirbelsäule (inkl. Vorbeugetest zur Überprüfung von Skoliose.	In diesem Zusammenhang sind Rückenprobleme auf Grund einseitiger Wirbelsäulenbelastungen, langen Sitzens und Stehens, vornübergeneigter Arbeitstätigkeit sowie des Hebens und Tragens von schweren Lasten gemeint.

Prüfungsaufgaben zum Fitness-Check

Situation

Helga Kellermann stellt sich bei Ihnen als neues Mitglied vor, die etwas für ihre Gesundheit tun möchte. Aus der Befragung mit Frau Kellermann erfahren Sie, dass sie einen lernbehinderten Sohn hat, um den sie sich die ganzen Jahre aufopferungsvoll gekümmert hat. Da der Sohn jetzt erfolgreich eine Lehre abgeschlossen hat, möchte sie nun endlich wieder etwas für ihre Fitness tun, da sie das in den vergangenen zehn Jahren sträflich vernachlässigt habe. Gerade in der letzten Zeit klagt sie auch zunehmend über leichte Rückenschmerzen. Ein weiteres großes Anliegen wäre, ihre nicht zu kontrollierenden „Stress- und Kummerfressanfälle" in den Griff zu bekommen.

Die Messungen ergeben folgende Werte:

Geburtsdatum: 28.11.1958	Größe: 160 cm	Gewicht: 88,6 kg
Bauchumfang: 97 cm	Ruhepuls: 76	Blutdruck: 145/90 mmHg

1 Übertragen Sie die vorliegenden Daten in den Befundbogen.

2 Errechnen Sie den BMI und interpretieren Sie ihn. Ist der errechnete Wert bei Frau Kellermann aussagekräftig?

3 Wie ist der Bauchumfang im Hinblick auf die Gefährdung von Herz-Kreislauf-Erkrankungen einzuschätzen?

4 Um ihren Fettgehalt zu kontrollieren, hat sich Frau Kellermann eine Fettmesswaage gekauft. Welche Empfehlungen können Sie Frau Kellermann geben?

5 Welche Gefahren birgt ein ständig erhöhter Blutdruck und worauf ist beim Sport bei Kunden mit erhöhtem Blutdruck zu achten?

6 Welche Muskelfunktionstests würden Sie in dem vorliegenden Fall durchführen?

7 Frau Kellermann möchte gerne den Status quo ihrer Ausdauerleistungsfähigkeit bestimmen. Welche Möglichkeiten hat Sie und worauf ist zu achten?

8 Beschreiben Sie Frau Kellermann den Ablauf des PWC-Tests.

9 Welche Trainingsziele (Primärziel und Sekundärziel) leiten sich aus dieser Situation ab?

3 Erstellen eines individuellen Trainingsplans

Basierend auf den festgelegten Trainingszielen und den aus dem Fitness-Check gewonnenen Erkenntnissen gilt es, für den Kunden einen passenden Trainingsplan zu entwickeln.

- In Anlehnung an das individuelle Kundenprofil müssen dabei bestimmte Trainingsprinzipien besonders beachtet werden.
- In einem nächsten Schritt muss der zur Umsetzung der *Trainingsziele* geeignete *Trainingsmethoden-Mix* (Trainingsmethoden des Kraft-, Ausdauer- und Beweglichkeitstrainings bzw. Koordinations- u. Schnelligkeitstrainings) ausgewählt werden. Die einzelnen Trainingsmethoden charakterisieren sich durch ihre jeweiligen ↑*Belastungsnormative* (Dauer, Intensität, Dichte, Umfang, Trainingshäufigkeit).

Belastungsnormative ↑Seite 60

- In einem letzten Schritt ist die eigentliche Ausgestaltung des Trainingsplans anhand der ausgewählten Trainingsmethoden vorzunehmen. Von einer Dreiteilung des Trainingsplans in einen aufwärmenden Teil, einen Hauptteil und einen abwärmenden Teil (Cool-down) ausgehend, müssen die
  - ↑Trainingsinhalte, d.h. Übungen u./o. Kurse,
  - Trainingsmittel, d.h. Geräte, Örtlichkeiten, und die
  - ↑Trainingsorganisation, d.h. Stations-, Circuit- bzw. Pyramidentraining,

Trainingsinhalte ↑ab Seite 60
Trainingsorganisation ↑Seite 74

festgelegt werden.

Dieser Trainingsplan muss in regelmäßigen Zeitabständen (↑Makro-Zyklus) kontrolliert und in Abhängigkeit des individuellen Trainingsfortschrittes angepasst werden.

Makro-Zyklus ↑Seite 10

3.1 Trainingsprinzipien

Trainingsprinzipien basieren auf sportwissenschaftlichen Erkenntnissen und dienen als Grundlage zur optimalen Planung und Durchführung des Trainings. Sie lassen sich in drei Gruppen, nämlich den *Belastungsprinzipien*, den *Zyklisierungsprinzipien* und den *Spezialisierungsprinzipien*, clustern.

3.1.1 Belastungsprinzipien

Belastungsprinzipien geben über die Auslösung der Adaptionsprozesse (Anpassungsprozesse) im Körper Auskunft. Folgende Belastungsprinzipien sind zu unterscheiden:

Prinzip des trainingswirksamen Reizes

Das Prinzip des trainingswirksamen Reizes besagt, dass ein Trainingsreiz einen bestimmten Schwellenwert, d. h. z. B. eine geforderte Intensität, überschreiten muss, damit ein Adaptionsprozess und damit der gewünschte Leistungszuwachs ausgelöst wird. Soll z. B. die Maximalkraft eines Kunden gesteigert werden, ist es völlig unwirksam, mit Intensitäten von 50 % zu arbeiten. Dieser Reiz würde den benötigten Schwellenwert von 70 % unterschreiten und hätte somit nicht den gewünschten Effekt. Auch im Zuge des Trainings spielt dieses Prinzip eine wichtige Rolle. So stagniert das erworbene Leistungsniveau nach vollzogenem Adaptionsprozess, falls keine weiteren trainingswirksamen Reize gesetzt werden.

Prinzip der optimalen Relation von Belastung und Erholung (Superkompensationseffekt)

Unter dem Prinzip der optimalen Relation von Belastung und Erholung wird die Phase der Wiederherstellung verbrauchter Energiequellen nach einer Belastung über das Ausgangsniveau hinaus verstanden (Superkompensation). Bei dem Superkompensationseffekt im eigentlichen Sinne geht es primär um die Anhebung der Glykogenspeicher im Muskel und in der Leber. Mittlerweile versteht man jedoch jegliche anabolen Anpassungsprozesse im Organismus als Superkompensation. Das heißt, die Pausengestaltung muss zwischen den Trainingseinheiten so gestaltet sein, dass der nächste Trainingsreiz unmittelbar dann erfolgt, wenn die Superkompensation eingetreten ist. Je nach Trainingsniveau und -belastung ist das nach 12–72 Stunden der Fall. Nachfolgende Abbildung verdeutlicht diesen Effekt.

Tritt der nächste Trainingsreiz stets zu früh ein, d. h., die Energiespeicher sind noch nicht wieder aufgefüllt, führt dies zu einem Leistungsabfall (Übertraining). Ist hingegen die Pause zwischen den Trainingseinheiten zu lange, verharrt die sportliche Leistung auf dem Ausgangsniveau.

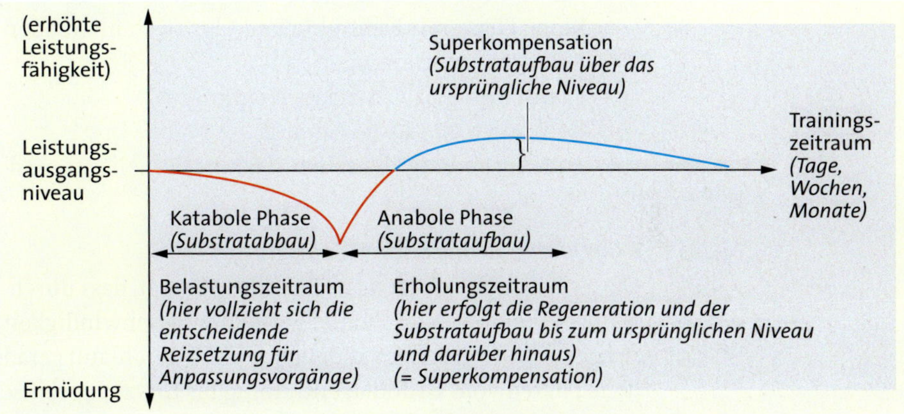

Abb. 1 Superkompensation

Prinzip der individualisierten Belastung

Das Prinzip der individualisierten Belastung meint, dass das Training auf die individuellen Bedürfnisse des Sportlers (u. a. körperliche Voraussetzungen, Trainingszustand, Veranlagung) angepasst werden muss. Leider zeigt es sich im Fitnessalltag oft, dass gerade dieses Prinzip sträflich vernachlässigt wird. Oftmals bekommen die Kunden einen standardisierten Trainingsplan, der auf die individuellen körperlichen Voraussetzungen nicht wirklich eingeht.

Prinzip der ansteigenden Belastung

Auf Grund der Gesetzmäßigkeiten zwischen Belastung, Anpassung und Leistungssteigerung müssen die Anforderungen (Trainingsbelastungen) allmählich gesteigert werden, um weiterhin wirksame Adaptionsprozesse hervorzurufen.

Im Fitnesstraining wird in der Regel folgende Reihenfolge der Belastungserhöhung gewählt:

1. Erhöhung des Belastungsumfangs (mehr Übungen bzw. Sätze)
2. Erhöhung der Belastungsdauer (Wiederholungszahl)
3. Erhöhung der Belastungsdichte (Verkürzung der Pausenlänge)
4. Erhöhung der Belastungsintensität (Höhe des Gewichts)
5. Erhöhung der Trainingshäufigkeit pro Woche

Prinzip der richtigen Belastungsfolge

Die motorischen Eigenschaften sollten in der Reihenfolge
1. Beweglichkeit → **2.** Koordination → **3.** Schnelligkeit, Kraft oder Ausdauer
trainiert werden.

Im Leistungssport, aber auch im Fitness-Studio ist es sinnvoll, Schnelligkeit, Kraft und Ausdauer an verschiedenen Tagen zu trainieren. Selbstverständlich ist es aber im Fitnesstraining durchaus möglich, im Anschluss an eine Krafteinheit ein moderates Ausdauertraining anzuschließen.

Idealform für das Training im Fitness-Studio:

1. Aufwärmen auf Cardio-Geräten
2. Kurze Phase mit Dehnübungen (der zu trainierenden Muskelgruppen)
3. Koordinationstraining
4. Krafttraining bzw. Ausdauertraining
5. Cool-down an Cardio-Geräten
6. Zur „Abrundung“ Duschen, ↑Sauna, Ruheliegen und Entspannungsübungen

Sauna
↑*Seite 127*

Prinzip der variierenden Belastung

Das Prinzip der variierenden Belastung besagt, dass durch Veränderungen der Übungsauswahl, -reihenfolge, -methodik, Bewegungsgeschwindigkeit und Trainingshäufigkeit weitere Leistungssteigerungen möglich sind. So durchläuft gerade der Leistungssportler verschiedene Phasen vom Grundlagentraining bis hin zur spezifischen Wettkampfvorbereitung in seiner Disziplin. Auch im Fitness-Studio gilt es, dem Kunden in regelmäßigen Zeitabständen (Makro-Zyklus), einen veränderten Trainingsplan zu geben. So können die Einführung von neuen Übungen, eine Steigerung der Trainingshäufigkeit und kleine Veränderungen bei der Methodik und Reihenfolge vor allem auch Abwechslung und neue Motivation in den Trainingsalltag bringen.

Prinzip der wechselnden Belastung

Verschiedene Sportarten, wie z. B. der Zehnkampf in der Leichtathletik, fordern dem Athleten die Ausprägung von verschiedenen motorischen Fähigkeiten ab. Für den Athleten ergibt sich daraus die Notwendigkeit, verschiedene motorische Fähigkeiten im Training unter einen Hut zu bringen. Um diesen komplexen Anforderungen gerecht zu werden, wird das Prinzip der wechselnden Belastungen angewendet. So beansprucht jede motorische Fähigkeit bzw. deren Trainingsmethode unterschiedliche Energiespeicher und Erholungszeiten. Das Prinzip der wechselnden Belastung macht sich diese Tatsachen zu Nutze, indem die Erholungszeiten einer Trainingsmethode zum Training einer anderen Trainingsmethode ausgenutzt werden. So kann im Fitness-Studio z. B. an einem Tag ein Muskelaufbautraining des Oberkörpers und am folgenden Tag ein Ausdauertraining auf dem Laufband absolviert werden. Es müssen aber nicht einmal die Trainingsmethoden gewechselt werden. Beim ↑Split-Training werden z. B. innerhalb der gleichen Trainingsmethode unterschiedliche Körperpartien an aufeinanderfolgenden Tagen trainiert.

Split-Training
↑*Seite 74*

Zusammenfassend lässt sich über dieses Prinzip aussagen, dass gleichzeitig mehrere Leistungsfaktoren, z. B. Wurfkraft, Schnelligkeit und Ausdauer des Zehnkämpfers oder Kraft und Ausdauer des Studiobesuchers, verbessert werden können.

3.1.2 Zyklisierungsprinzipien

Zyklisierungsprinzipien geben über die Adaptionsprozesse im Körper Auskunft.

Prinzip der kontinuierlichen Belastung

Um eine erreichte Leistung zu halten, ist ein regelmäßiges Training notwendig. Wird die Regelmäßigkeit unterbrochen, kommt es zu einem Leistungsabfall.

Prinzip der periodisierten Belastung

Das Training wird langfristig in Perioden, d. h. Belastungs- und Entlastungsphasen, aufgeteilt, damit sich Aufbau, Erhaltung und Verlust der sportlichen Form miteinander abwechseln. Ziel ist es, seine Höchstleistung genau zu einem bestimmten Zeitpunkt zu erbringen. Je nach Sportart und Wettkampfziel können diese Perioden ein-, zwei- oder sogar mehrfach im Jahr durchlaufen werden. So hat ein Sprinter in der Regel einen Saisonhöhepunkt, nach dem das ganze Training ausgerichtet ist. Etwas anders verhält es sich beim Fußballspieler, der seine Leistung in der Saison jede Woche abrufen muss. Im Fitnessalltag spielt dieses Prinzip eher eine untergeordnete Rolle, da das Training – mit Ausnahme vom Bodybuilding – grundsätzlich nicht auf punktuelle Saisonhöhepunkte ausgerichtet ist.

Prinzip der periodisierten Regeneration

Auch das Prinzip der periodisierten Regeneration spielt im Fitness-Studio eine untergeordnete Rolle. Wenn ein Hochleistungssportler nach jahrelangem harten Training seinen Leistungszenit erreicht hat und ein weiteres Training keinen zusätzlichen Leistungsgewinn bringt, kann dieses Prinzip Verwendung finden. So sollen Regenerationsphasen von 6 bis 12 Monaten nach jahrelangem Hochleistungssport dem Körper die Gelegenheit geben, wieder aufzutanken und nach erneuter Aufnahme des Trainings zu neuen Höchstleistungen führen. In den Regenerationsphasen findet ein Training mit deutlich reduzierten Intensitäten ohne die bisherigen Wettkampfbelastungen statt.

3.1.3 Spezialisierungsprinzipien

Spezialisierungsprinzipien geben über die Spezifizierung des Trainings Auskunft.

Prinzip der Altersgemäßheit

Entsprechend dem Prinzip der Altersgemäßheit sind die Trainingsbelastungen dem biologischen (nicht kalendarischen) Alter des Sportlers anzupassen. Auf das Fitness-Studio angewendet besagt dieses Prinzip letztlich nur wiederum, dass das Training nach den individuellen Voraussetzungen des Kunden ausgerichtet werden muss.

Prinzip der zielgerichteten Belastung

Es ist offensichtlich, dass jede Sportart ein bestimmtes Anforderungsprofil über die Ausprägung der motorischen Fähigkeiten besitzt. Ziel einer Trainingsplanung muss es also sein, genau dieses Anforderungsprofil zu erreichen. Hierfür müssen im Zuge des fortlaufenden Trainingsprozesses immer spezifischerer Trainingsmethoden und Techniken angewendet werden, d. h., es kommt zu einer immer größer werdenden Übereinstimmung der Übungen mit den Bewegungen der Zielsportart. Auch dieses Prinzip findet seine Anwendung eher im Leistungs- und Hochleistungssport als im Fitness-Sport.

3.2 Festlegung der Trainingsmethoden

Als ***Trainingsmethoden*** werden im Folgenden planmäßige Verfahren zur Verwirklichung der gesetzten Trainingsziele verstanden. Von den konditionellen ***motorischen Fähigkeiten*** Kraft, Ausdauer, Koordination und Schnelligkeit sowie Beweglichkeit kann bei der Trainingsplangestaltung der reinen Schnelligkeit bewusst vernachlässigt werden, da sie in den Fitness-Studios nur eine geringe Rolle spielt.

Tab. 1 Motorische Fähigkeiten und ihre Ausprägungsformen

Motorische Fähigkeiten										
Kraft			Ausdauer		Schnelligkeit		Koordination		Beweglichkeit	
isometrisch	konzentrisch	exzentrisch	aerob	anaerob	reine Schnelligkeit	komplexe Schnelligkeit	intramuskulär	intermuskulär	statisch	dynamisch

Nachfolgende Übersicht beschreibt die ***Belastungsnormative***, d. h. Intensität, Dauer, Dichte, Umfang und Häufigkeit, in Abhängigkeit der zu trainierenden motorischen Fähigkeit:

	Kraft	Ausdauer	Beweglichkeit	Koordination
Belastungsintensität (Stärke bzw. Höhe der Belastung)	• Prozent der Maximalkraft • Last (kg) in einer Übung	• Bewegungsgeschwindigkeit • Leistung bei einer Übung (Watt) • % der Herzfrequenz	• Winkelgrad der Dehnung	• Labile oder stabile Unterlage • Offene oder geschlossene Augen
Belastungsdauer (Begrenzung der Belastung durch Zeit, Wiederholungen oder Strecke)	• Anzahl der Wiederholungen • Zeit für eine Übung	• Zeit für eine Belastung • Strecke	• Zeit für eine Dehnung	• Anzahl der Wiederholungen • Zeit für eine Übung
Belastungsdichte (Verhältnis von Belastung zu Pause)	• Pausenzeit zwischen den Sätzen bzw. Übungen	• Pausenzeit zwischen den Teilstrecken, Sätzen, Wiederholungen	• Pausenzeit zwischen den Übungen	• Pausenzeit zwischen den Sätzen bzw. Übungen
Belastungsumfang (Gesamtmenge der Belastung in einer Trainingseinheit)	• Übungen x Sätze x Wiederholungen in einer Trainingseinheit (TE)	• Gesamtstrecke in einer TE • Wiederholungen einer Strecke	• Gesamtdauer x Anzahl der Dehnübungen	• Übungen x Sätze x Wiederholungen in einer TE
Trainingshäufigkeit	• Anzahl der Trainingseinheiten pro Woche			

Tab. 2 Kennzeichnung der Belastungskomponenten

Aus dem Trainingsziel** (z. B. Steigerung der Maximalkraft) **lassen sich direkt die Belastungsnormative ableiten, die durch die entsprechenden Trainingsmethoden, in diesem Fall dem intramuskulären Koordinationstraining, verwirklicht werden.

!

- Intensität: 90–100 % bei zügiger explosiver Bewegungsausführung
- Dauer: 1–5 Wiederholungen
- Dichte: 3–5 Minuten zwischen den Sätzen, d. h. vollständige Erholung
- Umfang: 3–5 Sätze bei 4–8 Übungen
- Häufigkeit: 2 Trainingseinheiten pro Woche über 3–4 Monate

3.2.1 Trainingsmethoden des Krafttrainings

Es wurde bereits angesprochen, dass das Krafttraining in verschiedenen Ausprägungsformen, und zwar als Maximalkraft, Schnellkraft und Kraftausdauer, auftreten kann. In Abhängigkeit der von dem Kunden intendierten Zielvorstellung eignen sich unterschiedliche Ausprägungsformen, die durch die entsprechende Trainingsmethode verwirklicht werden. Der Fitnesstrainer muss also nicht nur in der Lage sein, den Bedarf des Kunden zu erkennen, sondern auch die entsprechende Lösung anzubieten.
Was ist aber eigentlich Kraft und in welchen Formen tritt sie auf? Welche Auswirkungen hat ein differenziertes Krafttraining auf den Körper oder konkret gefragt, warum sollte der Kunde ein Krafttraining überhaupt ausüben? Diese Fragen sollen neben der Vorstellung der verschiedenen Methoden des Krafttrainings in den anschließenden Ausführungen beantwortet werden.

Definition:
Unter Kraft soll in diesem Zusammenhang die Fähigkeit des neuromuskulären Systems verstanden werden, um
- Widerstände zu überwinden (= ***konzentrische Kontraktion*** dynamisch-überwindende Arbeit),
- Widerständen entgegenzuwirken (= ***exzentrische Kontraktion*** dynamisch-nachgebende Arbeit),
- Widerstände zu halten (= ***isometrische Kontraktion*** statische Arbeit).

Eine ***konzentrische Kontraktion*** liegt dann vor, wenn die Spannungsentwicklung eines Muskels so groß ist, dass sich der Muskel verkürzt und sich Ansatz und Ursprung einander nähern. Zum Beispiel wird beim Anreißen einer Hantelstange durch konzentrische Kontraktion der Wadenmuskulatur der Zehenspitzstand erreicht.

Eine ***exzentrische Kontraktion*** liegt dann vor, wenn sich Ursprung und Ansatz der Muskulatur voneinander entfernen, sie also trotz der Spannungsentwicklung insgesamt wieder länger wird, z. B. um die Fersen langsam wieder auf den Boden zu senken.

Eine ***isometrische Kontraktion*** bedeutet, dass sich Ursprung und Ansatz des Muskels bei dieser Kontraktionsform nicht gegeneinander bewegen. Wird z. B. der Zehenspitzstand für einen gewissen Zeitraum gehalten, so entwickelt die Wadenmuskulatur eine Spannung, um das Körpergewicht zu halten. Da in dieser Phase die Wadenmuskulatur zwar eine erhebliche Spannung entwickeln muss, jedoch ihre Länge beibehält, wird von einer isometrischen Kontraktion gesprochen.

Alle drei Kontraktionsmöglichkeiten können am Beispiel „Gewichtheben" nachvollzogen werden.

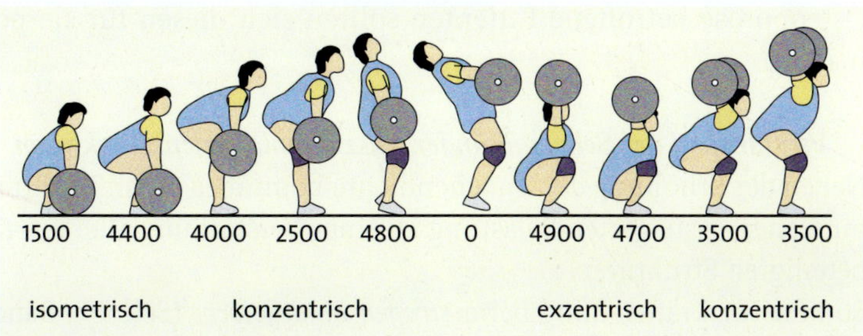

Abb. 1 Arten der Muskelarbeit

Auswirkungen eines differenzierten Krafttrainings

Leider kursieren z.T. immer noch die Vorurteile, dass Krafttraining nur etwas mit Muskelaufbau und Bodybuilding zu tun habe. Auch Ärzte empfehlen oftmals eher ein Ausdauertraining als ein Krafttraining, da es einfach gesünder sei. Dass Krafttraining aber viel mehr als nur Muskelaufbau zu bieten hat und gerade auch im Freizeitsport, der Prävention und der Rehabilitation seine Daseinsberechtigung hat, sollen die nachfolgenden Auswirkungen eines differenzierten Krafttrainings zeigen. Es bleibt in diesem Zusammenhang noch zu erwähnen, dass die unterschiedlichen Auswirkungen des Krafttrainings an deren Methoden gekoppelt sind, d.h., in Abhängigkeit der Methode mal mehr die eine und mal mehr die andere Auswirkung zum Tragen kommt.

- *Kraftzuwachs*

Jeder Mensch kann durch Krafttraining seine Körperkraft signifikant steigern. So fand Gottlob (2001) heraus, dass durch ein 1- bis 2-jähriges Training – ein intensiv betriebenes Krafttraining vorausgesetzt – jeder Trainingsanfänger seine Körperkraft in allen Gelenken verdoppeln kann.

- *Vergrößerung des Muskelquerschnitts/Muskelaufbaus*

In Abhängigkeit der gewählten Trainingsmethode, die bestimmte Belastungsnormative impliziert, kommt es zu einer entsprechenden Dickenzunahme (Hypertrophie) der trainierten Muskulatur.

- *Erhöhung der Knochendichte*

Durch die Muskulatur werden Druck-, Zug- und Scherbelastungen auf die Knochen ausgeübt. Diese können als Gestaltungsgrößen der Knochendichte gesehen werden, da sie in Abhängigkeit ihrer Intensität zwei Zelltypen rekrutieren:
zum einen die knochenaufbauenden Osteoblasten, die Knochensubstanz an den Stellen aufbauen, wo es zu vermehrten Druck- und Zugbelastungen kommt. Und zum anderen kommen die knochenabbauenden Osteoklasten vor, die nicht benötigte Knochensubstanz wieder abbauen.
Allerdings dauert der Aufbau der menschlichen Knochenstruktur fast dreimal so lange wie deren Abbau. So konnte Bloomfield (1997) zeigen, dass nach einer vier- bis sechswöchigen Bettruhe, die einen 40%igen Kraftabfall zur Folge hatte, der erfolgte Knochensubstanzverlust selbst nach sechs Monaten ohne gezieltes Aufbautraining noch nicht ausgeglichen werden konnte.
Coletti et al. (1989) wiesen nach, dass durch ein Krafttraining mit zwei bis drei Einheiten pro Woche über einen Zeitraum von drei bis achtzehn Monaten eine Steigerung der Knochendichte von 1 bis 12 % erreicht werden konnte. Gerade osteoporosegefährdete oder von Osteoporose betroffene Patienten sollten sich diesen für sie positiven Effekt zu Nutze machen.

- *Verstärkung der Sehnen, Bänder, Faszien und Gelenkstrukturen*

Neben der Erhöhung der Knochendichte kommt es durch Krafttraining und der damit verbundenen gesteigerten Belastung zu einer Verstärkung aller am Kraftübertragungsprozess beteiligten Strukturen.
So bewirkt Krafttraining beim *straffen Bindegewebe* (Sehnen, Bänder, Faszien und Gelenkkapseln) einen erhöhten Stoffwechsel und eine verstärkte Durchblutung.

Die durch die mechanische Beanspruchung angeregte Durchblutung der *Sehnen* steigt dabei bis auf das 7-Fache. Ein weiterer Effekt des Krafttrainings ist die Hypertrophie, d. h. die Zunahme an Kollagenmaterial, was zu einer erhöhten Zugfestigkeit führt. Querschnittsuntersuchungen menschlicher Achillessehnen haben einen vergrößerten Durchmesser bei trainierten Läufern gegenüber untrainierten Probanden bei gleichem Gewicht und Alter gezeigt (Kjaer 2004).
Bezüglich der *hyalinen Knorpel* (Gelenk- und Rippenknorpel) führt Krafttraining zu einer Dickenzunahme der Knorpelschicht und damit zu einer Erhöhung der Druckelastizität sowie der Druck- und Stoßfestigkeit.
Auch beim *Faserknorpel* (Bandscheiben und Menisken) bewirkt Krafttraining eine Zunahme des Kollagenmaterials und damit verbundener erhöhter Zugfestigkeit, Druckelastizität sowie Druck- und Stoßfestigkeit.
In jungen Jahren finden diese Prozesse jedoch deutlicher statt als in den fortgeschrittenen Lebensjahren.

- *Verbesserung der Körperhaltung*

Durch ein Krafttraining atrophierter Muskeln, die durch ungünstige Körperhaltungen hervorgerufen wurden, kann eine Haltungsverbesserung erreicht werden. Hier zu nennen wären z. B. der Rundrücken eines Friseurs oder die abgeschwächten Bauchmuskeln bei Schreibtischtätern.

- *Verbesserung der Schutzfunktion*

Je geringer die Muskelkräfte sind, desto geringer sind die Dämpfungs- und Kompensationsmöglichkeiten des Körpers auf extern einwirkende Kräfte. So ist das Verletzungsrisiko des passiven Bewegungsapparates (z. B. durch Stürze) bei Untrainierten deutlich höher.

- *Effektivere Rehabilitation nach Verletzungen und Erkrankungen*

Bei orthopädischen Erkrankungen und einigen traumatischen Verletzungen bietet sich ein differenziertes Krafttraining meist als effektive Therapie an. Es ist z. B. erfolgreich bei Osteoporose, Arthrose und diversen Gelenkerkrankungen einsetzbar.

- *Körperformung und Gewichtsreduktion*

Soll eine Körperform mit straffer Haut, geringerem Körperfettanteil und einer gewissen Körperspannung erreicht werden, ist dieses Ziel in absehbarer Zeit am effektivsten mit einem intensiven und regelmäßig betriebenen Krafttraining in Kombination mit einem Ausdauertraining realisierbar. Natürlich werden in diesem Zusammenhang auch gewisse Anforderungen an die Ernährung gestellt.
Der Anteil der Skelettmuskulatur am Gesamtkörpergewicht beträgt in der Regel mehr als 40 %. Die Skelettmuskulatur stellt somit das größte Stoffwechselorgan des menschlichen Körpers dar. Eine erhöhte Aktivität desselben ist somit gleichbedeutend mit einem erhöhten Stoffwechsel. Durch Krafttraining wird zusätzlich Skelettmuskelmasse aufgebaut. Nun verbraucht Muskulatur im Gegensatz zu Fett auch in Ruhe ständig Energie. Nach Gottlob (2001) stellt sich nach einem Krafttraining – in einem Zeitraum von zwölf bis sechsundzwanzig Wochen – unabhängig vom Alter eine siebenprozentige Erhöhung des Grundumsatzes ein. Curry (1993) konnte nachweisen, dass allein durch den Aufbau von 3 Pfund Muskelmasse täglich zusätzliche 120–150 kcal für den ↑ Grundumsatz benötigt werden. Nur auf Grund der Präsenz von mehr Muskulatur wird bereits mehr Energie verbraucht.

Grundumsatz
↑ Seite 174

Neben der Erhöhung des Grundumsatzes bietet das Krafttraining noch einen weiteren elementaren Vorteil für die Erreichung einer „guten“ Figur. Krafttraining bewirkt nämlich auch, dass sich die Gewebezusammensetzung des Körpers verändert. Fett wird verbraucht und Muskeln werden aufgebaut. Der Körper wird also nicht nur leistungsfähiger, sondern auch straffer.

- *Kapillarisierung*

Bei einem dynamischen – nicht beim isometrischen – Training steigt die absolute Anzahl der Kapillaren in dem Maße, wie auch die Muskelquerschnittsfläche zunimmt. Ein hypertrophierter Muskel besitzt somit mehr Kapillaren (vgl. Green 1999) und wird dadurch besser mit Sauerstoff versorgt. Er ermüdet langsamer.

- ***Leistungs- und Lebensqualitätssteigerung bei alten Menschen***

Ohne Muskeltraining kann davon ausgegangen werden, dass sowohl Frauen als auch Männer spätestens ab dem 50. Lebensjahr jährlich ungefähr 1–2 % ihrer Muskelmasse einbüßen. Diese altersbedingte Atrophie (= Sarkopenie) beruht einerseits auf der Mengenabnahme der einzelnen Muskelfasern und andererseits auf der Atrophie der verbleibenden Fasern. Sarkopenie kann maßgebliche Konsequenzen auf das Gesundheitsbefinden und die Lebensqualität des Einzelnen haben. Der Anteil der Bevölkerung, der bereits unter Sarkopenie leidet, ist mittlerweile bei ca. 20 % der unter 70-Jährigen und über 40 % der über 80-Jährigen angelangt. Mit dem Schwund der Muskelmasse und damit einhergehendem Kraftverlust kommt es zu einer Reduktion der Bewegungsschnelligkeit, Mobilität, Gelenksicherheit und Stabilität. Die Angst vor Stürzen mit zum Teil fatalen Verletzungen wie z. B. Hüftfrakturen steigt. Verstärkt wird dieser Effekt noch durch die parallel einhergehende Abnahme der Gleichgewichtsfähigkeit. Erreicht dieser Schwächezustand einen bestimmten Schweregrad ist in letzter Konsequenz auch der Verlust der unabhängigen Lebensweise möglich. Muskelkraft und Gleichgewicht sind somit auch als Indikator für das Auftreten von körperlichen Behinderungen zu sehen.

!

Ein moderates *Muskeltraining* in Verbindung mit einem *Koordinationstraining* ist daher bei älteren Menschen als wirkungsvolle Methode zu sehen, um das Körpergewicht während der Fortbewegung zu stabilisieren, die Muskelmasse langfristig zu erhalten, die Sturzgefahr zu verringern und damit letztlich die Lebensqualität zu erhalten bzw. zu erhöhen.

Erscheinungsformen und Methoden des Krafttrainings

Kraft äußert sich als Maximalkraft, Schnellkraft und Kraftausdauer. Allerdings werden Schnellkraft und Kraftausdauer als Subkategorien der Maximalkraft verstanden (Schmidtbleicher 1980). Dies ist dadurch begründet, dass deren Ausprägungen abhängig von der Höhe der Maximalkraft sind.

Abb. 1 *Maximalkraft → Kraftausdauer und Schnellkraft*

- ***Maximalkraft***

> Maximalkraft wird als die größtmögliche Kraft definiert, die das neuromuskuläre System willkürlich gegen einen Widerstand aufbringen kann. **!**

Die Höhe der Maximalkraft ist von der *intramuskulären Koordination* und dem *Muskelquerschnitt* abhängig. Beim Training der ↑Maximalkraft geht es also um die Erhöhung des Muskelquerschnitts (Hypertrophie) und die Verbesserung der intramuskulären Koordination. Durch eine Steigerung der intramuskulären Koordination kann die Kraftleistung gesteigert werden, ohne dass der Muskel sich optisch verändert hat. Dies liegt daran, dass stets nur Teile der Muskelfasern willkürlich aktiviert werden. Der Aktivierungsgrad beträgt bei Untrainierten ca. 70 % und kann bei Trainierten auf bis zu 95 % gesteigert werden. Die vollständige, d. h. 100%ige Aktivierung der Muskelfasern wird Absolutkraft genannt. Die Differenz zwischen Absolutkraft und Maximalkraft stellt eine autonome Reserve dar, die der Mensch nur in Extremsituation (z. B. panischer Angst, Abwehrverhalten bei einem Überfall) abrufen kann.

Maximalkraft
↑*Seite 49*

In Abhängigkeit der Arbeitsweise des Muskels kann die Maximalkraft in eine konzentrische, eine exzentrische und eine isometrische (statische) Maximalkraft unterteilt werden. Die schwächste Maximalkraftleistung kann der Muskel bei der konzentrischen Arbeitsweise aufbringen. Diese Kraftleistung liegt ca. 10–15 % unter der statischen Maximalkraft. Die größte Kraftleistung leistet der Körper demzufolge bei der exzentrischen Arbeitsweise, die wiederum 5–40 % über der statischen Arbeitsweise liegt. Die Spannbreite der Kraftleistungen ist durch die unterschiedlichen Skelettmuskeln und deren spezifischen Aufgaben zu erklären. Dieses Verhältnis muss somit zwingend in einem Maximalkrafttraining bzw. beim Krafttraining generell – wie es z. B. bei den Bodybuilding-Methoden verwirklicht ist – berücksichtigt werden.

Um den Muskel also völlig auszubelasten, muss besonders die exzentrische Arbeitsweise berücksichtigt werden. Maximalkraftleistungen werden bspw. beim Gewichtheben wie dem Kraftdreikampf, den technischen Disziplinen in der Leichtathletik oder dem Klettern und Bouldern gefordert.

- *Schnellkraft*

Schnellkraft wird definiert als diejenige Kraft, die eine bestimmte Masse schnellstmöglich willkürlich innerhalb eines gezielten Bewegungsablaufes bewegt.

Schnellkraft ist somit die Fähigkeit des neuromuskulären Systems, innerhalb einer verfügbaren Zeit und auf einem vorgegebenen Weg einen möglichst hohen Kraftstoß (Impuls) zu entfalten (Güllich/Schmidtbleicher 2000). Schnellkraftleistungen sind beispielsweise bei den meisten Ballsportarten, Kontaktsportarten, in der Leichtathletik oder im Schwimmen gefordert. Ein reines Schnellkrafttraining findet in Fitness-Studios erfahrungsgemäß eher seltener statt.

- *Kraftausdauer*

Kraftausdauer wird definiert als die von der Maximalkraft abhängige Ermüdungswiderstandsfähigkeit gegen lang dauernde sich wiederholende Belastungen bei statischer oder dynamischer Muskelarbeitsweise.

Mit anderen Worten ist Kraftausdauer die Fähigkeit des neuromuskulären Systems, eine möglichst hohe Impuls- und Kraftstoßsumme in einer gegebenen Zeit gegen höhere Lasten zu produzieren (vgl. Güllich/Schmidtbleicher 2000). Kraftausdauer ist z. B. beim Rudern, Kajak-fahren, Mountainbiken oder Klettern gefordert.

Methoden des Krafttrainings

Grosser et al. (2004) unterscheiden in Abhängigkeit der Zielsetzung drei verschiedene Trainingsmethodenbereiche, nämlich die *komplexe Kraftentwicklung*, die *differenzierte Entwicklung* und das *spezielle Krafttraining*. Da das spezielle Krafttraining vollständig auf den Hochleistungssport ausgerichtet ist, soll es in diesem Zusammenhang vernachlässigt werden. Die anderen beiden Bereiche werden näher vorgestellt:

Trainingsmethoden der komplexen Kraftentwicklung	Trainingsmethoden der differenzierten Kraftentwicklung		
	Maximalkraft	**Schnellkraft**	**Kraftausdauer**
• Gesundheit und Fitness • Anfänger • Fitness für Fortgeschrittene	• Hypertrophie • IK (intramuskul. Koordination) • Pyramide	• Schnellkraft • Muskelleistung	• Extensiv mit Mittelzeitintervallen • Intensiv mit Kurzzeitintervallen

Tab. 1 Methoden des Krafttrainings

Trainingsmethoden der komplexen Kraftentwicklung (= Basistraining)
Diese Trainingsmethoden kombinieren die drei Ausprägungsformen der Kraft, d. h. der Maximalkraft, der Kraftausdauer und der Schnellkraft, und finden ihre Anwendung im Gesundheits- und Breitensport. Die Kombination der drei Ausprägungsformen hat den besonderen Vorteil, dass die Kunden auf allen drei Ebenen leistungsfähiger werden und somit die körperlichen Alltagsherausforderungen einfacher und ökonomischer meistern können.
Die Trainingsmethoden der komplexen Kraftentwicklung decken somit den Großteil der Kundenbedürfnisse im Studioalltag ab. Charakteristisch für diese Methoden ist die Tatsache, dass der Körper stets ganzheitlich im Rahmen seiner funktionellen Kette trainiert wird. Die bei diesen Methoden ausgewählten Übungsformen sollten daher grundsätzlich Komplexübungen mit geringen Freiheitsgraden sein. Das Training findet somit überwiegend auf der Matte oder an Geräten statt. Freihanteltraining wird bei diesen Methoden erst bei der Fitness für Fortgeschrittene eingesetzt.
Da es sich bei den Trainingsmethoden um Mischformen der einzelnen Ausprägungsformen der Kraft handelt, ist es sicherlich verständlich, dass eine Leistungssteigerung zwar bei allen drei Kraftformen stattfindet, diese aber im Einzelnen nicht an ihre Grenzen trainiert werden können. In Abhängigkeit der individuellen Voraussetzungen und Zielsetzungen der Kunden kristallisieren sich drei Submethoden heraus:

- *Gesundheits- und Fitnessmethode*

Kennzeichnend für diese Methode sind ihre geringen Intensitäten bei mittleren und höheren Wiederholungszahlen. Im Hinblick auf die drei Kraftarten ist diese Methode primär der Kraftausdauer zuzuordnen.
Zielgruppen: Einsteiger bzw. Wiedereinsteiger, Kunden inkl. älterer Kunden im Bereich der Prävention und Rehabilitation
Trainingswirkungen: Ausgleich muskulärer Dysbalancen, geringe Hypertrophie, Verbesserung des aerob-anaeroben Stoffwechsels, Steigerung der Fitness und des Fettabbaus

Belastungsnormative:
Intensität: 30–50 % bei langsamer bis zügiger Bewegungsausführung
Dauer: 10–100 Wiederholungen
Dichte: 1–3 Minuten zwischen den Sätzen oder Zirkeln
Umfang: 2–5 Sätze bei 8–15 Übungen
Häufigkeit: anfänglich zwei, später drei Trainingseinheiten pro Woche

- *Anfängermethode*

Diese Methode zeichnet sich durch leichte Intensitäten bei mittleren Wiederholungszahlen aus. Durch ihre Belastungsnormative kombiniert diese Methode die drei Kraftarten am gleichmäßigsten. Schwerpunkte bei der Entwicklung der Kraftarten lassen sich nur in Abhängigkeit der körperlichen Voraussetzungen und der genauen Bestimmung der individuellen Belastungsnormative angeben.
Zielgruppen: Sportliche Anfänger und auch fortgeschrittene fitness- und gesundheitsorientierte Kunden, die vor allem eine Steigerung ihrer Körperkraft im Gesamten anstreben und im Alltag fitter und leistungsfähiger sein wollen.

Trainingswirkungen: Leichte Hypertrophie, Verbesserung des aerob-anaeroben Stoffwechsels, Steigerung der Fitness, Kapillarisierung

> **Belastungsnormative:**
> *Intensität:* 50–60 % bei langsamer bis zügiger Bewegungsausführung
> *Dauer:* 8–20 Wiederholungen
> *Dichte:* 1–3 Minuten zwischen den Sätzen, d. h. ohne vollständige Erholung
> *Umfang:* 2–5 Sätze bei 8–15 Übungen
> *Häufigkeit:* anfänglich zwei, später vier Trainingseinheiten pro Woche über 6–9 Monate

- *Fitnessmethode für Fortgeschrittene*

Die Fitnessmethode ist durch mittlere Intensitäten gekennzeichnet, die bis zur starken lokalen Ermüdung wiederholt werden. Durch die lokale Ermüdung steht bei dieser Methode besonders die Hypertrophie und die damit verbundene Zunahme der Maximalkraft im Vordergrund.
Zielgruppen: Sportlich Fortgeschrittene, für die die Verbesserung der Körperkraft im Gesamten und ein gut durchtrainierter muskulöser Körper im Vordergrund stehen
Trainingswirkungen: Mittlere Hypertrophie, d. h. athletischer Körper, intermuskuläre Koordinationsverbesserung, Verbesserung des aerob-anaeroben Stoffwechsels, Kapillarisierung und intramuskuläre Koordinationsverbesserung bei explosiver Bewegungsausführung

> **Belastungsnormative:**
> *Intensität:* 60–75 % bei langsamer bis zügiger Bewegungsausführung
> *Dauer:* 8–15 Wiederholungen bis zur lokalen Erschöpfung
> *Dichte:* 2–4 Minuten zwischen den Sätzen, d. h. ohne vollständige Erholung
> *Umfang:* 3–6 Sätze bei 8–12 Übungen
> *Häufigkeit:* 3–4 Trainingseinheiten pro Woche über 3–4 Monate

Trainingsmethoden der differenzierten Kraftentwicklung
Im Rahmen dieser Trainingsmethoden werden die einzelnen Ausprägungsformen der Kraft, d. h. Maximalkraft, Schnellkraft und Kraftausdauer, sportartspezifisch oder sportartunspezifisch trainiert. Zielgruppen dieser Trainingsmethoden sind Leistungssportler bzw. Hochleistungssportler und Bodybuilder. Im Breitensport kann das differenzierte Krafttraining für das Training der Kraftausdauer, nicht jedoch für die Ziele Gesundheit und Fitness angewandt werden, da diese Trainingsmethoden bereits bestimmte körperliche Fähigkeiten und Fertigkeiten voraussetzen, die meistens nicht gegeben sind. Ein Training mit diesen Methoden würde folglich nicht nur an der Zielstellung vorbeigehen, sondern den Körper auch unverhältnismäßig stark belasten.

Maximalkrafttraining

Wie bereits angeführt, ist die Höhe der Maximalkraft von den beiden Einflussfaktoren *Muskelquerschnitt* und *intramuskulärer Koordination* abhängig. Trainingsmethoden zur Steigerung der Maximalkraft müssen folglich an diesen beiden Einflussfaktoren ansetzen.

- *Methode zur Vergrößerung des Muskelquerschnitts (= Hypertrophiemethode)*

Die Belastungsnormative der Hypertrophiemethode sind durch submaximale Intensitäten und Wiederholungszahlen bis hin zur lokalen Muskelerschöpfung geprägt. Wichtig ist es an dieser Stelle darauf hinzuweisen, dass erst eine Intensität von mindestens 70 % einen starken Hypertrophiereiz zur Folge hat.
Zielgruppen: Bodybuilder, Leistungssportler in der Vorbereitungsphase
Trainingswirkungen: Starke Hypertrophie, Vergrößerung der Phosphat- und Glykogenspeicher, Verbesserung des alaktaziden und laktaziden Stoffwechsels

Belastungsnormative:
Intensität: 60–90 % bei zügiger Bewegungsausführung
Dauer: 6–20 Wiederholungen bis zur lokalen Erschöpfung
Dichte: 3–5 Minuten zwischen den Sätzen, d. h. ohne vollständige Erholung
Umfang: 3–6 Sätze bei 4–10 Übungen
Häufigkeit: 3–4 Trainingseinheiten pro Woche über 3–4 Monate

Nachstehende Tabelle gibt einen Überblick über die Strategien zur totalen Muskelerschöpfung im Rahmen des Hypertrophietrainings des Bodybuilders:

Bezeichnung	Ausführungsart
Erzwungene oder gestützte Wiederholungen	Am Satzende noch 2–3 Übungsausführungen mit Partnerhilfe
Gewichtsreduzierte Wiederholungen	Am Satzende durch Lastreduzierung und evtl. mit Partnerhilfe 2–3 weitere Übungsausführungen
»Brennende« Wiederholungen (burns)	Unvollständige, aber korrekte Übungsausführungen am Ende eines Satzes mit verringerten Gelenkwinkeln
Gemogelte Wiederholungen (cheatings)	Bewegungstechnisch unsaubere Ausführungen am Ende des Satzes
Negativwiederholungen	Nach konzentrischer Ausbelastung im Satz noch 2–3 Übungsausführungen in exzentrischer Arbeitsweise mit Partnerhilfe für die Ausgangsstellung
Superserien (Doppelserien)	Zwei unmittelbar aufeinander folgende Sätze mit verwandten Übungen (gleiche Muskelbeanspruchung)
Vorermüdungsserien	Einem Satz mit elementaren Übungen folgt sofort einem Satz mit komplexen Übungen (z.B. Bizeps-Curls gefolgt von Klimmzügen).

Tab. 1 *Überblick Hypertrophie-Strategien (nach Grosser et al. 2004)*

- *Methode der intramuskulären Koordination (= IK-Methode)*

Die IK-Methode dient wie die Hypertrophiemethode der Steigerung der Maximalkraft und schließt sich im Trainingszyklus oftmals an die Hypertrophiemethode an. Mittels dieser Methode wird versucht, die Maximalkraft der Absolutkraft anzunähern. Es wird quasi versucht, bei einer willkürlichen Bewegungsausführung möglichst alle Muskelfasern der beteiligten Muskeln gleichzeitig zu rekrutieren. Erreicht wird dies durch den Einsatz von maximalen Intensitäten bei ganz geringen Wiederholungszahlen und vollständigen Erholungszeiten zwischen den einzelnen Sätzen.

Zielgruppen: Leistungssportler wie z. B. Gewichtheber, Leichtathleten in den technischen Disziplinen, Kletterer beim Bouldern

Trainingswirkungen: Steigerung der Maximalkraft ohne Hypertrophiewirkung, höchstmögliche Rekrutierung der Muskelfasern, d. h. Steigerung der intramuskulären Koordination

Belastungsnormative:
Intensität: 90–100 % bei zügiger explosiver Bewegungsausführung
Dauer: 1–5 Wiederholungen
Dichte: 3–5 Minuten zwischen den Sätzen, d. h. vollständige Erholung
Umfang: 3–5 Sätze bei 4–8 Übungen
Häufigkeit: 2 Trainingseinheiten pro Woche über 3–4 Monate

- *Pyramidenmethode*

Bei der Pyramidenmethode werden die beiden Reinformen des Maximalkrafttrainings, d. h. die Hypertrophiemethode und die IK-Methode, miteinander kombiniert. Charakteristisch für diese Methode in ihrer Grundidee ist, dass die Intensität von Satz zu Satz gesteigert und die Wiederholungszahl entsprechend reduziert wird. Es findet somit ein Wechsel von der Hypertrophiemethode in die IK-Methode statt. Problematisch erweist sich bei dieser Reihenfolge jedoch, dass die Vorermüdung nach der Hypertrophiemethode unter Umständen so groß ist, dass die Pyramidenspitze mit 1–3 Wiederholungen bei maximaler Intensität nicht mehr erreicht werden kann. Um diesen Effekt zu vermeiden, wäre ein Beginnen der Pyramide – nach einem aufwärmenden Satz – von der Spitze her sinnvoller.

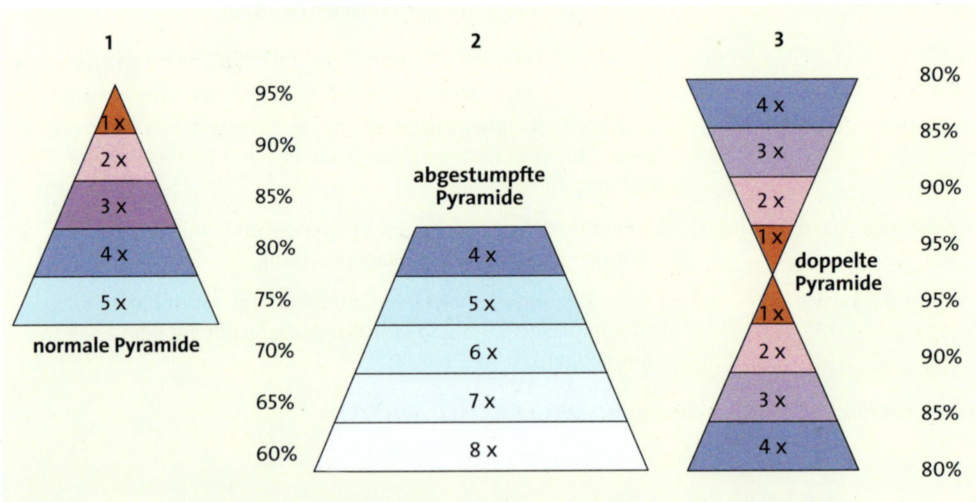

Abb. 1 *Pyramidentraining*

Schnellkrafttraining

Wie bereits im Rahmen der definitorischen Abklärung angesprochen, findet ein reines Schnelligkeitstraining quasi nie und ein Schnellkrafttraining im Studioalltag eher seltener statt. Die Vorstellung der Methoden soll sich daher auf die in der Trainingspraxis am häufigsten eingesetzten Methoden beschränken. Es sei hierbei auf die einschlägige Literatur, z. B. „Krafttraining" von Ehlenz et al. (2003), verwiesen. Grundsätzlich ist bei diesen Methoden anzumerken, dass es sich in der Regel um Komplexübungen im Intensitätsbereich von 30–60 % handelt, die bei geringer Wiederholungszahl und explosiv schneller Bewegungsausführung durchgeführt werden.

- *Schnellkraftmethode*

Zielgruppen: Athleten in Schnellkraftsportarten wie z. B. der Leichtathletik, beim Schwimmen, vielen Ballsportarten oder auch im Kampfsport

Trainingswirkungen: Verstärkte Rekrutierung der ↑ *FTG-Fasern*, höhere Kontraktionsgeschwindigkeit beider Fasertypen, Verbesserung der intramuskulären Koordination, Verbesserung der intermuskulären Koordination

FTG-Fasern
↑ Seite 154

Belastungsnormative:
Intensität: 30–40 % bei schnellstmöglicher Bewegungsausführung
Dauer: 4–8 Wiederholungen, Abbruch bei Nachlassen der Bewegungsgeschwindigkeit
Dichte: 3–5 Minuten pro Satz, zwischen den einzelnen Wiederholungen 5–10 Sekunden
Umfang: 3–5 Sätze bei 2–6 Übungen

- *Muskelleistungsmethode*

Im Unterschied zur Schnellkraftmethode werden bei der Muskelleistungsmethode etwas höhere Intensitäten eingesetzt. Vorteilhaft bei dieser Methode ist, dass neben der Steigerung der Kontraktionsgeschwindigkeit auch eine Steigerung der Maximalkraft stattfindet.

Zielgruppen: Athleten in Schnellkraftsportarten wie z. B. der Leichtathletik, beim Schwimmen, vielen Ballsportarten oder auch im Kampfsport

Trainingswirkungen: Verstärkte Rekrutierung der FTG-Fasern, höhere Kontraktionsgeschwindigkeit beider Fasertypen, Steigerung der Maximalkraft, Verbesserung der intramuskulären Koordination, Verbesserung der intermuskulären Koordination

Belastungsnormative:
Intensität: 55–60 % bei schnellstmöglicher Bewegungsausführung
Dauer: 4–8 Wiederholungen, Abbruch bei Nachlassen der Bewegungsgeschwindigkeit
Dichte: 3–5 Minuten pro Satz, zwischen den einzelnen Wiederholungen 5–10 Sekunden
Umfang: 3–5 Sätze bei 2–6 Übungen

Kraftausdauertraining

Allen Methoden des Kraftausdauertrainings ist gemein, dass sie auf eine Verbesserung der Energiebereitstellung bei Ausdauerleistungen abzielen. Ziel des Kraftausdauertrainings ist es also, eine bestimmte Bewegungsform länger durchführen zu können. Die Intensitäten beim Ausdauertraining sind daher etwas geringer, wohingegen die Dauer umso länger ist. In Abhängigkeit der Zielsetzung soll im Folgenden zwischen der extensiven und der intensiven Intervallmethode unterschieden werden.

- *Extensive Intervallmethode mit Mittelzeitintervallen*

Die extensive Intervallmethode mit Mittelzeitintervallen zeichnet sich durch ihre leichten Intensitäten bei relativ langer Belastungsdauer und mittlerer Intervallpause aus. Von der Gesamtbelastung ist diese Methode im mittleren Bereich einzugruppieren.
Zielgruppen: Leistungs- oder Freizeitsportler, um ihre Grundlagenausdauer zu trainieren
Trainingswirkungen: Verbesserung der aerob-anaeroben Energiebereitstellung, Kapillarisierung, Vermehrung der Mitochondrien und der Glykogenspeicher, Ökonomisierung der Herzarbeit, Steigerung der Laktattoleranz

Belastungsnormative:
Intensität: Ca. 30 % oder 3–5 % Zusatzlast zum Körpergewicht bei zügiger Bewegungsausführung
Dauer: 1–1 1/2 Min.
Dichte: 1–3 Min. zwischen den Zirkeln oder Sätzen
Umfang: 8–12 Sätze bzw. Zirkeldurchgänge bei ca. 6 Übungen

- *Intensive Intervallmethode mit Kurzzeitintervallen*

Die intensive Intervallmethode mit Kurzzeitintervallen zeichnet sich durch ihre mittleren Intensitäten bei mittlerer Belastungsdauer und kurzer Intervallpause aus. Die Gesamtbelastung bei dieser Methode ist fast maximal.
Zielgruppen: Leistungssportler, um ihre Grundlagenausdauer zu trainieren
Trainingswirkungen: Verbesserung der laktaziden und aeroben Energiebereitstellung, Vermehrung der Glykogenspeicher, Ökonomisierung der Herzarbeit, Steigerung der Laktattoleranz

Belastungsnormative:
Intensität: 50–75 % bei optimal schneller Bewegungsausführung
Dauer: 30–45 sec
Dichte: 30–90 sec zwischen den Sätzen oder Zirkeln
Umfang: 8–12 Sätze bzw. 3–4 Zirkeldurchgänge bei ca. 6–8 Übungen

Zusammenfassend lassen sich auf Basis der Trainingsmethoden nachfolgende Grundregeln für das Krafttraining formulieren:

- Nach jahrelanger bis hin zu jahrzehntelanger Sportabstinenz sollte jeder Kunde zunächst einmal mit einer zwei- bis vierwöchigen ***Anpassungsphase*** an das Training herangeführt werden, um eine Überforderung und somit einen schnellen Motivationsverlust zu verhindern. Die hiervon betroffenen Zielgruppen sind Rentner, die etwas für ihre Gesundheit tun wollen und Kunden, die quasi außer Schulsport nie viel Sport betrieben haben. Aber auch für Kunden, die mit einem Gerätetraining bisher noch nie etwas zu tun hatten und Patienten im Rahmen ihres Rehatrainings ist dieses Einstiegstraing sinnvoll. Charakteristisch für ein Training in der Anpassungsphase sind Komplexübungen an den Geräten und Belastungsnormative, die sich an den Alltagsbelastungen orientieren. Durch die Komplexübungen an den Geräten sollen die Fehlerquellen bei der Bewegungsausführung minimiert und durch die Orientierung der Intensität an Alltagsbelastungen eine Überforderung des Kunden durch zu hohe Gewichte ausgeschlossen werden. Es handelt sich hierbei um die Gesundheits- und Fitnessmethode.
- ***Für Wiedereinsteiger oder Personen mit geringer Vorerfahrung und/oder mäßigem Kraftniveau,*** die vorrangig das Ziel Gesundheits- und Fitnesstraining sowie Körperstraffung (Bodyshaping) verfolgen, gelten die gleichen Einstiegsempfehlungen wie bei Kunden nach langer Trainingsabstinenz.
  Mittelfristig, d. h. nach ca. drei bis sechs Monaten, sollten sich die Belastungsnormative bei allen genannten Gruppen im Intensitätsbereich 50–60 % bei ca. 15 Wiederholungen, drei Sätzen, 1–2 Minuten Pause und insgesamt ca. 10 Übungen eingependelt haben, damit weitere Trainingsfortschritte erzielt werden können. Es handelt sich dann um die Gesundheits- und Fitnessmethode im oberen Belastungsbereich bzw. die Anfängermethode. Spätestens alle drei Monate (Makro-Zyklus) sollte der Trainingsplan dann an den aktuellen Trainingszustand, der durch eine Kontrolle im Rahmen der Trainingsbegleitung und der erneuten Durchführung eines Fitness-Checks festgestellt wird, angepasst werden.
- ***Für Fortgeschrittene und ambitionierte Freizeitsportler mit einem guten Kraftniveau*** und dem Ziel der Körperformung ist zunächst einmal die Fitnessmethode für Fortgeschrittene zu empfehlen. Wichtig ist hierbei der Hinweis, dass stärkere Hypertrophiereize Intensitäten von 70 % und mehr implizieren. So ist es durchaus auch möglich, dass der Fortgeschrittene Maximalkraftmethoden ausprobiert, um neue Reize zu setzen und somit eine Stagnation des Leistungsfortschrittes zu verhindern. Will der Fortgeschrittene mehr als drei Krafttrainingseinheiten pro Woche absolvieren, ist hierbei besonders auf die Einhaltung Regenerationszeiten zu achten und ihm ein ↑ Split Training zu empfehlen. Auch bei dieser Zielsetzung ist die regelmäßige Anpassung des Trainingsplans anhand der Trainingskontrolle und dem erneuten Fitness-Check im Makro-Zyklus sinnvoll.

Zum ***effektiven, intensiven Muskelaufbau*** sind nach ca. zwei Trainingsjahren die Grundmethoden nicht mehr ausreichend. Stattdessen müssen andere Varianten der Hypertrophiemethode, wie z. B. den Bodybuilding-Methoden gewählt werden.

Alltagsbelastungen *liegen bei ca. 30–40 % der Maximalkraft.*

Split-Training
↑ *Seite 74*

Trainingsorganisation

In Abhängigkeit des Trainingsziels und der damit einhergehenden Wahl der Methode des Krafttrainings bietet sich als Organisationsform das *Stationstraining* oder das *Circuittraining* an. Absolviert der Kunde mehr als drei Trainingseinheiten pro Woche, kann außerdem über ein *Split-Training* nachgedacht werden.

- ***Stationstraining***

Bei dieser Organisationsform werden zunächst einmal sämtliche Sätze einer Übung an einem Gerät abgeschlossen, bevor zum nächsten Gerät bzw. zur nächsten Übung gegangen wird. Durch die stete Belastung der gleichen Muskelgruppen sind zwischen den Sätzen relativ lange Pausen erforderlich. Bei den Trainingsmethoden der *Maximalkraft* und der Trainingsmethode *Fitness für Fortgeschrittene* ist diese Organisationsform notwendig und die Pausen sollten auch wirklich eingehalten werden. Bei den weiteren Trainingsmethoden gerade beim Anfänger-, Fitness- oder Gesundheitstraining können die Pausen auch anderweitig genutzt werden. Nichtsdestotrotz hat das Stationstraining bei der genannten Zielgruppe durchaus seine Daseinsberechtigung.

- ***Circuittraining***

Das Circuittraining organisiert das Training in „Rundgängen". Im Unterschied zum Stationstraining wechselt der Trainierende nach jeder absolvierten Übung zur nächsten Übung. Dieser Wechsel vollzieht sich so lange, bis der Rundgang beendet ist.
Circuittraining bietet sich besonders bei den Trainingszielen *Fitness, Gesundheit, Fit im Alter* und *Gewichtsabnahme* an, da durch die geringen Pausen im aeroben Fettverbrennungsbereich trainiert wird. Auch der bei den genannten Trainingszielen benötigte geringe Gerätebedarf – oftmals ist ein Training ohne großen Geräteaufwand ausreichend – spricht für das Circuittraining. Der gerade beim Trainingsziel Kraftausdauer benötigte höhere Geräteeinsatz macht die Verwirklichung dieses Ziels durch ein Circuittraining problematisch. Eine Umsetzung wäre gleichbedeutend mit Blockierung einer größeren Gerätezahl, was sich in der Praxis zu Stoßzeiten kaum verwirklichen lässt. Ausnahmen bieten hier das Kieser-Training, dessen Konzept auf dem Einsatztraining als Circuittraining beruht, oder auch der immer häufiger angebotene Milon-Zirkel. Da der Trainingszirkel für alle Kunden gleichermaßen vorgegeben ist, kommt es in der Regel zu keinen Doppelbelegungen.

- ***Split-Training***

Für Fortgeschrittene, die mehr als drei Trainingseinheiten pro Woche mit drei oder mehr Sätzen pro Übung absolvieren, ist es kaum noch machbar, ihr gesamtes Pensum jeweils in einer Trainingseinheit zu absolvieren. So läge die Trainingsdauer jeweils zwischen drei und fünf Stunden. Da aber ein Training von drei Stunden und mehr kaum zu realisieren und mit fortschreitender Ermüdung auch nicht mehr effizient ist, wird sich des Split-Trainings bedient.
Die Idee des Split-Trainings liegt in der sinnvollen Aufteilung des Trainingspensums. Bei vier Trainingseinheiten pro Woche könnten z. B. zweimal primär die oberen Extremitäten und zweimal die unteren Extremitäten trainiert werden (Einfach-Splitting).

Bei wöchentlich sechs Trainingseinheiten kann der Körper auch in drei Bereiche aufgeteilt werden, die jeweils im Wechsel trainiert werden (Doppel-Splitting).

Durch das Split-System kann einerseits ein größerer Umfang pro Muskelgruppe in der Trainingseinheit absolviert werden, andererseits sind längere Pausen für den Muskel bis zur nächsten Beanspruchung gegeben.
Die Aufteilung der Übungen erfolgt nach anatomischen und funktionsspezifischen Gesichtspunkten. Hierbei sollten synergetisch arbeitende Muskelgruppen grundsätzlich in einer Trainingseinheit intensiver trainiert werden. Zum Beispiel werden beim Bankdrücken der M. triceps, der M. pectoralis und der M. deltoideus pars clavicularis angesprochen. Im Anschluss an diese Komplexübung sollten dann die genannten Muskeln isoliert trainiert werden.

Eine mögliche Aufteilung der Muskelgruppen bei einem Einfach- und Doppel-Split-Programm zeigt die folgende Tabelle:

Einfach-Split-Programm	
Montag/Donnerstag	**Mittwoch/Samstag**
• Bauchmuskeln (intensiv) • Beine • Gesäß • Unterer Rücken	• Bauchmuskeln (leicht) • Brust • Schultern • Oberer Rücken • Oberarme

Doppel-Split-Programm		
Montag/Donnerstag	**Dienstag/Freitag**	**Mittwoch/Samstag**
• Latissimus • Oberer Rücken • Bizeps • Deltamuskel, hinterer Anteil	• Bauchmuskeln • Brust • Deltamuskeln (vorderer und mittlerer Anteil) • Trizeps	• Gesäß • Beine • Unterer Rücken

Tab. 1 *Beispiel einer Aufteilung der Muskeln bei einem Einfach- und Doppel-Split-Programm (nach Boeckh-Behrens 2005)*

Grundsätze zur Steuerung des Krafttrainings

Bei der differenzierten Entwicklung einzelner Kraftformen sind für die kurzfristige Steuerung (Platzierung der Trainingseinheiten im Mikrozyklus) vor allem die Regenerationszeiten nach Krafttrainingseinheiten zu berücksichtigen. Die Zeitangaben in nachfolgender Abbildung sollen als generelle Orientierungswerte verstanden werden, da die Erholungsdauer auch vom Gesamtbelastungsumfang (sonstiges Training, Zahl der Trainingseinheiten/Woche insgesamt), von der Ermüdungsaufstockung im Laufe eines Mikrozyklus, vom Trainingszustand (v. a. Grundlagenausdauerniveau) bzw. Leistungszustand und von regenerationsfördernden Maßnahmen (z. B. Warmwasserbad, Ernährung) abhängig ist.
Trotz wesentlicher Bedeutung der Regenerationsphasen ist für eine optimale Trainingswirkung eine gewisse Zahl von Trainingseinheiten/Woche erforderlich. In Abhängigkeit von der Bedeutung der Kraft innerhalb der sportartspezifischen Leistungsstruktur ist dabei von 2 bis maximal 4–5 Trainingseinheiten/Woche (z. B. bei Kraft- und Schnellkraftsportarten) in der entscheidenden Krafttrainingsperiode auszugehen.

Belastungsart	Leistungsfähigkeit	
	90–95 % Regeneration	100 % Regeneration
Intramuskuläres Koordinationstraining	18–24 Stunden	72–84 Stunden
Hypertrophietraining	18–24 Stunden	48–72 Stunden
Kraftausdauertraining	12 Stunden	24–36 Stunden

Tab. 1 Regenerationszeiten in Abhängigkeit der Belastung

Für die mittelfristige Steuerung des Trainings ist zu beachten, dass nach einer gewissen Dauer mit gleich bleibender Belastung keine weitere Leistungssteigerung mehr zu erzielen ist. Nachfolgende Tabelle zeigt in diesem Zusammenhang Erfahrungswerte im Krafttraining und daraus abzuleitende Periodisierungsmöglichkeiten auf:

Belastungsart	Erste signifikante Verbesserung nach	Stagnation nach
Kraftausdauertraining	ca. 12 Trainingseinheiten (TE), d. h. 4 Wochen	ca. 40 TE, d. h. 8–12 Wochen
Intramuskuläres Koordinationstraining	ca. 12 TE, d. h. 4 Wochen	ca. 24 TE, d. h. 6–8 Wochen
Hypertrophietraining	ca. 18 TE, d. h. 5 Wochen	ca. 48 TE, d. h. 12–16 Wochen
1. Periodisierungsschema: 8–9 Wochen Hypertrophie → 5–6 Wochen intramuskuläres Koordinationstraining *2. Periodisierungsschema:* 4–5 Wochen Hypertrophie → 2–3 Wochen intramuskuläres Koordinationstraining → 4 Wochen Hypertrophie → 3 Wochen intramuskuläres Koordinationstraining		

Tab. 2 Periodisierungsmöglichkeiten im Krafttraining

3.2.2 Krafttraining ohne Geräte

Die folgenden Übungen geben eine Auswahl des Krafttrainings auf der Matte, mit Kleingeräten und auf der Hantelbank wieder. Es soll gezeigt werden, dass bereits ohne große Hilfsmittel alle Körperpartien gut trainiert werden können. Bei der Zusammenstellung dieser Übungsauswahl wurde ein besonderer Schwerpunkt auf die Kräftigung des Rumpfes gelegt, da er im Fitness- und Gesundheitstraining von überragender Wichtigkeit ist. Leider wird gerade der Rumpf oftmals ausgespart oder nur sehr stiefmütterlich mit den vorhandenen Maschinen trainiert. Gerade aber die Bauchmuskeln und der Rückenstrecker sind sehr gut auch ohne Maschinen trainierbar. Optimalerweise sollte am Anfang jedes Krafttrainings eine Übungseinheit aus Bauch- und Rückenstrecker auf der Matte stehen. Bauch und Rücken können auf Grund ihrer Ausdauerfähigkeit ohne Pause abwechselnd z. B. in jeweils drei Sätzen trainiert werden.
Die Auflistung der Übungen erfolgt nach den unterschiedlichen Körperregionen, wobei eine Übung immer auch mehrere Muskelgruppen ansprechen kann. Für einen Fitnesstrainer ist es wichtig, dass er für die verschiedenen Muskelgruppen ein Portfolio an Übungen bereithält, damit er die für den Kunden am besten geeignetste herausfindet. Eine große Übungsauswahl gerade auch an Geräten ist z. B. in dem Buch von Boeck-Behrens und Buskies (2005) „Fitness-Krafttraining" zu finden. Vollständigkeitshalber ist am Kapitelende ein Überblick über die wichtigsten Geräteübungen dargestellt.

Bauch

Gerader Crunch

Ausgangsposition: s. Abb. 1

Entspannte Rückenlage, die Unterschenkel sind in einem Winkel von 90° zu den Oberschenkeln in der Luft abgewinkelt. Alternativ können die Beine auch angewinkelt aufgestellt werden.

Bewegung: Der Oberkörper wird jetzt so weit eingerollt, bis die Lendenwirbelsäule gerade noch Bodenkontakt hat.

Endposition: s. Abb. 2

Wirkung: Kräftigung der geraden Bauchmuskeln (M. rectus abdominis), der äußeren schrägen Bauchmuskeln (M. obliquus externus abdominis) und der inneren schrägen Bauchmuskeln (M. obliquus internus abdominis)

Variation:

(1) *Erleichterung:* Die Arme werden bei der Bewegungsausführung nach vorne gestreckt.

(2) *Erschwernis:* Die Arme werden bei der Bewegungsausführung in Richtung Decke gestreckt.

Beachte: Die Hände dürfen keinesfalls am Nacken zerren.

Abb. 1 *Gerader Crunch Ausgangsposition*

Abb. 2 *Gerader Crunch Endposition*

Variation gerader Crunch

Ausgangsposition: s. Abb. 3

Entspannte Rückenlage, die Arme sind beide parallel zum Boden nach vorne ausgestreckt. Beide Beine sind gestreckt und stehen in einem Winkel von ca. 90° zum Oberkörper.

Bewegung: Ein Bein wird jetzt so lange langsam nach unten geführt, bis sich die Ferse etwas unterhalb der Gesäßhöhe befindet. Anschließend wird es wieder langsam in die Ausgangsstellung geführt.

Endposition: s. Abb. 4

Wirkung: Kräftigung der geraden Bauchmuskeln (M. rectus abdominis), der äußeren schrägen Bauchmuskeln (M. obliquus externus abdominis) und der inneren schrägen Bauchmuskeln (M. obliquus internus abdominis)

Variation: Siehe gerader Crunch

Beachte: Diese Übung sollte niemals mit beiden Beinen gleichzeitig ausgeführt werden, da hierbei starke Kräfte auf den unteren Lendenbereich einwirken würden.

Abb. 3 *Gerader Crunch Ausgangsposition*

Abb. 4 *Gerader Crunch Endposition*

Beckenheben

Ausgangsposition: s. Abb. 1

Rückenlage, die Oberschenkel sind in einem rechten Winkel zum Rumpf angewinkelt und die gestreckten Arme liegen seitlich am Rumpf mit den Handflächen nach unten. Alternativ kann sich der Kunde auch an einem Gegenstand, z. B. der Sprossenleiter oder einer Strebe einer Trainingsmaschine, festhalten

Bewegung: Das Becken wird mit leichter Unterstützung der Arme ca. 5 cm angehoben und wieder langsam bis auf 1 cm gesenkt. Dieser Vorgang ist zu wiederholen.

Endposition: s. Abb. 2

Wirkung: Kräftigung der geraden Bauchmuskeln unterer Anteil (M. rectus abdominis), der äußeren schrägen Bauchmuskeln (M. obliquus externus abdominis) und der inneren schrägen Bauchmuskeln (M. obliquus internus abdominis)

Variation: Das angehobene Becken wird in der Endposition rotiert.

Abb. 1 *Beckenheben Ausgangsposition*

Abb. 2 *Beckenheben Endposition*

Schräger Crunch

Ausgangsposition: s. Abb. 1, S. 79

Rückenlage, ein Bein ist aufgestellt und das andere Bein auf dem aufgestellten Oberschenkel verschränkt. Der Arm auf der Seite des verschränkten Beines liegt nach vorne ausgestreckt neben dem Körper, während der andere Arm bequem am Kopf verschränkt ist.

Bewegung: Der Oberkörper wird jetzt so weit eingerollt, bis der Ellbogen des verschränkten Armes gegen das Knie tippt. Der Lendenbereich verharrt dabei die ganze Zeit auf dem Boden.

Wirkung: Kräftigung der äußeren schrägen Bauchmuskeln (M. obliquus externus abdominis), der inneren schrägen Bauchmuskeln (M. obliquus internus abdominis) und der geraden Bauchmuskeln (M. rectus abdominis)

Variation gerader/schräger Crunch auf einem Ball

Im Unterschied zum „normalen" Crunch auf dem Boden ist bei dieser Variation die Lendenwirbelsäule die ganze Zeit durch den Kontakt auf dem Ball geschützt. Kunden mit Rückenproblemen oder starkem Hohlkreuz sollten sich diesen Vorteil zu Nutze machen.

Ausgangsposition: s. Abb. 2

Rückenlage, das Gesäß liegt bis ca. zur Mitte der Brustwirbelsäule auf dem Ball. Die Arme sind hinter dem Nacken verschränkt und die Füße bequem auf dem Boden abgestellt.

Bewegung: Der Oberkörper wird jetzt so weit eingerollt, bis der Lendenbereich gerade noch auf dem Ball aufliegt.

Endposition: s. Abb. 3

Wirkung: Kräftigung der geraden Bauchmuskeln (M. rectus abdominis), der äußeren schrägen Bauchmuskeln (M. obliquus externus abdominis) und der inneren schrägen Bauchmuskeln (M. obliquus internus abdominis)

Variation:

(1) *Erleichterung:* Die Arme werden bei der Bewegungsausführung nach vorne gestreckt.

(2) *Erschwernis:* Die Arme werden bei der Bewegungsausführung in Richtung Decke gestreckt.

Abb. 1 *Schräger Crunch Endposition*

Abb. 2 *Crunch auf Ball Ausgangsposition Variation 1*

Abb. 3 *Crunch auf Ball Endposition Variation 1*

Die Flanke

Ausgangsposition: s. Abb. 1

Der Körper nimmt eine seitliche Flankenposition im Unterarmstütz ein. Das obere Bein wird vor das untere Bein gestellt.

Bewegung: Die Übung wird statisch durchgeführt.

Abb. 1 *Flankenstütz Ausgangs- und Endposition*

Wirkung: Kräftigung der äußeren schrägen Bauchmuskeln (M. obliquus externus abdominis), der inneren schrägen Bauchmuskeln (M. obliquus internus abdominis), der geraden Bauchmuskeln (M. rectus abdominis), des Lenden-Darmbein-Muskels (M. iliopsoas), des viereckigen Lendenmuskels (M. quadratus lumborum) und der gesamten Muskelkette der Beine

Variation:

(1) Als Erschwernis kann das Becken leicht gesenkt und wieder angehoben werden.

(2) Noch schwerer wird die Übung, wenn die Füße z. B. auf einer Bank abgelegt werden, sodass der Oberkörper parallel über dem Boden ist. Unter Zuhilfenahme eines Gewichtes, welches auf der Hüfte platziert wird, soll der Oberkörper nun ebenfalls leicht gehoben und gesenkt werden. Bei Knieproblemen ist auf Grund der hohen Scherkräfte, die auf die Knie einwirken, von dieser Übung abzuraten.

(3) Zur verstärkten Einbeziehung der Abduktoren und Adduktoren kann jeweils der vordere und hintere Fuß abwechselnd wenige Zentimeter abgehoben werden.

Seitliches Aufbäumen

Ausgangsposition: s. Abb. 2

Der Körper nimmt eine seitliche Flankenposition ein, die Arme sind vor dem Körper verschränkt. Das obere Bein wird vor das untere Bein gestellt. Der Partner fixiert die Beine mit den Händen an den Fußgelenken. Ohne Partner kann die Übung auch z. B. mit Hilfe einer Sprossenleiter durchgeführt werden.

Bewegung: Seitliches Aufbäumen mit Einwärtsdrehung

Endposition: s. Abb. 3

Wirkung: Kräftigung der äußeren schrägen Bauchmuskeln (M. obliquus externus abdominis), der inneren schrägen Bauchmuskeln (M. obliquus internus abdominis), der geraden Bauchmuskeln (M. rectus abdominis), des Lenden-Darmbein-Muskels (M. iliopsoas) und des viereckigen Lendenmuskels (M. quadratus lumborum)

Variation: Seitliches Aufbäumen ohne Einwärtsdrehung

Abb. 2 *Seitliches Aufbäumen Ausgangsposition*

Abb. 3 *Seitliches Aufbäumen Endposition*

Rückenstrecker auf der Hantelbank

Ausgangsposition: Der Körper befindet sich in Bauchlage inklusive der Hüftknochen auf der Hantelbank. Mit den Händen, die sich in etwa auf Kopfhöhe seitlich an der Hantelbank befinden, wird der Körper fixiert. Das eine Bein ist gestreckt, während das andere Bein im Kniegelenk gebeugt ist.

Bewegung: Es findet ein Wechsel zwischen Beugung und Streckung der Beine statt.

Endposition: s. Abb. 1

Wirkung: Sehr gute Komplexübung für die Körperrückseite, d. h. Kräftigung des Rückenstreckers (M. erector spinae), des großen Gesäßmuskels (M. glutaeus maximus) und der Rückseite des Oberschenkels (Mm. ischiocrurales)

Variation: Als Erschwernis können oberhalb der Fußgelenke Gewichtsmanschetten befestigt werden.

Abb. 1 *Training der Rückenstrecker auf der Hantelbank*

Bein- und Armrückheben im Knie- bzw. Armstütz

Ausgangsposition: s. Abb. 2

Kniestand, wobei ein Bein und ein Arm, die in einer Diagonale zueinanderstehen, bis zur Waagerechten gestreckt sind.

Bewegung: Der Ellenbogen und das Knie des gestreckten Armes bzw. Beines werden zusammengeführt.

Endposition: s. Abb. 3

Wirkung: Sehr gute Komplexübung, d. h. Kräftigung des geraden Rückenstreckers (M. erector spinae), des großen Gesäßmuskels (M. glutaeus maximus), der Rückseite des Oberschenkels (Mm. ischiocrurales) und Mobilisation der Wirbelsäule

Abb. 2 *Streckung Ausgangsposition*

Abb. 3 *Beugung Endposition*

Bein- und Armheben in Bauchlage

Ausgangsposition: s. Abb. 1

Bauchlage, beide Beine und Arme sind ausgestreckt und verharren ca. 2–3 cm über dem Boden.

Bewegung: In dieser Position verbleiben

Wirkung: Sehr gute Komplexübung, d. h. Kräftigung der Rückenmuskulatur (M. erector spinae, M. trapezius pars transversus, Mm. rhomboidei), des Gesäßes (M. glutaeus maximus) und der Rückseite des Oberschenkels (Mm. ischiocrurales)

Variation: s. Abb. 2

Ein Bein und der diagonale Arm werden jeweils um weitere 5 cm angehoben. Diese Bewegung findet im Wechsel mit der anderen Diagonale statt.

Abb. 1 *Statisch Ausgangs- und Endposition*

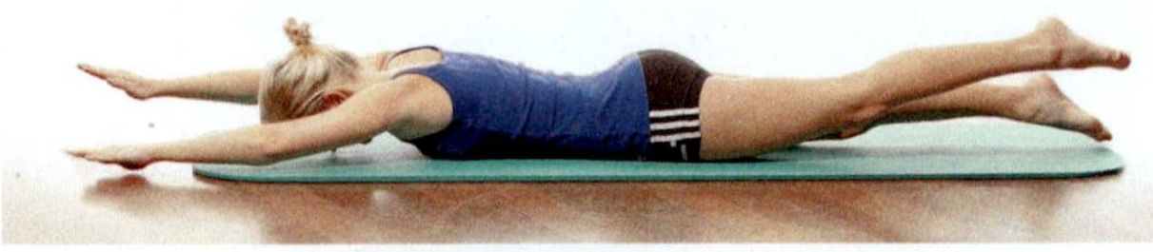

Abb. 2 *Dynamisch*

Anbahnung Rückseite (Bridging)

Ausgangsposition: s. Abb. 3

Rückenlage, das Gesäß ist abzuheben, sodass der Rumpf und der Oberschenkel eine Gerade bilden. Die Arme befinden sich in einer V-Form neben dem Rumpf.

Bewegung: In dieser Position verharren

Wirkung: Sehr gute Komplexübung, d. h. Kräftigung der gesamten Muskelkette auf der Rumpfrückseite

Variationen (dynamisch):

(1) Als erste Erschwernis kann jeweils ein Bein herangezogen und gestreckt werden (s. Abb. 4 und 5).

(2) Als zweite Erschwernis wird das Becken um wenige Zentimeter nach oben und unten bewegt.

Abb. 3 *Bridging Ausgangsposition*

Abb. 4 *Bridging Variation 1 Ausgangsposition*

Abb. 5 *Bridging Variation 1 Endposition*

Unterarmstütz

Ausgangsposition: Unterarmstütz, s. Abb. 1
Bewegung: In dieser Position verharren
Wirkung: Sehr gute Komplexübung, d. h. Kräftigung der gesamten Rumpf- und Hüftgelenkmuskulatur
Variation (dynamisch):
Als Erschwernis kann unter Beibehaltung der Körperspannung jeweils ein Bein seitlich in Richtung Rumpf geführt werden (s. Abb. 2). Diese Variation sollte aber nur bei einer guten Rumpfmuskulatur durchgeführt werden, da ansonsten die Gefahr des „Einbrechens“ im Bereich der Schulter und der Lendenwirbelsäule besteht.

Abb. 1 *Unterarmstütz Ausgangsposition statisch*

Abb. 2 *Unterarmstütz Variation dynamisch Endposition*

Kreuzheben

Ausgangsposition: s. Abb. 3
Im schulterbreiten Stand, die Füße zeigen dabei leicht nach außen.
Bewegung: Die Langhantel wird bei gebeugtem Knie und geradem Rücken (!) ergriffen und der Körper langsam aufgerichtet. Beim Aufrichten ist auf einen geraden Rücken (Tendenz Hohlkreuz) zu achten und die Hantel möglichst körpernah zu führen. Auf Grund ihrer technisch anspruchsvollen Ausführung ist diese Übung nicht für Anfänger geeignet.
Endposition: s. Abb. 4
Wirkung: Sehr gute Komplexübung, d. h. Kräftigung des unteren Anteils des Rückenstreckers (M. erector spinae), des oberen absteigenden Anteils des Trapezmuskels (M. trapezius descendens), des großen Gesäßmuskels (M. glutaeus maximus), des großen Adduktors (M. adductor magnus), der Oberschenkelvorderseite (M. quadrizeps femoris) und der Rückseite des Oberschenkels (Mm. ischiocrurales, M. triceps surae)

Abb. 3 *Kreuzheben Ausgangsposition*

Abb. 4 *Kreuzheben Endposition*

Abb. 1 *Good Mornings Ausgangsposition*

Abb. 2 *Good Mornings Endposition*

Good Mornings

Ausgangsposition: s. Abb. 1

Im schulterbreiten Stand, die Füße zeigen dabei leicht nach außen.

Bewegung: Die Bewegung gleicht der Übung Kreuzheben mit dem Unterschied, dass die Hantel nur bis zur Kniehöhe gesenkt wird. Die technische Ausführung wird dadurch deutlich erleichtert, wobei auch bei dieser Übung auf den geraden Rücken geachtet werden muss. Auf Grund ihrer technisch einfacheren Handhabung ist der Einsatz dieser Übung auch im Fitnessbereich möglich.

Endposition: s. Abb. 2

Wirkung: Sehr gute Komplexübung, d. h. Kräftigung des unteren Anteils des Rückenstreckers (M. erector spinae), des oberen absteigenden Anteils des Trapezmuskels (M. trapezius descendens), des großen Gesäßmuskels (M. glutaeus maximus), des großen Adduktors (M. adductor magnus), der Oberschenkelvorderseite (M. quadrizeps femoris) und der Rückseite des Oberschenkels (Mm. ischiocrurales)

Einarmig rudern vorgebeugt

Ausgangsposition: s. Abb. 3

Mit einem Unterschenkel und dem Unterarm der gleichen Seite auf einer Bank in Vorbeuge abstützen. Die Hantel wird so gegriffen, dass der Handrücken zur Seite zeigt.

Bewegung: Die Kurzhantel wird eng am Körper nach oben gezogen bis sich der Oberarm und der Rumpf in einer Ebene befinden.

Endposition: s. Abb. 4

Wirkung: Sehr gute Komplexübung, d. h. Kräftigung des breiten Rückenmuskels (M. latissimus dorsi), des großen Rundmuskel (M. teres major), des zweiköpfigen Armmuskels (M. biceps brachii), des Oberarmspeichenmuskels (M. brachioradialis), des mittleren und hinteren Deltamuskels (M. deltoideus pars acromialis, pars spinalis), des Kapuzenmuskels, mittlerer, quer verlaufender Anteil (M. trapezius pars transversa), und der Rautenmuskeln (Mm. rhomboidei)

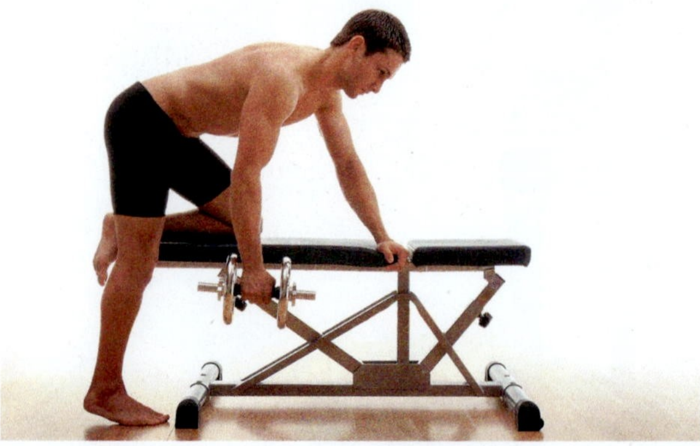

Abb. 3 *Einarmig rudern vorgebeugt Ausgangsposition*

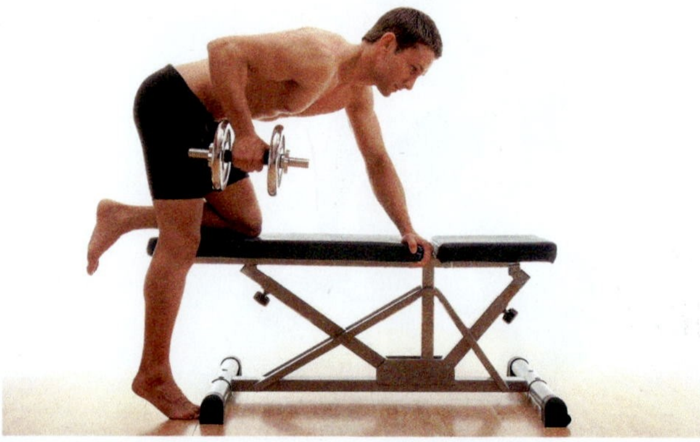

Abb. 4 *Einarmig rudern vorgebeugt Endposition*

Außenrotatoren

Ausgangsposition: s. Abb. 1

Im Sitzen, der Oberkörper ist leicht nach vorne gebeugt und die Oberarme sind seitlich auf Höhe der Schulter angehoben. Oberarm und Unterarm stehen in 90° zueinander.

Bewegung: Die Hanteln werden im Halbkreis nach vorne oben gehoben, bis sich die Unterarme in der Ebene des Oberkörpers befinden.

Endposition: s. Abb. 2

Wirkung: Kräftigung der Außenrotatoren des Schultergelenks, d. h. Untergrätenmuskel (M. infraspinatus), kleiner Rundmuskel (M. teres minor), Obergrätenmuskel (M. supraspinatus)

Abb. 1 *Arm-Außenrotatoren Ausgangsposition*

Abb. 2 *Arm-Außenrotatoren Endposition*

Außenrotation des Oberarms in Seitlage mit Kurzhantel

Ausgangsposition: s. Abb. 3

Seitenlage mit leicht angezogenen Beinen am Boden oder auf einer breiten Bank. Beide Arme sind 90° gebeugt, der Ellbogen des unteren Armes liegt frei und eng am Körper, der Ellbogen des oberen Armes wird an der Körperseite fixiert.

Bewegung: Die Hantel wird mit fixiertem Handgelenk nach oben geführt, bis sie Richtung Decke zeigt.

Der Oberarm bleibt dabei am Körper fixiert.

Endposition: s. Abb. 4

Wirkung: Kräftigung der Außenrotatoren des Schultergelenks, d. h. Untergrätenmuskel (M. infraspinatus), kleiner Rundmuskel (M. teres minor), Obergrätenmuskel (M. supraspinatus)

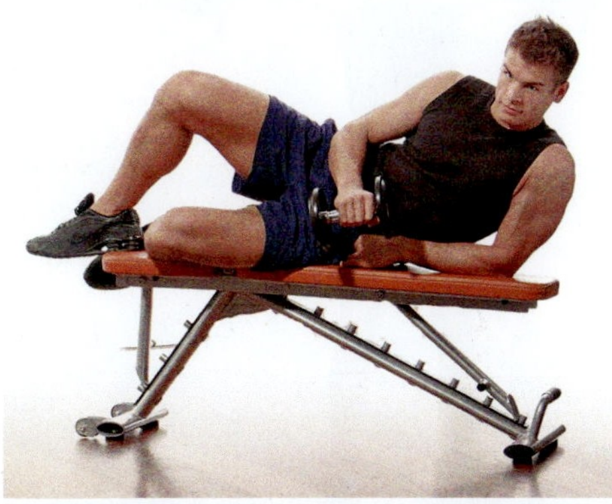

Abb. 3 *Arm-Außenrotatoren in Seitlage Ausgangsposition*

Abb. 4 *Arm-Außenrotatoren in Seitlage Endposition*

Abb. 1 *Schulterheben Ausgangsposition*

Abb. 2 *Schulterheben Endposition*

Schultern

Schulterheben mit Kurzhanteln

Ausgangsposition: s. Abb. 1
Etwa schulterbreiter Stand mit leicht gebeugten Knien, die Rumpfmuskulatur ist dabei leicht angespannt. Die Hanteln werden an den gestreckten Armen gehalten.
Bewegung: Unter Beibehaltung der gestreckten Arme werden die Schultern nach oben gezogen.
Endposition: s. Abb. 2
Wirkung: Kräftigung des Kapuzenmuskels, oberer absteigender Anteil (M. trapezius pars descendens), und der Rautenmuskeln (Mm. rhomboidei)

Aufrecht rudern/Frontziehen mit der Langhantel (SZ-Hantel) im Stand

Ausgangsposition: s. Abb. 3
Etwa schulterbreiter Stand mit leicht gebeugten Knien, die Rumpfmuskulatur ist dabei leicht angespannt. Die Langhantel wird beidhändig mit engem Griff vor dem Körper herabhängen gelassen.
Bewegung: Die Hantelstange wird Richtung Kinn gezogen. Hierbei werden die Schultern angehoben. Die Ellbogen zeigen dabei nach außen und sind am Ende der Bewegung etwas höher als die Hände.
Endposition: s. Abb. 4
Wirkung: Sehr gute Komplexübung, d. h. Kräftigung des Kapuzenmuskels, oberer, absteigender Anteil (M. trapezius pars descendens), der Rautenmuskeln (Mm. rhomboidei), des vorderen und mittleren Deltamuskels (M. deltoideus pars clavicularis, pars acromialis), des Schulterblatthebers (M. levator scapulae), des Obergrätenmuskels (M. supraspinatus) und des zweiköpfigen Armmuskels (M. biceps brachii)
Beachte: Zur Reduktion der Belastung an den Handgelenken kann diese Übung auch mit der SZ-Hantelstange ausgeführt werden.

Abb. 3 *Aufrecht rudern Ausgangsposition*

Abb. 4 *Aufrecht rudern Endposition*

Frontdrücken mit der Langhantel

Ausgangsposition: s. Abb. 1
Sitz mit aufrechtem Rücken an der leicht schrägen Rückenlehne, die Langhantel wird etwas weiter als schulterbreit gegriffen, wobei die Ellbogen nach unten zeigen.
Bewegung: Unter Anspannung der Rumpfmuskulatur wird das Gewicht bis zur annähernden Streckung der Arme nach oben gedrückt. Durch bewusstes aktives Hochdrücken der Schultern am Bewegungsende kann auch der obere Anteil des M. trapezius mittrainiert werden. Anschließend wird das Gewicht gesenkt, bis die Oberarme knapp unter Schulterhöhe sind, d. h., die Stange befindet sich auf der Höhe des Schlüsselbeins.

Abb. 1 *Frontdrücken mit Langhantel Ausgangsposition*

Abb. 2 *Frontdrücken mit Langhantel Endposition*

Endposition: s. Abb. 2
Wirkung: Sehr gute Komplexübung, d. h. Kräftigung aller Anteile des Deltamuskels (M. deltoideus), des Obergrätenmuskels (M. supraspinatus), des großen Brustmuskels (M. pecotralis major), des Armstreckers (M. triceps brachii), des Kapuzenmuskels, oberer, absteigender Anteil (M. trapezius pars descendens), des seitlichen Sägemuskels (M. serratus anterior) und des zweiköpfigen Armmuskels (M. biceps brachii)
Beachte: Bei maximal tiefem Senken des Gewichts kommt es zu einer starken Belastung im Schultergelenk mit Verletzungsgefahr!

Arm-Seitheben mit Kurzhanteln

Ausgangsposition: s. Abb. 3
Aufrechter Stand, die Beine sind schulterbreit auseinander. Die Arme sind angewinkelt und die Hanteln in Schulterhöhe vor der Brust, während die Ellbogen gegen den Boden zeigen.
Bewegung: Die Arme werden bis zur Schulterhöhe angehoben, kurz fixiert und dann langsam wieder abgesenkt.
Endposition: s. Abb. 4
Wirkung: Kräftigung aller Anteile des Deltamuskels (M. deltoideus pars clavicularis, pars acromialis, pars spinalis), des Obergrätenmuskels (M. supraspinatus), des zweiköpfigen Armmuskels (M. biceps brachii), des Kapuzenmuskels (M. trapezius) und des seitlichen Sägemuskels (M. serratus anterior)

Abb. 3 *Arm-Seitheben mit Kurzhantel Ausgangsposition*

Abb. 4 *Arm-Seitheben mit Kurzhantel Endposition*

Brust

Bankdrücken mit der Langhantel

Abb. 1 *Bankdrücken mit Langhantel Ausgangsposition*

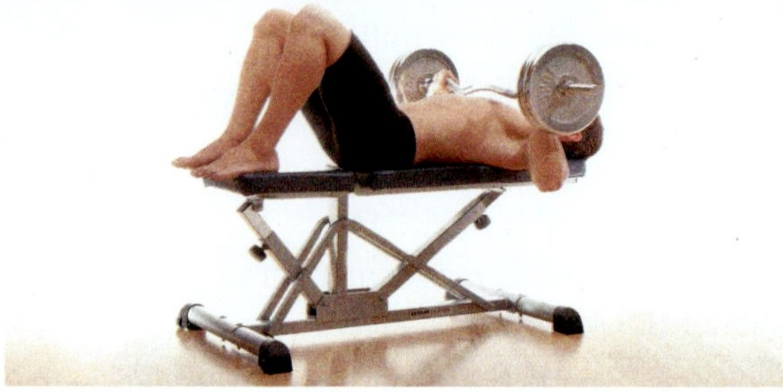

Abb. 2 *Bankdrücken mit Langhantel Endposition*

Ausgangsposition: s. Abb. 1
Rückenlage auf einer Flachbank, die Beine sind mit einem Kniewinkel von 90° angehoben bzw. die Füße aufgestellt. In der Ausgangsstellung wird die Langhantel mit etwas mehr als schulterbreit gestreckten Armen senkrecht über den Schultern gehalten.
Bewegung: Beide Arme werden im Ellbogen gebeugt und die Langhantel langsam bis knapp oberhalb der Brust gesenkt und wieder gestreckt, wobei das Ellbogengelenk nie ganz gestreckt wird.
Endposition: s. Abb. 2
Wirkung: Sehr gute Komplexübung, d.h. Kräftigung des großen Brustmuskels (M. pectoralis major), des vorderen Deltamuskels (M. deltoideus pars clavicularis) und des dreiköpfigen Armmuskels (M. triceps brachii)

Kurzhantel-Flys auf der Flachbank

Ausgangsposition: s. Abb. 3
Rückenlage auf einer Flachbank, die Beine sind angehoben bzw. die Füße aufgestellt. In der Ausgangsstellung werden die Kurzhanteln mit gestreckten Armen senkrecht über den Schultern gehalten.
Bewegung: Beide Arme werden im Ellbogen um ca. 90° gebeugt und langsam seitlich bis in die Dehnstellung der Brustmuskulatur gesenkt.
Endposition: s. Abb. 4

Abb. 3 *Kurzhantel-Flys Ausgangsposition*

Abb. 4 *Kurzhantel-Flys Endposition*

Wirkung: Kräftigung des großen Brustmuskels (M. pectoralis major), des vorderen Deltamuskels (M. deltoideus pars clavicularis), des zweiköpfigen Armmuskels (M. biceps brachii), des Oberarmspeichenmuskels (M. brachioradialis) und des seitlichen Sägemuskels (M. serratus anterior)
Beachte: Bei maximal tiefem Senken des Gewichts kommt es zu einer starken Belastung im Schultergelenk mit Verletzungsgefahr!

Liegestütz (inkl. abgewinkelter Liegestütz)

Ausgangsposition: s. Abb. 1
Liegestützposition im Knien, die Füße sind übereinandergeschlagen und üben einen leichten Druck gegeneinander aus. Die Fingerspitzen zeigen leicht nach innen.
Bewegung: Beugung und Streckung der Arme
Endposition: s. Abb. 2
Wirkung: Sehr gute Komplexübung, d. h. Kräftigung des großen und kleinen Brustmuskels (M. pectoralis major und minor), des vorderen Deltamuskels (M. deltoideus pars clavicularis), des Armstreckers (M. triceps brachii) und der gesamten Rumpfmuskulatur
Variation: Als Erschwernis kann der Liegestütz auch in abgewinkelter Form durchgeführt werden. Ausgangsstellung ist die „klassische Liegestützposition", allerdings sind Hände und Füße angenähert, sodass ein Dreieck mit dem Gesäß als Spitze entsteht.
Beachte: Der klassische Liegestütz sollte gerade bei weniger trainierten Personen nicht durchgeführt werden. Mangels Haltekraft kann es hierbei sehr schnell zum Durchhängen im Lendenbereich mit ungünstiger Belastung der Bandscheiben und Fehlbeanspruchungen im Bereich der Schulterblätter kommen.

Abb. 1 *Liegestütz Ausgangsposition*

Abb. 2 *Liegestütz Endposition*

Abb. 3 *Liegestütz Variation auf Kreisel*

Oberarme

Konzentrations-Bizeps-Curls im Sitz mit Kurzhanteln
Ausgangsposition: s. Abb. 1
Im Sitzen auf einer Bank, wobei der freie Arm auf den Oberschenkel der gleichen Seite zur Stabilisierung gestützt wird. Der Rücken soll dabei gerade gehalten werden und der Trainingsarm liegt mit der Rückseite des Oberarms an der Innenseite des weit nach außen gestellten Oberschenkels der gleichen Seite. Der Unterarm zeigt zum anderen Bein (Innenrotation des Oberarms im Schultergelenk).
Bewegung: Beugen und Strecken des Armes, wobei darauf geachtet werden muss, dass beim Absenken des Gewichts das Ellbogengelenk nicht ganz gestreckt werden darf.
Endposition: s. Abb. 2
Wirkung: Kräftigung des zweiköpfigen Armmuskels (M. biceps brachii), des Armbeugers (M. brachialis) und des Oberarmspeichenmuskels (M. brachioradialis)

Abb. 1 *Bizeps-Curls im Sitzen Ausgangsposition*

Abb. 2 *Bizeps-Curls im Sitzen Endposition*

Trizepsdrücken einarmig mit Kurzhantel (Kick-back)
Ausgangsposition: s. Abb. 3
Abstützen mit einer Hand und dem gleichseitigen Knie auf einer Flachbank. Der Rücken ist dabei gerade.
Bewegung: Der Arbeitsarm mit der Kurzhantel wird waagrecht nach hinten gestreckt.
Endposition: s. Abb. 4
Wirkung: Kräftigung des Armstreckers (M. triceps brachii) und des Deltamuskels, hinterer Anteil (M. deltoideus pars spinalis)

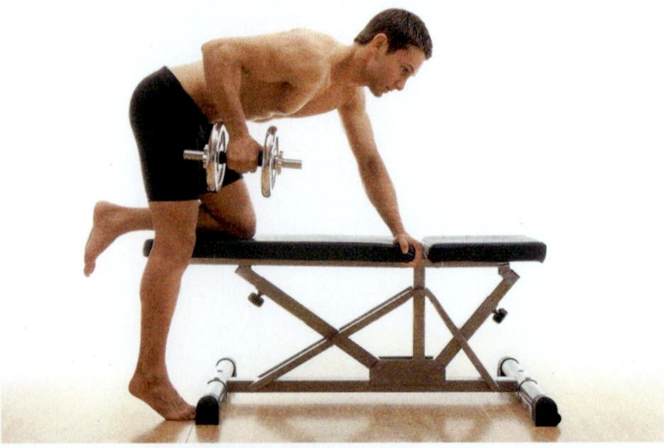
Abb. 3 *Kick-back Ausgangsposition*

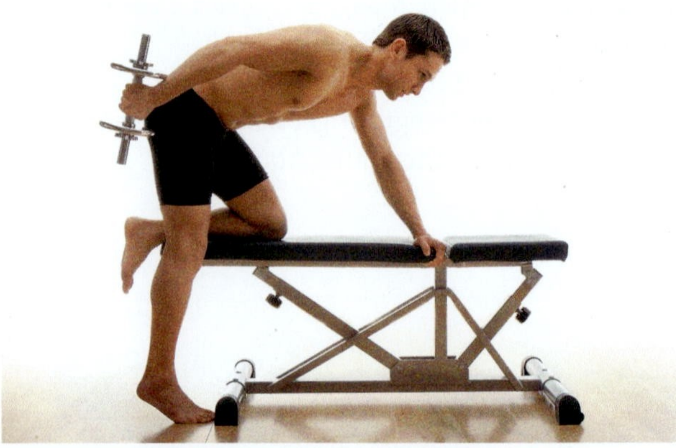
Abb. 4 *Kick-back Endposition*

Handgelenk-Flexoren-Curls zur Kräftigung der Beugergruppe des Handgelenks

Ausgangsposition: s. Abb. 1

Im Sitzen auf einer Bank, beide Arme liegen bis zum Handgelenk mit der Handfläche nach oben auf dem Oberschenkel. Der Oberschenkel ist dabei gerade.

Bewegung: Beugung (Palmarflexion) im Handgelenk

Endposition: s. Abb. 2

Wirkung: Kräftigung der Handbeugemuskeln der Elle (M. flexor carpi ulnaris) und der Speiche (M. flexor carpi radialis)

Abb. 1 *Flexoren-Curls Ausgangsposition*

Abb. 2 *Flexoren-Curls Endposition*

Handgelenk-Extensoren-Curls zur Kräftigung der Streckergruppe des Handgelenks

Ausgangsposition: s. Abb. 3

Im Sitzen auf einer Bank, beide Arme liegen bis zum Handgelenk mit der Handfläche nach oben auf dem Oberschenkel. Der Oberschenkel ist dabei gerade.

Bewegung: Streckung (Dorsalextension) im Handgelenk

Endposition: s. Abb. 4

Wirkung: Kräftigung der Handstreckermuskeln der Elle (M. extensor carpi ulnaris) und der Speiche (M. extensor carpi radialis)

Abb. 3 *Extensoren-Curls Ausgangsposition*

Abb. 4 *Extensoren-Curls Endposition*

Gesäß, Bein und Wade

Kniebeuge mit der Langhantel

Ausgangsposition: Schulterbreiter Stand bei leichter Beugung im Kniegelenk, die Füße sind etwas nach außen rotiert. Die Hantelstange ist im Nacken auf dem Trapezmuskel oder alternativ den Schultern auf dem Deltamuskel abgelegt.

Bewegung: Bei geradem Rücken findet nun ein langsames Tiefgehen statt, wobei der rechte Winkel zwischen Oberschenkel und Unterschenkel im fortgeschrittenen Fitnesstraining eingehalten werden muss. Beim folgenden Aufrichten ist wiederum zu beachten, dass eine leichte Beugung im Kniegelenk eingehalten wird.

Wirkung: Sehr gute Komplexübung, d. h. Kräftigung der Vorderseite des Oberschenkels (M. quadriceps), der Rückseite des Oberschenkels (Mm. ischiocrurales), des großen Gesäßmuskels (M. glutaeus maximus), des großen Adduktors (M. adductor magnus) und des dreiköpfigen Wadenmuskels (M. triceps surae). Je tiefer der Gelenkwinkel bei der Übungsausführung ist, desto mehr werden der M. glutaeus maximus, der M. rectus femoris und der lumbale M. erector spinae miteinbezogen.

Variation: Alternativ kann die Übung auch mit entsprechend geringerem Gewicht im Einbeinstand durchgeführt werden (s. Abb. 1 und 2).

Beachte: Auf Grund der hohen technischen und koordinativen Herausforderung ist von dieser Übung im Anfängerbereich abzuraten!

Abb. 1 *Kniebeuge mit Langhantel Ausgangsposition*

Abb. 2 *Kniebeuge mit Langhantel Endposition*

Abb. 3 *Fersenheben im Stand Ausgangsposition*

Abb. 4 *Fersenheben im Stand Endposition*

Fersenheben im Stand mit der Langhantel

Ausgangsposition: s. Abb. 3
Schulterbreiter Stand bei gestrecktem Kniegelenk, die Füße sind etwas nach außen rotiert. Die Hantelstange ist im Nacken auf dem Trapezmuskel abgelegt.

Bewegung: Bei geradem Rücken findet nun ein langsames Hochgehen auf die Fußspitzen statt.

Endposition: s. Abb. 4

Wirkung: Kräftigung des Wadenmuskels (M. triceps surae)

3.2.3 Krafttraining an Geräten

Bauch

Übung	Bewegung	Gekräftigte Muskeln
Crunch an der Bauchmaschine 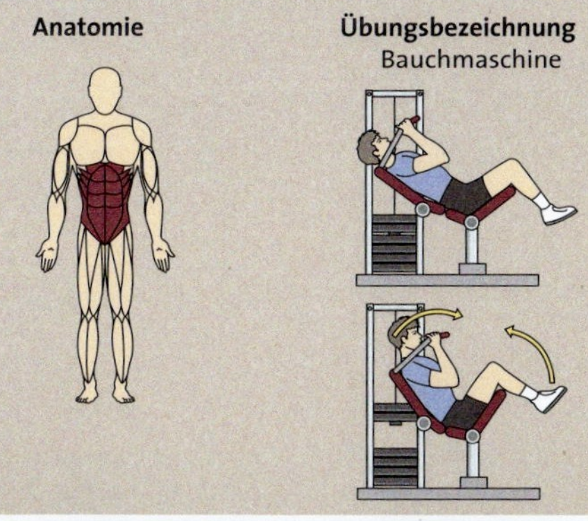 	Die Hände erfassen die Griffe und der Oberkörper wird langsam gegen den Widerstand der Arme eingerollt und langsam wieder aufgerichtet. Werden bei der Bewegungsausführung die Beine fixiert, können auch die Hüftbeuger mitziehen.	• M. rectus abdominis • M. obliquus externus abdominis • M. obliquus internus abdominis
Kabel-Crunch 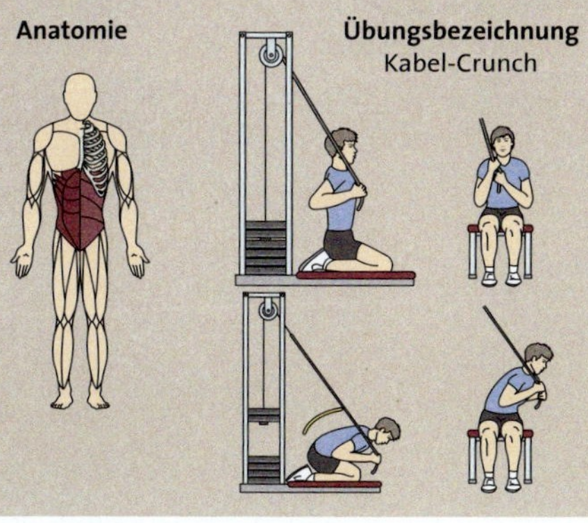 	In kniender Position vor dem Seilzug ergreifen die Hände die Seilenden und der Rumpf wird unter Beibehaltung des Hüft- und Kniewinkels eingerollt.	• M. rectus abdominis • M. obliquus externus abdominis • M. obliquus internus abdominis

Rücken

Übung	Bewegung	Gekräftigte Muskeln
Rückenstreckmaschine 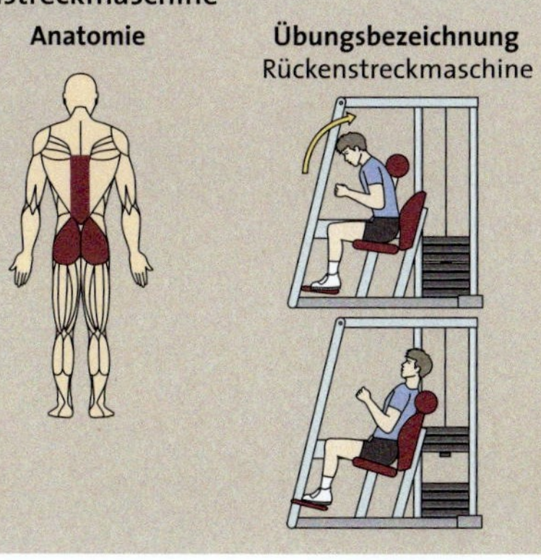 	In der Rückenstreckmaschine wird im Sitzen das Widerstandspolster langsam mit geradem Rücken nach hinten gedrückt und langsam wieder nach vorne gelassen.	• M. erector spinae • M. glutaeus maximus

Rücken

Übung	Bewegung	Gekräftigte Muskeln
Hyperextension **Anatomie** 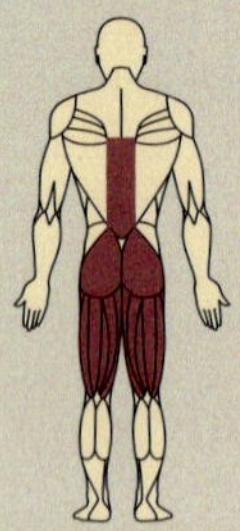 **Übungsbezeichnung** Rückenstrecker 	Die Hände werden hinter dem Kopf verschränkt und der gestreckte Rücken durch Beugen und Strecken im Hüftgelenk gesenkt und gehoben. Als Variation kann der Rücken sowohl nach unten ab- als auch nach oben aufgerollt werden.	• M. erector spinae • Mm. ischiocrurales • M. glutaeus maximus
Klimmzüge **Anatomie** 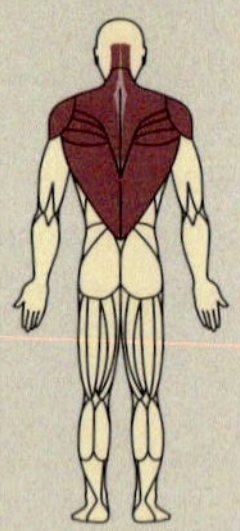 **Übungsbezeichnung** Klimmzug 	Im etwas überschulterbreiten Griff bei leicht angewinkelten Beinen wird der Körper, bis das Kinn fast die Stange berührt, hochgezogen. Beim Herablassen des Körpers ist dabei zu beachten, dass die Ellbogengelenke stets etwas gebeugt bleiben.	• M. latissimus dorsi • M. teres major • M. biceps brachii • M. brachialis • M. brachioradialis • M. trapezius • Mm. rhomboidei
Latziehen zur Brust **Anatomie** 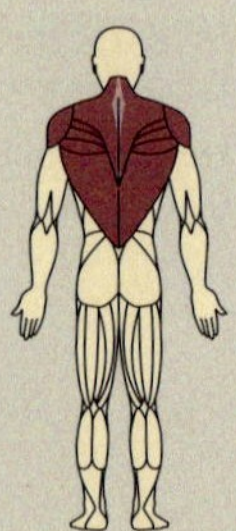 **Übungsbezeichnung** Latziehen zur Brust 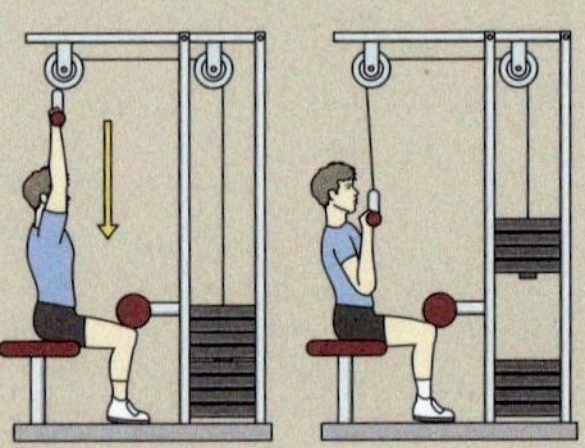	In der Lat-Maschine wird die Zugstange im breiten Griff im Sitzen bei leicht nach hinten geneigtem geradem Rücken erfasst und vor die Brust etwas unterhalb der Schulterlinie gezogen. Wie bei den Klimmzügen gilt auch hier, dass die Ellbogengelenke nie ganz gestreckt werden dürfen. Das Latziehen zur Brust sollte gerade bei Trainingsanfängern dem Latziehen in den Nacken vorgezogen werden. Hier zeigt sich, dass beim Latziehen in den Nacken oftmals in einen Rundrücken gezogen wird. Daneben ist die Beteiligung des M. latissimus dorsi beim Latziehen zur Brust durch die längere Bewegungsausführung größer.	• M. latissimus dorsi • M. teres major • M. biceps brachii • M. brachialis • M. brachioradialis • M. trapezius • Mm. rhomboidei

Rücken

Übung	Bewegung	Gekräftigte Muskeln
Rudern sitzend **Anatomie** 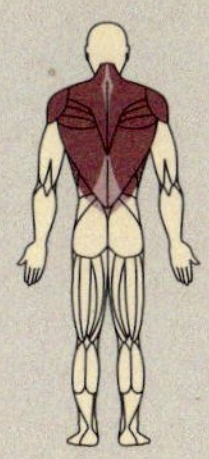 **Übungsbezeichnung** Sitzend rudern 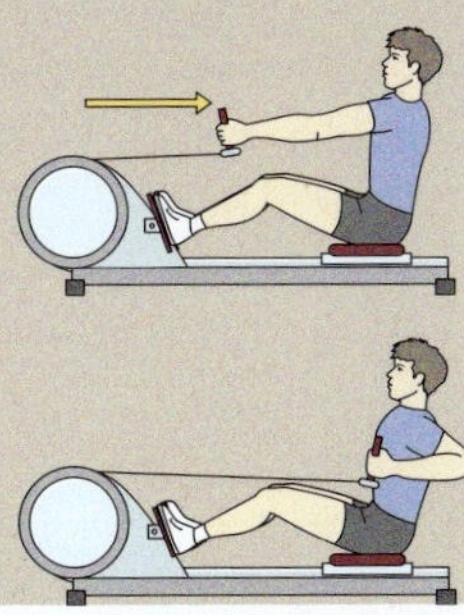	In der Ruderzugmaschine wird bei leicht angewinkelten Knien und leicht nach hinten geneigtem geradem Rücken die Zugstange erfasst und zügig zum Bauch herangezogen. Die Zugstange dann langsam und kontrolliert wieder zurückziehen lassen und wiederum darauf achten, dass die Ellbogengelenke nie ganz durchgestreckt sind. Das Rudern mit breitem Griff sollte besonders bei Kunden mit Tendenz zum Rundrücken durchgeführt werden, da hierbei besonders der rückenaufrichtende mittlere, quer verlaufende Kappenmuskel trainiert wird.	• M. latissimus dorsi • M. teres major • M. deltoideus pars spinata • M. biceps brachii • M. brachialis • M. brachioradialis • M. trapezius • Mm. rhomboidei

Gerade die Übungen *Klimmzüge* (eventuell mit Gewichtserleichterungen), *Latziehen* oder auch *Rudern sitzend* sind funktionelle Übungen, die im Gesundheits- und Fitnessbereich, aber auch im Fortgeschrittenenbereich als Komplexübungen die Rumpfrückseite sehr gut trainieren. Diese Übungen sollten idealerweise mit den antagonistisch wirkenden Übungen *Bankdrücken* oder der *Brustpresse* kombiniert werden.

Brust

Übung	Bewegung	Gekräftigte Muskeln
Bankdrückmaschine **Anatomie** 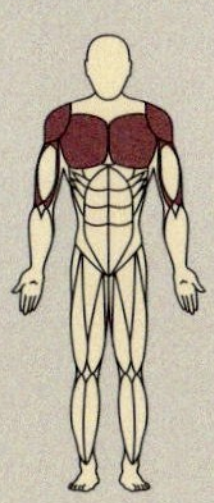 **Übungsbezeichnung** Brustpresse 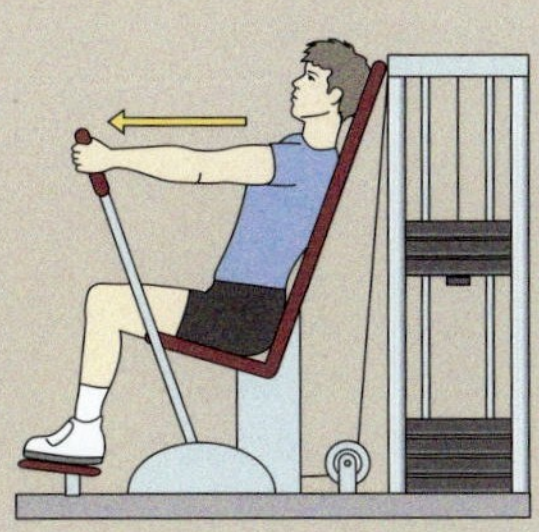	In aufrechter Sitzposition werden die Griffe in der Bankdrückmaschine erfasst und gegen den Widerstand der Maschine nach vorne gestreckt. Zu beachten ist, dass die Schulterebene etwas oberhalb der Griffebene liegt.	• M. pectoralis major • M. deltoideus pars clavicularis • M. triceps brachii • M. serratus anterior

Schultern

Übung	Bewegung	Gekräftigte Muskeln
Nackendrückmaschine **Anatomie** 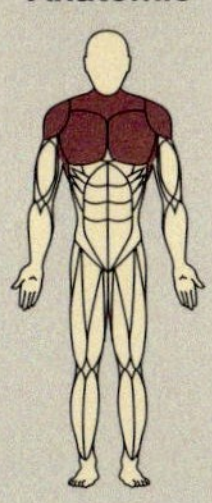 **Übungsbezeichnung** Nackendrückmaschine 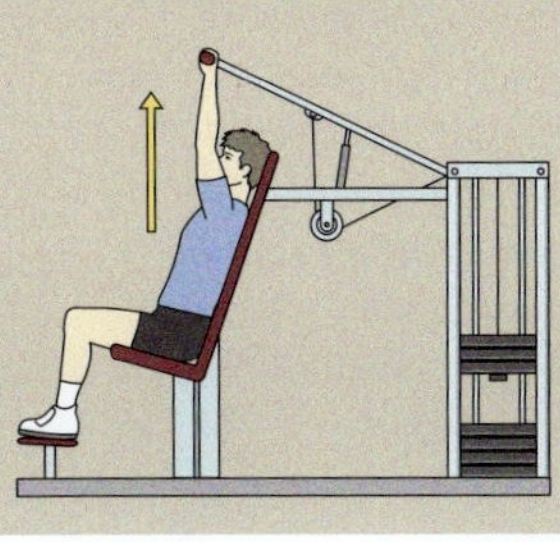	In aufrechter Sitzposition werden die Griffe in der Bankdrückmaschine gefasst und gegen den Widerstand der Maschine nach oben gedrückt. Das Ellbogengelenk ist hierbei nicht vollständig zu strecken.	• M. deltoideus (alle Anteile) • M. supraspinatus • M. trapezius pars descendens • M. serratus anterior • M. triceps brachii

Gesäß

Übung	Bewegung	Gekräftigte Muskeln
Gesäßmaschine **Anatomie** 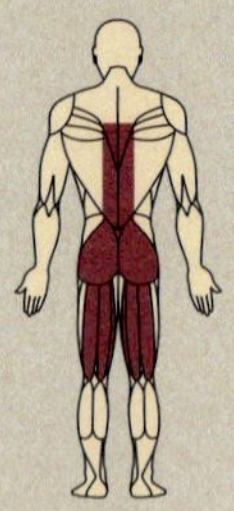 **Übungsbezeichnung** Gesäßmaschine 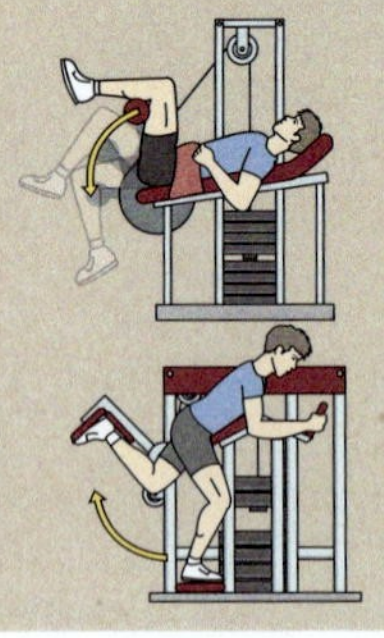	Die Widerstandspolster liegen in den Kniekehlen auf. Die Streckung erfolgt bei leicht gebeugter Hüfte gegen die Widerstandspolster, wobei darauf zu achten ist, dass die Streckung nur bis zur Geraden stattfindet, d.h. eine Hohlkreuzbildung vermieden wird.	• M. glutaeus maximus • M. adductor magnus • M. glutaeus medius

Beine

Übung	Bewegung	Gekräftigte Muskeln
Beinpresse im Liegen (horizontal) **Anatomie** 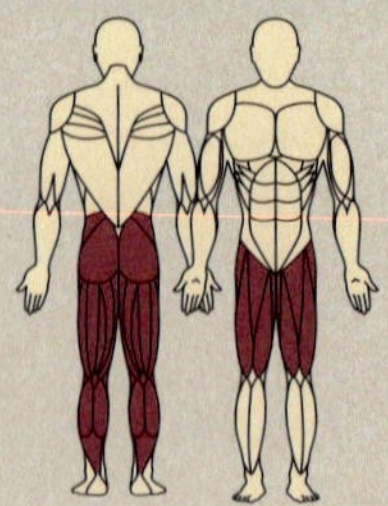 **Übungsbezeichnung** Beinpresse 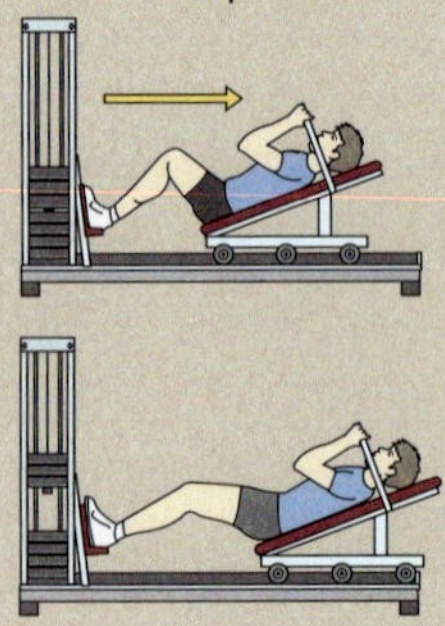	Im Liegen bei schulterbreiter paralleler Fußstellung befinden sich die Knie etwas oberhalb der Füße. Die Füße zeigen dabei entsprechend der Fußachse leicht nach außen. Die Kniegelenke werden nun gestreckt, wobei darauf zu achten ist, dass die Streckung nicht vollständig ist. Beim Herablassen des Gewichtes sollte der rechte Winkel zwischen Ober- und Unterschenkel nicht unterschritten werden. Alternativ kann diese Übung auch im Sitzen ausgeführt werden. Diese Variation, die von der Bewegungsausführung zwar unfunktioneller ist (Kniebeugen bei einer Hüftbeugung kommen ja nicht wirklich vor), vermeidet den Kompressionsdruck auf den Lendenbereich, der bei manchen Personen Rückenbeschwerden auslösen kann. Desweiteren wird bei dieser Bewegungsausführung der M. glutaeus maximus weniger aktiviert.	• M. quadriceps • Mm. ischiocrurales • M. glutaeus maximus • M. triceps surae
Beinstreckmaschine **Anatomie** 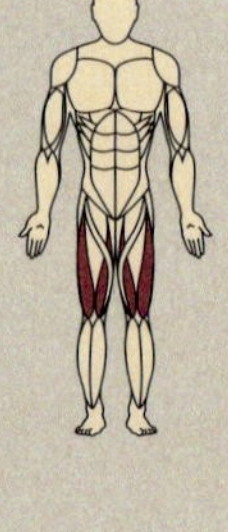 **Übungsbezeichnung** Beinstreckmaschine 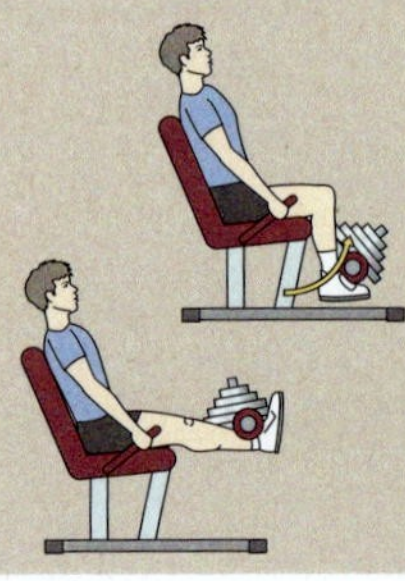	Beim Sitzen auf der Beinstreckermaschine sind die Füße hinter dem Polster. Die Beine werden nun gegen den Widerstand gestreckt. Es ist hierbei wiederum darauf zu achten, dass die Beinstreckung nie vollständig stattfindet bzw. der Winkel zwischen Oberschenkel und Unterschenkel beim Herablassen des Gewichtes nicht kleiner als 90° ist. Aus funktioneller Sicht findet hierbei kein natürlich-funktionaler Rollgleitmechanismus wie in der Beinpresse statt. Bei gesunden Kniegelenken ist diese Übung aber unbedenklich.	• M. quadriceps femoris

Beine

Übung	Bewegung	Gekräftigte Muskeln
Beinbeugemaschine 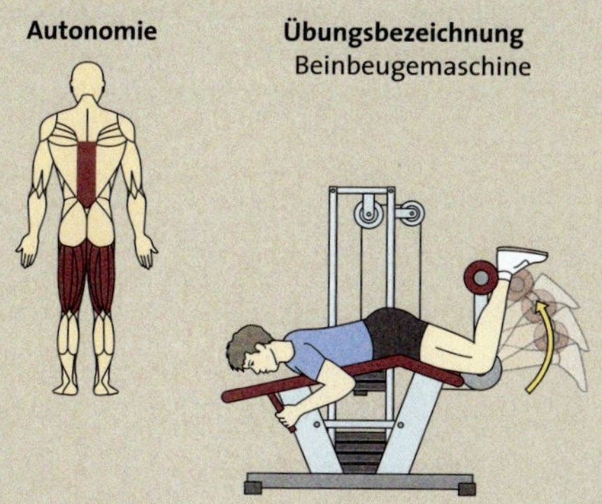	Die Füße sind hinter den Polstern. Gegen den Widerstand werden die Beine in Richtung Gesäß angezogen. Alternativ kann diese Übung auch im Stehen oder im Sitzen an den entsprechenden Beinbeugemaschinen durchgeführt werden.	• Mm. ischiocrurales • M. sartorius • M. gracilis • M. gastrocnemius (nur in der Anfangsphase)
Adduktorenmaschine 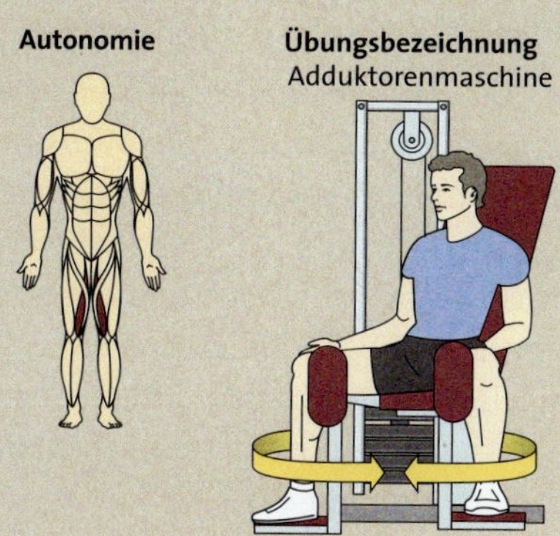	Die Beine drücken gegen den Widerstand nach innen.	• M. adductor magnus • M. adductor brevis • M. adductor longus • M. semimenbranosus • M. iliopsoas • M. pectineus • M. gracilis
Abduktorenmaschine 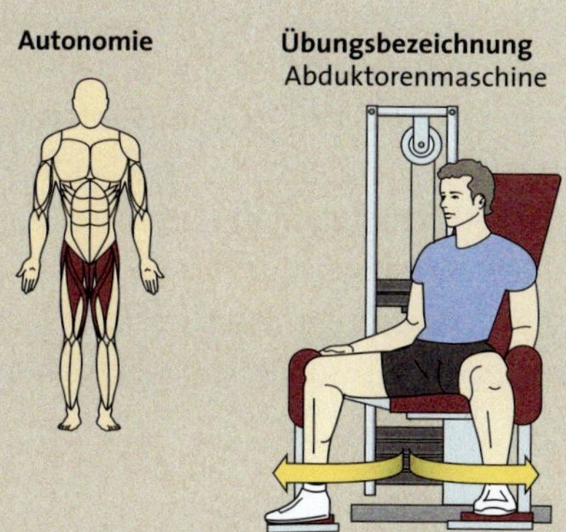	Die Beine drücken gegen den Widerstand nach außen.	• M. glutaeus medius • M. glutaeus maximus • M. glutaeus minimus • M. rectus femoris • M. tensor fasciae latae • M. sartorius

Als Pendant zu den Komplexübungen des Rumpfs und den oberen Extremitäten bieten sich für das Gesäß bzw. die unteren Extremitäten die *Beinpresse* und die weitgehend antagonistisch wirkende Übung *Beinbeugen* an.

Werden diese Übungen mit einem Training der Bauchmuskulatur und dem geraden Rückenstrecker verbunden, hat man somit bereits eine schöne Übungskombination für den gesamten Körper. Besonders vorteilhaft erweist sich bei diesen Übungen, dass sie die einzelnen Muskeln stets in ihrer funktionellen und damit natürlichen Kette trainieren.

3.2.4 Trainingsmethoden des Ausdauertrainings

Ausdauer wird **definiert** als die Fähigkeit, eine sportliche Belastung physisch und psychisch möglichst über einen langen Zeitraum aufrechtzuerhalten und/oder sich nach sportlichen Belastungen rasch zu erholen.
Ausdauer = Ermüdungswiderstandsfähigkeit + schnelle Erholungsfähigkeit

Aus Sicht des Trainingsziels wird zwischen der allgemeinen Ausdauer (Grundlagenausdauer = GlA) und der spezifischen Ausdauer (spA) unterschieden. Während sich die spezifische Ausdauer primär an sportartspezifischen Bewegungsanforderungen im Leistungssport orientiert, dient die Grundlagenausdauer grundsätzlich der Förderung von Gesundheit und Fitness sowie als Grundlage für ein sich eventuell anschließendes spezifisches Ausdauertraining.

Wo das spezielle Ausdauertraining an die ihm zu Grunde liegende Sportart gebunden ist, kann die Grundlagenausdauer mit den im Fitness-Studio gängigen Ausdauergeräten wie z. B. Laufband, Rudergerät, Crosstrainer oder Stepper trainiert werden. Aber auch studiounabhängige Sportarten wie Schwimmen, Wandern, Skilanglauf oder Nordic Walking sind beim Training der Grundlagenausdauer vorstellbar. Als Trainingsmethoden dienen hierbei die ***Dauermethode***, die ***Intervallmethode***, die ***Wiederholungsmethode*** und die ***Wettkampfmethode***. Da im Fitness-Studio jedoch hauptsächlich Methoden zur Förderung der Grundlagenausdauer, d. h. Dauer- und Intervallmethoden, eingesetzt werden, wird der Schwerpunkt hier auf diese Methoden gelegt. Besonders die extensive Dauermethode und die extensive Intervallmethode sind im Hinblick auf ihre Wirkungen im Gesundheits- und Fitness-Sport hervorzuheben. So zielen diese Methoden primär auf eine Steigerung der Ausdauerleistungsfähigkeit und damit höherer Belastungsverträglichkeit, eine Verkürzung der Regenerationszeit nach einer Belastung und der Vorbeugung von Verletzungen ab.

Welche Auswirkungen hat aber ein Ausdauertraining für den Körper und unter welchen Voraussetzungen darf es keinesfalls trainiert werden? Diese Fragen werden im Folgenden zuerst beantwortet. Bevor dann aber auf die Methoden des Ausdauertrainings im Einzelnen eingegangen wird, wird noch ein Überblick über die Wiederherstellung (Resynthese) von Energie im Körper gegeben. Von der Tatsache ausgehend, dass ATP (Adenosintriphosphat) die einzige Energiequelle des Körpers ist – die allerdings nach ein bis zwei Sekunden verbraucht ist – soll veranschaulicht werden, dass es in Abhängigkeit der Intensität und Dauer der Belastung verschiedene Möglichkeiten der Wiederherstellung des ATP gibt. Das Verständnis über die Resynthese des ATP ist eine notwendige Voraussetzung, um die Trainingsauswirkungen der verschiedenen Methoden des Ausdauertrainings nachvollziehen zu können.

Nachfolgende Tabelle gibt eine Übersicht der gängigen Einteilung von Ausdauer:

Einteilungskriterium	Ausdauerart
Umfang der beteiligten Muskulatur	• allgemein (> 1/6–1/7 der gesamten Muskulatur) • lokal
Art der vorrangigen Energiebereitstellung	• aerob (ausreichend O_2) • anaerob (O_2-Mangel)
Arbeitsweise der Skelettmuskulatur	• dynamisch (Wechsel von Aktion und Pause) • statisch (Daueraktion)
Zeitdauer	• Kurzzeit-Ausdauer (KZA): 35–120 sec • Mittelzeit-Ausdauer (MZA): 2–10 min • Langzeit-Ausdauer (LZA) I: 10–35 min • Langzeit-Ausdauer (LZA) II: 35–90 min • Langzeit-Ausdauer (LZA) III: 90–360 min • Langzeit-Ausdauer (LZA) IV: über 360 min
Zusammenhang mit den weiteren motorischen Fähigkeiten	• Kraft-Ausdauer: 30–80%iger Maximalkraftanteil • Schnellkraft-Ausdauer: explosive Bewegungsausführung • Schnelligkeits-Ausdauer: submaximale Geschwindigkeiten • Sprint-Ausdauer: maximale Geschwindigkeiten • Spiel-Ausdauer: variable Belastungsphasen
Sportartspezifische Trainingsziele der Ausdauer	• Grundlagen-Ausdauer (GlA): Grundlagen-Ausdauer, die auf keine spezifische Sportart ausgerichtet ist • spezielle Ausdauer (spA): spezielle Ausdauer, die an eine spezifische Sportart angepasst ist

Tab. 1 Arten und Typen der Ausdauer aus trainingsmethodischer Sicht

Wichtige Auswirkungen eines differenzierten Ausdauertrainings

Die Auswirkungen des differenzierten Ausdauertrainings lassen sich auf die Auswirkungen des Herz-Kreislauf-Systems und auf der zellulären Ebene unterteilen:

Auswirkungen des Ausdauertrainings auf das Herz-Kreislauf-System

In diesem Zusammenhang muss darauf hingewiesen werden, dass die Ermüdung der Muskelzelle davon abhängt, inwieweit die benötigte Energie auf dem aeroben Abbauweg der Nährstoffe gewonnen werden kann. Deshalb ist die maximale O_2-Aufnahme der entscheidende leistungslimitierende Faktor für alle länger andauernden Ausdauerbelastungen. Die maximale O_2-Aufnahme und Transportfähigkeit wiederum ist ausschließlich vom Herzminutenvolumen, d. h. von der Menge Blut, die das Herz pro Minute durch den Kreislauf pumpen kann, abhängig.

Herzminutenvolumen	=	**Herzfrequenz**	×	**Schlagvolumen**
(HMV)	=	**(HF)**	×	**(SV)**

- Die Herzschlagzahl pro Minute (Herzfrequenz) ist u. a. vom Lebensalter, vom Trainingszustand und von wechselnden Belastungen abhängig.

Die Normwerte der Herzfrequenz eines nicht Ausdauertrainierten betragen in Ruhe 60–80 HF/min.

Als Faustregel für die maximal erreichbare Herzfrequenz bei gesunden Erwachsenen gilt:

Maximal erreichbare Herzfrequenz = 220 – Lebensalter in Jahren

- Da sich auch trotz intensivstem Ausdauertraining die Obergrenze der Herzfrequenz nicht über 200/min hinausschiebt, lässt sich die Steigerungen des Herzminutenvolumens auf bis zu 40 Liter pro Minute auf die Erhöhung des Schlagvolumens zurückführen.
- Das Schlagvolumen ist diejenige Blutmenge in Milliliter, die das Herz während einer ↑ Systole in die Aorta pumpt. Es ist in erster Linie von der Herzgröße und damit von der Körpergröße eines Menschen abhängig.

Systole ↑ Seite 141

Das Schlagvolumen gesunder untrainierter Erwachsener liegt in Abhängigkeit der Körpergröße zwischen 60 und 90 ml.

Sportherz

Systematisch betriebenes Ausdauertraining führt zu einer Vergrößerung des Herzens, d. h. Vergrößerung des Herzvolumens (= *Sportherz*).

Während das Herzvolumen bei *untrainierten* Männern im Alter zwischen 20–30 Jahren ca. 700–800 ml und bei Frauen 400–600 ml beträgt, kann dieses Volumen durch Ausdauertraining sowohl bei Männern als auch bei Frauen auf 900–1200 ml gesteigert werden.

Die Herzvolumenzunahme weist dabei zwei Ursachen auf:

- *Hypertrophie*, d. h. Verdickung der Herzmuskelwand
- *Dilatation*, d. h. Erweiterung der Herzinnenräume

Die Fähigkeit, bei jedem Schlag ein hohes Schlagvolumen auszuwerfen, bringt für die Arbeitsweise des vergrößerten Sportherzens folgende Vorteile:

Verdoppelung des Herzminutenvolumens

Bei intensiver sportlicher Belastung kann der ausdauertrainierte Sportler sein Herzminutenvolumen trotz gleicher maximaler Herzfrequenz von 200/min gegenüber Werten eines gleichaltrigen, gleich großen untrainierten Menschen verdoppeln.

	SV/ml	×	HF/min	=	HMV/l pro min
Untrainiert	90	×	200	=	18
Ausdauertrainiert	180	×	200	=	36

Tab. 1 Vergleich des HMV bei Untrainierten und Ausdauertrainierten

Niedrigere Herzfrequenz in Ruhe
Die Schlagvolumenzunahme ermöglicht dem Sportherzen in Ruhe, das gleiche Herzminutenvolumen mit entsprechend niedrigerer Herzfrequenz zu fördern.

Energiesparung in submaximalen Belastungsbereichen
Ein ausdauertrainiertes Herz arbeitet mit geringerer „Umdrehungszahl" als ein untrainiertes Herz. Auch in submaximalen Belastungsbereichen wirkt sich die Schlagvolumenzunahme Energie sparend aus. Denn um ein Herzminutenvolumen von 16,2 Litern pro Minute zu fördern, benötigt ein Sportherz mit einem Schlagvolumen von 180 ml nur eine Herzfrequenz von 90 Schlägen pro Minute, ein normal großes Herz benötigt dagegen 180 Schläge pro Minute.

Bessere Durchblutung des Herzmuskels
Durch die ruhigere Gangart des Sportherzens hat das Herz mehr Zeit für die Sauerstoffversorgung der Herzmuskulatur.

Auswirkungen des Ausdauertrainings auf zellulärer Ebene (Muskelzelle):
- Die Zahl und Größe der Mitochondrien steigen an.
- Die Aktivität der Enzyme für die aerobe Energiegewinnung erhöht sich.
- Der Muskel verfügt über einen größeren Glykogenspeicher.
- Der Muskel kann bei submaximaler Belastung in größerem Umfang als beim Untrainierten Fettsäuren verbrennen und damit seine Glykogenspeicher schonen.
- Der Gehalt an energiereichen Phosphatverbindungen ist höher.

Ausdauertraining sollte keinesfalls betrieben werden bei:
- akuten Entzündungen oder Infektionen,
- Herzrhythmusstörungen, die durch Belastung ausgelöst und intensiviert werden,
- unbehandeltem erhöhtem Blutdruck,
- unbehandelter Hyperthyreose (Schilddrüsenüberfunktion),
- schweren chronischen oder dekompensierten Leber- und Nierenschäden,
- fortgeschrittenen Lungenerkrankungen.

ATP – Die einzige Möglichkeit des Körpers, Energie zu gewinnen

Die zentrale Rolle bei der Kontraktion der Muskelfaser spielt die Spaltung des Adenosintriphosphats (ATP) in Adenosindiphosphat (ADP) und anorganisches Phosphat (P) und Energie (E) (ATP $\rightarrow$ ADP + P + E). Nur die daraus frei werdende Energie kann unmittelbar zum Kontraktionsvorgang genutzt werden. Die übrigen Energie liefernden Prozesse dienen dem fortlaufenden Wiederaufbau (Resynthese) von ATP.

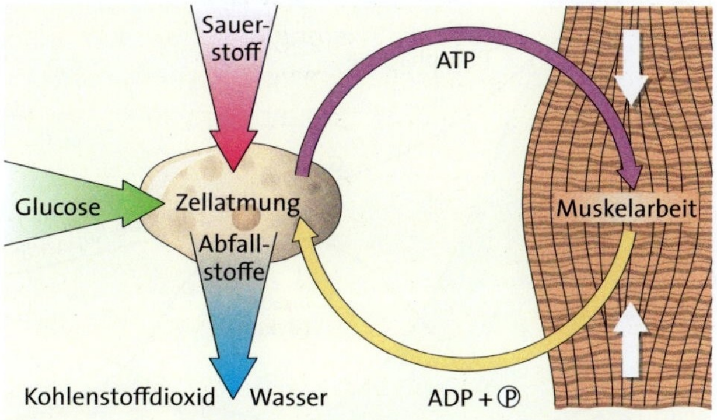

Abb. 1 *Energiegewinnung am Beispiel der aeroben Glykolyse*

ATP ist die einzige Energiequelle unseres Körpers! Da diese Quelle nur für ca. 1–2 Sekunden ausreicht, muss sie ständig erneuert, d. h. wieder hergestellt werden. Hierfür stehen dem Körper jedoch verschiedene energiereiche Verbindungen zur Verfügung.

Schematisch lassen sich diese Prozesse in vereinfachter Form wie folgt darstellen:

Resynthese (Wiederherstellung) von ATP			
Anaerob (= ohne O_2) mit:		Aerob (= mit O_2) mit:	
Kreatinphosphat (KrP)	**Glukose**	**Glukose**	**Fettsäuren**
Herstellung von ATP mit Hilfe von Kreatinphosphat (KrP) ohne Hilfe von O_2; hierbei entsteht keine Milchsäure (alaktazid)	anaerobe Glykolyse, d.h. Herstellung von ATP mit Hilfe von Glukose ohne O_2; hierbei entsteht Laktat (laktazid)	aerobe Glykolyse, d.h. Herstellung von ATP mit Hilfe von Glukose und O_2	aerobe Lipolyse, d.h. Herstellung von ATP mit Hilfe von freien Fettsäuren (FFS) und O_2
KrP + ADP → Kr + ATP	Glukose + P + ADP → Laktat + ATP	Glukose + P + ADP + O_2 → CO_2 + H_2O + ATP	freie Fettsäuren + P + ADP + O_2 → CO_2 + H_2O + ATP

Tab. 1 Vereinfachte Darstellung der Energienachschub-Reaktion für die ATP-Resynthese mit Schlüsselenzymen

Laktat (= Salz der Milchsäure) aus der anaeroben Glykolyse fällt zum einen bereits in Ruhe und zum anderen bei niedrigen Belastungsintensitäten in der Muskelzelle an und ist im Blut nachweisbar (Ruhewert 0,75–1,0 mmol Laktat/l Blut).

Zwar wird bei sportlichen Belastungen nicht nur ein Nachschubweg verwendet – vielmehr laufen alle Wege der Wiederherstellung des ATP gleichzeitig ab; doch lassen sich **Zeitabschnitte mit dominanter Energiebereitstellung** in Abhängigkeit ihrer Belastungsintensität abgrenzen. Die nachfolgend angeführte Grafik soll diesen Zusammenhang verdeutlichen.

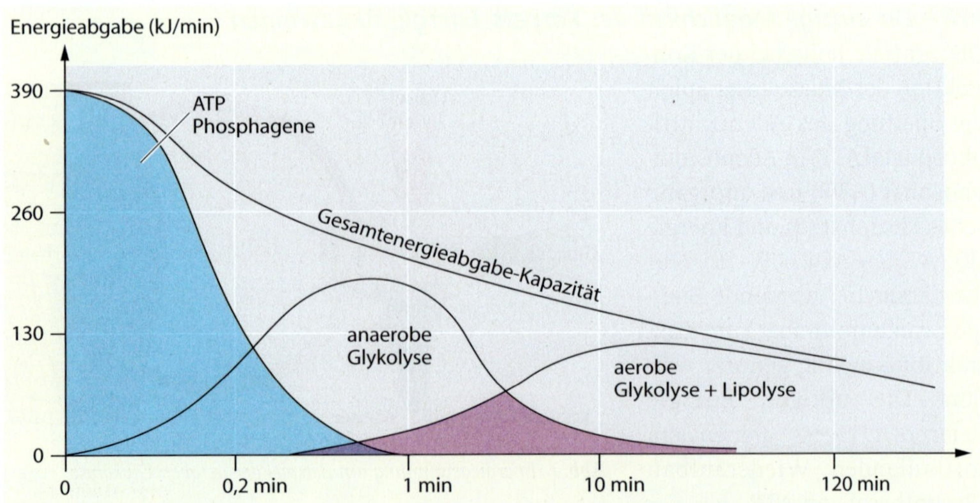

Abb. 1 Möglichkeiten der Energiebereitstellung bei maximaler Beanspruchung in Abhängigkeit der Zeit

Bei hohen Intensitäten:

- Im Zeitbereich unter 12 sec, ist der *Kreatinphosphatspeicher* ausschlaggebend ***für die Wiederherstellung des verbrauchten ATP*** (z. B. Kurzsprint, Gewichtheben).
- Ab ca. 25–120 sec dominiert die *anaerobe Glykolyse* und der aerobe Glykogenabbau gewinnt ***für die Wiederherstellung des verbrauchten ATP*** an Bedeutung (z. B. 100 m Schwimmen, 400 m Lauf).
- Zwischen 2 min und 10 min dominiert die *aerobe Glykogenverwertung*, aber auch der anaerob-laktazide Weg weist noch einen bedeutenden Anteil ***für die Wiederherstellung des verbrauchten ATP*** auf (z. B. 5000 m Eislauf, 1500 m Lauf).
- Mit mehr als 10 min dominiert der aerobe Weg zunächst einmal mit der *Glykogenverbrennung* und ab 45–60 min steigt die *Fettverbrennung* an. Der anaerob-laktazide Weg wird auch weiterhin (in geringem Prozentsatz) ***für die Wiederherstellung des verbrauchten ATP*** in Anspruch genommen (z. B. Marathon, Biathlon).

In diesem Zusammenhang soll noch auf die Laktatschwellen (aerobe Schwelle und anaerobe Schwelle) eingegangen werden, die als Indikator der Ausdauerleistungsfähigkeit und als Maß zur Belastungssteuerung im Ausdauertraining herangezogen werden.
Die **aerobe Schwelle** (AS) < 2 mmol Laktat/l Blut stellt die Grenze der rein aeroben Energiebereitstellung dar. Im aerob-anaeroben Übergang, 2–4 mmol Laktat/l Blut, halten sich Laktatanreicherung und Laktatelimination die Waage. Es liegt ein Laktatgleichgewicht vor, solange die vorliegende Belastungsintensität nicht gesteigert wird.
Die **anaerobe Schwelle** (ANS > 4 mmol Laktat/l Blut) wird als die obere Grenze für ein Laktatgleichgewicht bezeichnet. Um Belastungsintensitäten jenseits der ANS aufrechtzuerhalten, ist eine laktazide Energieproduktion im höheren Anteil notwendig. Wird die eingeschlagene Intensität aufrechterhalten, steigt der Blutlaktatspiegel laufend weiter an und führt unweigerlich zu einer Übersäuerung der Muskulatur. Der Schwellenlaktatwert von 4 mmol Laktat/l Blut kann aber nicht so ohne weiteres zur Steuerung der Belastungsintensität im Training dienen, da er sich in Abhängigkeit der Trainingsleistung verändert. So haben Untrainierte eine höhere Schwelle (5–6 mmol Laktat/l Blut) und Hochausdauertrainierte nicht selten deutlich unter 4 mmol Laktat/l Blut.

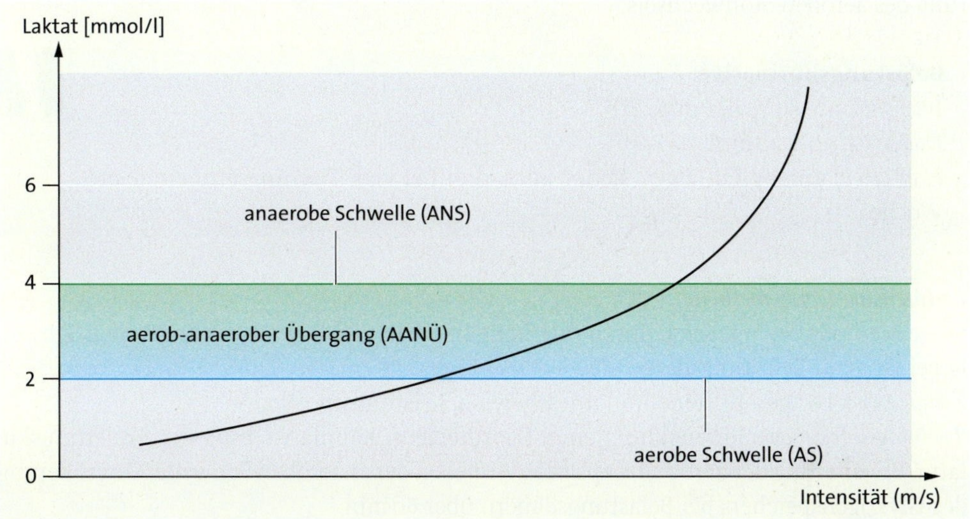

Abb. 1 *Laktatleistungskurve mit Laktat-Schwellenbereichen.*

Methoden des Ausdauertrainings

Im Gesundheits- und Fitnessbereich überwiegen die Dauer- und Intervallmethoden. Diese Ausdauermethoden werden in der nachstehende Tabelle näher erläutert. Dass sich die Beispiele rein auf die Bewegungsform des Laufens beziehen, soll nicht verunsichern. Selbstverständlich sind die verschiedenen Methoden des Ausdauertrainings auch auf alle anderen im Fitness-Studio vorkommenden Ausdauergeräte wie z.B. Crosstrainer, Rudergerät, Fahrrad oder Stepper übertragbar.

	Dauermethode		Intervallmethode		Wiederholungsmethode	Wettkampf-Methode
Energiebereitstellung	eher aerob		aerob – anaerober Wechsel		u.U. stark anaerob	wettkampfspezifisch
Intensität	extensive (niedrig)	intensive (hoch)	extensive	intensive	(intensive)	(intensive)
Beispiele	• gemütlicher Dauerlauf	• anstrengender Dauerlauf	• gemütlicher Intervalldauerlauf	• anstrengender Intervalldauerlauf • Fahrtspiel	• Tempoläufe • Hügelläufe • Sprungläufe	• Test- und Kontrollläufe

Tab. 1 *Methoden des Ausdauertrainings*

Dauermethoden

Die Dauermethoden sind durch lange Belastungsdauern bei gleich bleibenden Intensitäten gekennzeichnet. In Abhängigkeit von der Intensität wird zwischen der extensiven und der intensiven Dauermethode unterschieden.

Fettstoffwechseltraining darf keinesfalls mit Fettabbau bzw. Abnehmen verwechselt werden. Es bedeutet lediglich, dass der Körper in der Lage ist, verstärkt Fett als Energieträger zu verwenden. Bei den hier verwendeten Fetten handelt es sich allerdings um Muskelfett. Es ist offensichtlich, dass das Fettstoffwechseltraining auch positive Effekte im Hinblick auf die Gewichtsreduktion hat.

- ***Extensive Dauermethode***

Charakteristisch für diese Methode ist ihre geringe Intensität im Bereich der aeroben Schwelle in Verbindung mit einer längeren konstanten Belastungsdauer.

Zielgruppen: Gesundheits- und Fitnesstraining (30–60 min), Regenerationsbeschleunigung (20–40 min), **Fettstoffwechseltraining** (> 60 min)

Trainingswirkungen: Ökonomisierung der Herz-Kreislauf-Arbeit, Kapillarisierung, Optimierung des aeroben Stoffwechsels

> **Belastungsnormative:**
> *Intensität:* 60–80 % der max. HF
> *Dauer:* ca. 30–120 min
> *Häufigkeit:* anfänglich zwei, später auch drei bis vier Trainingseinheiten pro Woche

*Die **aerobe Kapazität** ist als Kriterium der Leistungsfähigkeit von Herz, Kreislauf, Atmung und Stoffwechsel zu sehen. Sie erstreckt sich auf die maximale Sauerstoffaufnahme (VO_2 max.) und die Höhe der anaeroben Schwelle (% VO_2 max.).*

- ***Intensive Dauermethode***

Diese Methode zeichnet sich durch ihre hohe Intensität im Bereich der anaeroben Schwelle bei längerer Belastungsdauer aus.

Zielgruppen: Fortgeschrittene im Fitnessbereich, Leistungssportler

Trainingswirkungen: Entwicklung eines Sportherzens, Kapillarisierung der Skelettmuskulatur, Erweiterung der **aeroben Kapazität**, Anheben der anaeroben Schwelle, Vergrößerung des Glykogenspeichers bei Belastungsdauern über 60 min.

Belastungsnormative:
Intensität: > 80 % max. HF, Untrainierte: HF ca. 140–150/min
Durchschnitt: HF ca. 170–175/min, Hochtrainierte: HF ca. 180–190/min
Dauer: 30–60 min
Häufigkeit: zwei- und höchstens dreimal in der Woche, da sonst die Zeit für die Wiederauffüllung der Glykogenspeicher zu kurz ist.

Intervallmethoden

Die Intervallmethoden sind durch ihre lohnenden Pausen gekennzeichnet. Lohnende Pausen bedeutet, dass die Pausen nach einer Belastung nicht ausreichen, um eine vollständige Erholung zu erwirken. Die Intervallmethoden können – genau wie die Dauermethoden – in extensive und intensive Intervallmethoden unterschieden werden. Wie auch die extensive Dauermethode ist die extensive Intervallmethode für die Zielsetzungen im Gesundheits- und Fitnessbereich geeignet.

- ***Extensive Intervallmethode***

Diese Methode zeichnet sich durch ihre leichten bis mittleren Intensitäten im Bereich der anaeroben Schwelle bei längerer wechselnder Belastungsdauer aus.
Zielgruppen: Gesundheits- und Fitnesstraining (30–60 min)
Trainingswirkungen: Ökonomisierung der Herz-Kreislauf-Arbeit, Kapillarisierung, Optimierung des aeroben Stoffwechsels, Verbesserung des Laktatabbaus

Belastungsnormative:
Intensität: 50–75 % der max. HF
Dauer: 1–3 min
Dichte „lohnend": 1–3 min
Umfang: 6–15 Belastungen
Häufigkeit: anfänglich zwei, später auch drei bis vier Trainingseinheiten pro Woche

- ***Intensive Intervallmethode***

Die intensive Intervallmethode zeichnet sich durch ihre submaximal bis fast maximalen Intensitäten, d. h. im anaeroben Bereich bei kurzer wechselnder Belastungsdauer, aus.
Zielgruppen: Fortgeschrittene im Fitnessbereich, Leistungssportler
Trainingswirkungen: Erhöhung der Laktattoleranz, Erweiterung der anaerob-laktatziden Kapazität, Verbesserung der Umstellungsfähigkeit zwischen anaerober und aerober Energiebereitstellung

Belastungsnormative:
Intensität: 80–95 % der max. HF
Dauer: 10 sec–3 min.
Dichte: „lohnend": 1–3 min Intervallpause bei 7–12 min Serienpause
Umfang: 9–15 Belastungen in 3–4 Serien
Häufigkeit: höchstens zweimal pro Woche wegen der benötigten Regenerationszeit

Wiederholungsmethode

Die Wiederholungsmethode ist durch ein wiederholtes Absolvieren einer gewählten Strecke nach jeweils vollständiger Erholung mit möglichst maximaler Geschwindigkeit gekennzeichnet.
Ihre Zielsetzung liegt besonders in der Verbesserung der speziellen Ausdauer, wobei die Trainingswirkung von der Belastungsdauer abhängig ist.

Wettkampfmethode

Bei der Wettkampfmethode wird eine „dichte" Wettkampffolge simuliert. Durch eine vertiefte Ausschöpfung der **Funktionspotenziale** und über eine nachfolgende längere Erholungsphase soll eine Anpassung auf höherem Niveau erreicht werden. Die Wirkung des Trainings ist sehr komplex und spezifisch. Es sollen u. a. Wettkampferfahrung, -härte als auch taktisches Studium der „Gegner" gefördert werden.

*Als **Funktionspotenzial** wird das Arbeitsvermögen eines Organsystems bzw. Systemkomplexes als Ergebnis von Anpassungsprozessen bezeichnet. Es ist maßgebend für das aktuelle individuelle Leistungsniveau (vgl. hierzu Grosser, Starischka, Zimmermann 2004, S. 130).*

3.2.5 Trainingsmethoden des Beweglichkeitstrainings

Bei der Frage, welche Trainingsmethode des Beweglichkeitstrainings die richtige sei, scheiden sich nach wie vor die Geister. Es stehen sich hierbei statische und dynamische Methoden gegenüber. Legt man in diesem Zusammenhang die gängige Sportpraxis zu Grunde, kristallisiert sich das *Stretching* – eine statische Trainingsmethode – als die verbreitetste Methode heraus. Bei der Darstellung der Auswirkungen des Beweglichkeitstrainings und den vorgestellten Übungen wird dieser Tatsache Rechnung getragen.
Mittels der nachfolgenden Ausführungen soll aber zunächst einmal gezeigt werden, was Beweglichkeit eigentlich ist und welche Auswirkungen ein Beweglichkeitstraining auf den Körper hat. Anschließend wird noch auf die Frage eingegangen, was bei der richtigen Durchführung des Stretchings beachtet werden sollte, bevor abschließend die Übungen vorgestellt werden.
Weineck (2003) definiert Beweglichkeit als

> Fähigkeit und Eigenschaft des Sportlers, Bewegungen mit großer Schwingungsweite selbst oder unter dem unterstützenden Einfluss äußerer Kräfte in einem oder in mehreren Gelenken ausführen zu können. **!**

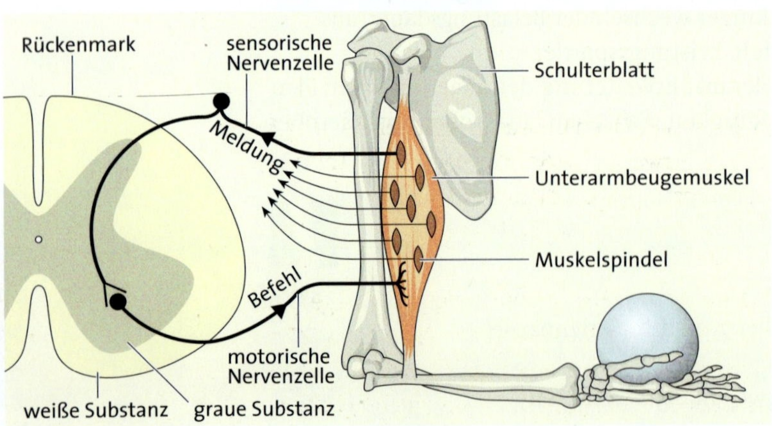

***Abb. 1** Neuromuskuläre Steuerung der Körperhaltung*

Im Mittelpunkt der Beweglichkeit steht dabei das Arthron, das die kleinste funktionelle und reflektorische Einheit des Bewegungsapparats darstellt. Das Arthron besteht aus dem Gelenk, der gelenkbewegenden Muskulatur und dem zentralen Nervensystem, das für die Steuerung und Kontrolle der Bewegung verantwortlich ist (vgl. Knebel 2005).

Wichtige Auswirkungen eines differenzierten Stretchings

Die aufgeführten Auswirkungen des Beweglichkeitstrainings beziehen sich primär auf die Methode des Stretchings. Um allerdings von den möglichen Auswirkungen des Stretchings wie z. B. dem Entgegenwirken von Muskelverkürzungen zu profitieren, muss das Stretching langfristig betrieben werden. U. a. sind folgende Auswirkungen des Stretchings bekannt:

- *Verletzungsprophylaxe*

Stretching verbessert langfristig die arthro-funktionellen Beziehungen und damit auch die Koordination im entsprechenden Gelenk. Es wird davon ausgegangen, dass Stretching mit einem geringeren Verletzungsrisiko einhergeht.

- *Muskelkater*

Es gibt kein Mittel, Muskelkater zu verhindern, da Muskelkater immer ein Überbeanspruchungssignal des Muskels nach einer ungewohnten oder zu starken Belastung ist. Beim Muskelkater handelt es sich um kleinste Risse der elastischen, bindegewebigen Muskelbestandteile. Ein Muskelkater muss nach einem Zeitraum von drei bis fünf Tagen wieder verschwunden sein. Wenn Stretching langfristig und regelmäßig betrieben wird, hat dies positive Auswirkungen auf die Intensität und Dauer eines Muskelkaters. Durch Stretching wird der Stoffwechsel im Muskel angeregt und der Heilungsprozess somit beschleunigt.

- *Muskeltonus*

Unter Muskeltonus wird die Spannung des Muskels in Ruhe bezeichnet. Durch ein Stretching kann die Grundspannung des Muskels herabgesetzt werden.

- *Muskelverkürzungen*

Stretching wird in der Physiotherapie als Therapieform gegen selbst verschuldete Muskelverkürzungen eingesetzt. Um einen Erfolg festzustellen, ist der verkürzte Muskel über einen Zeitraum von einigen Monaten mit mindestens drei Trainingseinheiten pro Woche jeweils in drei Sätzen über 10–30 Sekunden zu stretchen.

- *Stressbewältigung*

Regelmäßiges Dehnen nach psychischen Belastungen kann den Körper wieder „runterbringen". Der stete Wechsel von Anspannung, Entspannung und Dehnung, wie er z. B. bei der progressiven Muskelrelaxation nach Jacobsen verwirklicht wird, trägt zur psychischen Entspannung bei.

- *Regenerationsfähigkeit*

Stretching unterstützt die Wiederherstellung der muskulären Leistungsfähigkeit nach Trainings- und Wettkampfbelastungen. Es sollte idealerweise 30–60 min nach dem Training durchgeführt werden, um die Regenerationsprozesse im Muskel zu unterstützen.

- *Körpererfahrung*

Gerade im Gesundheits- und Fitnessbereich kann Stretching auch als eigenständige Trainingsmethode zur Förderung der Körpererwahrnehmung eingesetzt werden. Denn Stretching trägt dazu bei, die Stärken und Schwächen des Körpers zu erfahren, weil die Übenden während des Trainings gleich ein Feed-back über die Beweglichkeit des eigenen Körpers erhalten.

- ***Kraft-, Schnellkraft- und Schnelligkeitsleistungen***

Findet das Stretching im Leistungs- und Hochleistungssport unmittelbar vor Kraft-, Schnelligkeits- oder Schnellkraftleistungen wie z. B. dem Sprint statt, wirkt es auf Grund seiner tonussenkenden Eigenschaft auf die Leistung kontraproduktiv. Wird es dagegen im Rahmen des Aufwärmprogramms oder beim Abwärmen eingesetzt, hat es langfristig gesehen eine leistungsförderliche Wirkung.

Erscheinungsformen und Methoden des Beweglichkeitstrainings

In diesem Abschnitt werden die verschiedenen Methoden des Beweglichkeitstrainings vorgestellt. In Abhängigkeit der Arbeitsweise der Muskulatur kann zwischen den ***statischen*** und den ***dynamischen*** Dehnmethoden unterschieden werden. Während sich die dynamischen Dehnmethoden durch schwingende und wippende Bewegungsformen auszeichnen, werden die Bewegungsformen der statischen Dehnmethoden unter dem Überbegriff des Stretchings zusammengefasst (vgl. Grosser et al. 2004).
Beide Dehnmethoden können sowohl aktiv als auch passiv durchgeführt werden. Bei der aktiven Ausführung wird der Dehneffekt beim Agonisten durch die Kontraktion des Antagonisten hervorgerufen. Hingegen wird bei der passiven Ausführung der Dehnungseffekt durch den Einfluss äußerer Kräfte, wie z. B. der Zuhilfenahme der Hände, eines Partners, der Schwerkraft oder anderer Hilfsmittel, ausgelöst.

Neben den beiden statischen Dehnmethoden kann auch die Anspannungs-Entspannungs-Dehnmethode als Sonderform des Stretchings gesehen werden.
Wird ganz allgemein von Stretching gesprochen, ist damit die passiv statische Dehnmethode gemeint.

Dehnmethoden			
Statische Dehnmethoden		Dynamische Dehnmethoden	
aktiv	passiv	aktiv	passiv
Dehnung durch Kontraktion des Antagonisten des zu dehnenden Muskels	Dehnung durch Einhaltung der Dehnungsposition über einige Sekunden	Dehnung durch wiederholt schwingende oder federnde Bewegungen	Dehnung durch wiederholt schwingende oder federnde Bewegungen mit passiver Unterstützung
Stretching	Stretching im eigentlichen Sinne	Schwunggymnastik	Schwunggymnastik

Tab. 1 Dehnmethoden

- ***Aktiv statische Dehnmethode***

Bei dieser Stretchingmethode wird der zu dehnende Muskel zunächst einmal in die Ausgangsposition gebracht, bevor durch statische Kontraktion des Antagonisten die Dehnung ausgelöst wird. In Abhängigkeit der Kraft des Antagonisten kommt es nun zu einem entsprechenden Dehneffekt. Dieser Dehntechnik liegt das Phänomen der „reziproken Hemmung des Agonisten“ zu Grunde. Über nervliche Verschaltungen löst die Anspannung des Antagonisten im Agonisten (dem Muskel, der gedehnt werden soll) eine Entspannung aus, sodass dieser über sein bisheriges Amplitudenmaß hinaus gedehnt wird.

Problematisch erweist sich bei dieser Methode, dass sie auf Grund ihrer Komplexität erst bei entsprechender Erfahrung und entsprechendem Körpergefühl richtig ausgeführt werden kann. Auch ist die Anwendung dieser Dehnmethode auf diejenigen Muskelgruppen begrenzt, bei denen eine statische Kontraktion gegen den Dehnwiderstand möglich ist. Muskeln, bei denen diese Methode gut funktioniert, sind die Beuger und Strecker des Ober- und Unterschenkels sowie des Oberarms.

Durchführung des aktiv statischen Dehnens:

1. Einnehmen der Ausgangsposition
2. Dehnung des Agonisten durch Kontraktion des Antagonisten über 5–7 sec
3. Auflösung der Kontraktion und Beibehaltung der Dehnposition über weitere 10–30 sec
4. Zur Verbesserung der Beweglichkeit finden jeweils zwei bis drei Sätze statt.

- *Passiv statische Dehnmethode*

Wie einleitend bereits angeführt, nimmt die passiv statische Dehnmethode innerhalb der Stretchingmethoden eine zentrale Rolle ein. So erweist sich diese Methode sowohl im Gesundheits- und Fitnessbereich als auch im Breiten- und Leistungssport als effektiv und einfach durchzuführen.
Beim Stretching wird der Muskel in einer langsamen Bewegung bis zum möglichen Endanschlag passiv gedehnt, ohne dass Schmerzen entstehen. Wird die gewählte Position als unangenehm empfunden oder verursacht sogar Schmerzen, muss der Bewegungsausschlag und somit die Spannung entsprechend verringert werden. Der Muskel wird in Abhängigkeit des intendierten Ziels 7–30 Sekunden in der Endposition gehalten. Beim Dehnen im Rahmen des Aufwärmprogramms reichen 7–10 Sekunden, wohingegen beim Abwärmen oder Dehnen zum Längengewinn 20–30 Sekunden lang gedehnt werden sollte. Das Dehnungsausmaß ist dann richtig dosiert, wenn während der gehaltenen Dehnung das Spannungsgefühl nachlässt.

Durchführung des passiv statischen Dehnens:

1. Passives Einnehmen der Dehnposition (leichtes Ziehen, Spannungsgefühl im Muskel) durch Partner, Schwerkraft oder Gerät
2. Halten der Dehnposition über 7–30 sec
3. Langsames Auflösen der Dehnposition, auslockern

- *Anspannungs-Entspannungs-Dehnen (AED) auch: postisometrische Relaxation:*

Bei der Anspannungs-Entspannungs-Methode geht dem Dehnvorgang – im Unterschied zu der passiv statischen Dehnmethode – eine isometrische Kontraktion des zu dehnenden Muskels voraus. Dadurch werden die Sehnenfühler (Golgi-Organe) des Muskels gehemmt, was zu einer Tonussenkung unter das Ausgangsniveau führt (postisometrische Relaxation). Die passiv statische Dehnung muss direkt im Anschluss an die Kontraktion erfolgen, da der Effekt bereits nach wenigen Sekunden schon wieder nachlässt. Dieses Wechselspiel kann mehrmalig wiederholt werden.

*Bei der Progressiven **Relaxation** nach Jacobson handelt es sich um ein Verfahren, bei dem durch die willkürliche und bewusste An- und Entspannung bestimmter Muskelgruppen ein Zustand tiefer Entspannung des ganzen Körpers erreicht wird.*

Es ist dabei jedoch darauf zu achten, dass jegliches Zerren, Wippen und ruckartiges Bewegen unbedingt vermieden werden muss, da dadurch die Muskelspindeln erregt werden und eine Kontraktion an den gedehnten Muskeln ausgelöst würde. Die Methode ist auch unter dem Namen „CHRS"-Methode (Contract-Hold-Relax-Stretch) bekannt.

Durchführung des Anspannungs-Entspannungs-Dehnens

1. Einnehmen der Dehnstellung
2. Isometrische Kontraktion des zu dehnenden Muskels (ggf. gegen Widerstand) über 6–10 sec.
3. Auflösen der Spannung
4. Sofortiges Erweitern der passiv statischen Dehnstellung, bis ein leichter Dehnschmerz zu spüren ist
5. Halten der Dehnposition über 10–30 sec.
6. Zwei- dreimaliges Wiederholen von 1–5

- *Aktiv und passiv dynamische Dehnmethode*

Die aktiv und passiv dynamischen Dehnmethoden sind durch schwingende und wippende Bewegungsausführungen mit und ohne passive Unterstützung gekennzeichnet. Durch diese dynamischen Bewegungsausführungen soll der Gelenkwinkelabstand und damit die Bewegungsamplitude vergrößert werden. Diese Vorstellung ist allerdings sehr kritisch zu hinterfragen. So wirken bei kurzen, kräftigen und dynamischen Zugspannungen der Dehnung Reflexe entgegen, die eine Gegenspannung erzeugen. Diese reflektorische Gegenspannung, die letztlich nur ein Schutz des Muskels vor unphysiologischen Bewegungsausführungen ist, wirkt umso stärker, je schneller und heftiger die „Dehnung" vollzogen wird. Auch die sehr kurze Zeitdauer der Dehnung spricht gegen einen Adaptionsprozess der zu einer Längenänderung führen soll.
Sprinter setzen diese Methode dagegen kurz vor einem Start, z.B. mit schnell durchgeführten Rumpfvorbeugen gezielt ein. Die dadurch erreichte Muskeltonussteigerung wirkt bei schnellkräftigen Leistungen reaktionszeitverkürzend.

Hinweise für die Durchführung des Stretchings

- Grundsätzlich ist zu beachten, dass der zu dehnende Muskel stets entlastet wird. Ein belasteter Muskel würde zu einer Kontraktion und damit einhergehendem Spannungsaufbau führen. Wird jetzt aus dieser Situation heraus versucht den Muskel zu dehnen, wirkt die Kontraktion der Dehnung entgegen.
- Ein Dehnprogramm im Rahmen des Aufwärmens soll die Muskulatur auf die folgenden Bewegungen vorbereiten und die Verletzungsgefahr minimieren. Es gilt also nur, die Muskeln zu dehnen, die bei der nachfolgenden Belastung eingesetzt werden oder erfahrungsgemäß Beschwerden bereiten.
- Die Intensität, mit der die unterschiedlichen Muskeln gedehnt werden, kann variieren. Wird im Rahmen des „Kontrolldehnens" festgestellt, dass die Muskeln problemlos die gewünschte Beweglichkeit erreichen, kann auf weitere Dehnreize verzichtet werden.
- Zur effektiven Ausführung sollte die Reihenfolge des Dehnprogramms bei gleichen Belastungen standardisiert ablaufen. Hierbei ist zu beachten, dass die Beuger, die auf Grund ihrer geringeren Beanspruchung traditionell schwächer als die Strecker ausgebildet sind, zuerst gedehnt werden sollten.

- Am Beispiel eines Läufers soll die Reihenfolge eines möglichen Dehnprogramms vorgestellt werden:
  1. Waden (M. triceps surae) im Stehen
  2. Adduktoren (M. adductor longus, magnus und brevis sowie M. gracilis und M. pectineus) im Stehen oder Sitzen
  3. Abduktoren (M. glutaeus maximus, medius und minimus, M. tensor fasciae latae) im Sitzen
  4. Oberschenkelrückseite (M. ischiocrurales) im Liegen
  5. Hüftbeuger (M. iliopsoas, M. rectus femoris) im Knien
  6. Oberschenkelvorderseite (M. quadriceps) im Knien
  7. Mobilisation der LWS im Liegen

Sollen auch noch der Oberkörper und die oberen Extremitäten im Dehnprogramm berücksichtigt werden, könnte das Programm des Läufers wie folgt ergänzt werden:

8. Brustmuskel (M. pectoralis major) im Stehen
9. Kapuzenmuskel (M. trapezius) und die Zwischenschulterblattmuskulatur
10. Kapuzenmuskel (M. trapezius) und der Schulterblattheber (M. levator scapulae)
11. Ellbogenstrecker (M. triceps)
12. Handgelenkbeuger

Das Dehnprogramm könnte z. B. beim Aufwärmen zur Vorbereitung des Hauptteils oder als Zirkel mit drei Durchgängen und Stretchingeinheiten zu jeweils 20 Sekunden als eigenständiges Beweglichkeitstraining im Hauptteil durchgeführt werden. Besonders beim Fitness- und Gesundheitstraining und zum Erhalt der Beweglichkeit im Alter sollte es im Fitness-Studio in den Trainingsplan integriert werden. Im Rahmen des Cool-downs könnte ein Stretching zur Regenerationsbeschleunigung eingesetzt werden.

Dehnübungen

Wadenmuskulatur (M. triceps surae)

Ausgangsposition: s. Abb. 1
In einer leichten Schrittstellung wird das Körpergewicht auf das vordere Bein verlagert. Das hintere Bein ist dabei völlig entspannt und tippt nur auf dem Stepper (oder entsprechendem Hilfsmittel) mit dem Vorderfuß auf.
Bewegung: Unter Beibehaltung des Körpergewichts auf dem vorderen Fuß wird die Ferse des zu dehnenden Beins nach unten gedrückt.
Endposition: s. Abb. 2
Wirkung: Durch die maximale Beugung des oberen Sprunggelenks ist diese Dehnübung für die gesamte Wadenmuskulatur (M. gastrocnemius und M. soleus) geeignet.
Beachte: Bei der Übungsausführung darf das Körpergewicht niemals auf das zu dehnende Bein verlagert werden. Hierbei würde es sich nicht um eine Dehnung, sondern um eine exzentrische Arbeitsweise handeln. Eine gleichzeitige Dehnung mit beiden Waden ist also nicht möglich.

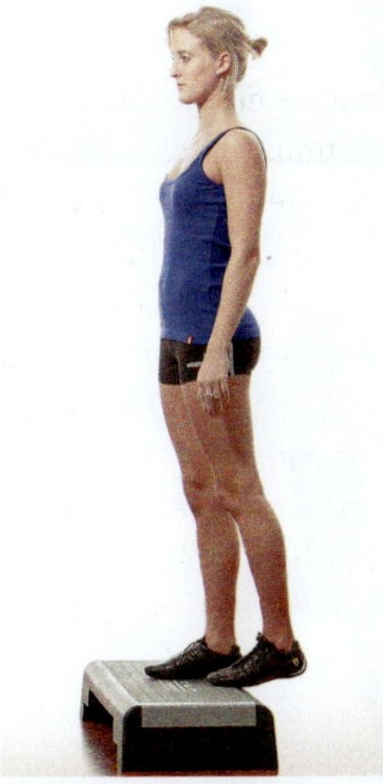

Abb. 1 *Dehnung Wadenmuskulatur Anfangsposition*

Abb. 2 *Dehnung Wadenmuskulatur Endposition*

Oberschenkelrückseite (Mm. ischiocrurales) und Wadenmuskulatur (M. triceps surae)
Ausgangsposition: s. Abb. 1
Das zu dehnende Bein wird mit den Händen, die in der Kniekehle liegen, sanft in Richtung Brust gezogen. Das andere Bein liegt dabei völlig gestreckt auf dem Boden. Hat die dehnende Person ein starkes Hohlkreuz, kann das Bein zur Ausschaltung der Lendenlordose leicht angewinkelt werden.
Bewegung: Nun wird das angezogene Bein möglichst bis zur Senkrechten gestreckt.
Endposition: s. Abb. 2
Wirkung: Dehnung der Kniegelenkbeuger (Mm. ischiocrurales) und, wenn bei der Kniegelenkstreckung zusätzlich die Zehen angezogen werden (Dorsalflexion), der Wadenmuskulatur (M. triceps surae)

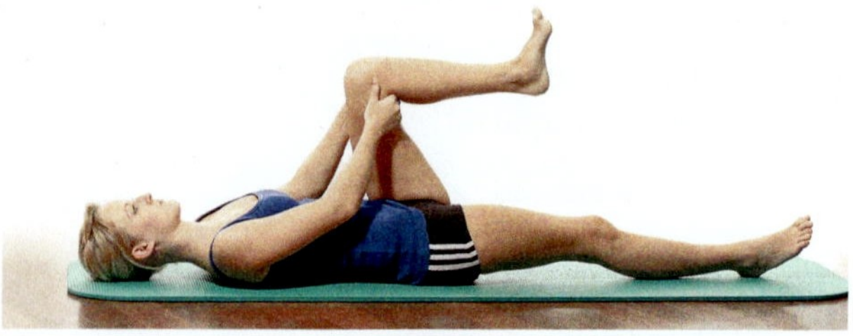

Abb. 1 *Dehnung Oberschenkelrückseite Ausgangsposition*

Abb. 2 *Dehnung Oberschenkelrückseite Endposition*

Abb. 3 *Dehnung Oberschenkelvorderseite Ausgangsposition*

Abb. 4 *Dehnung Oberschenkelvorderseite Endposition*

Oberschenkelvorderseite (M. quadriceps femoris)
Ausgangsposition: s. Abb. 3
Das zu dehnende Bein lagert zunächst auf einer weichen Unterlage. Das andere Bein wird ausreichend weit nach vorne gestellt, um einen sicheren Halt zu gewährleisten.
Bewegung: Nun wird das zu dehnende Bein mit Hilfe der Hand der gleichen Seite im Fußgelenk ergriffen und gegen das Gesäß gezogen.
Endposition: s. Abb. 4
Wirkung: Dehnung des Kniegelenkstreckers (M. quadriceps)
Beachte: Bei Gleichgewichtsproblemen ist es empfehlenswert, sich an einem Partner oder entsprechendem Hilfsmittel festzuhalten.
Treten Schmerzen im Knie auf, ist die Unterlage zu überprüfen und gegebenenfalls die Übung im Stehen auszuführen.

Adduktoren (M. adductor longus, M. adductor magnus, M. adductor brevis, M. gracilis, M. pectineus)
Ausgangsposition: s. Abb. 1
Seitgrätschstand, die Beine sind dabei etwas mehr als schulterbreit geöffnet. Durch das Festhalten mit den Händen an einer Hantelbank (oder sonstigem Hilfsmittel) wird ein stabiler Halt gesichert.
Bewegung: Aus dem Seitgrätschstand wird das Körpergewicht so lange auf die eine Seite verlagert, bis ein Dehnungsreiz erreicht wird.
Wirkung: Dehnung der Adduktoren (M. adductor longus, M. adductor magnus, M. adductor brevis, M. gracilis, M. pectineus)

Abb. 1 *Dehnung der Adduktoren im Seitgrätschstand Ausgangsposition*

Adduktoren (M. adductor longus, M. adductor magnus, M. adductor brevis, M. gracilis, M. pectineus)
Ausgangsposition: s. Abb. 2
Aufrechter Sitz, die Beine sind dabei angewinkelt und die Fußsohlen liegen aneinander.
Bewegung: Unter Beibehaltung des aufrechten Sitzes werden die Knie durch Anspannung der Oberschenkelaußenseite in Richtung Boden gedrückt.
Wirkung: Dehnung der Adduktoren (M. adductor longus, M. adductor magnus, M. adductor brevis, M. gracilis, M. pectineus)

Abb. 2 *Dehnung der Adduktoren im Sitzen Endposition*

Abduktoren (M. glutaeus maximus, medius und minimus, M. tensor fasciae latae)
Ausgangsposition: s. Abb. 3
Im aufrechten Sitz wird das eine Bein über das andere gestreckte Bein geschlagen.
Bewegung: Unter Beibehaltung des aufrechten Sitzes wird das aufgestellte Bein mit dem Arm der anderen Seite umschlungen und in Richtung der Körperseite des Armes gezogen. Während des Heranziehens des Beines kommt es zu einer Gegendrehung des Oberkörpers.
Wirkung: Dehnung der Abduktoren (M. glutaeus maximus, medius und minimus, M. tensor fasciae latae)

Abb. 3 *Dehnung der Abduktoren im Sitzen Ausgangsposition*

Abb. 1 *Dehnung der Hüftbeuger Endposition*

Hüftbeuger (M. iliopsoas, M. rectus femoris)

Ausgangsposition: s. Abb. 1

Im Kniestütz auf einer weichen Unterlage wird das Körpergewicht weitestgehend auf das vordere Stützbein verlagert.

Bewegung: Das Becken wird nun nach vorne geschoben, wobei hierbei stets auf die Spannung in der Gesäß- und in der Bauchmuskulatur zu achten ist. Der Oberkörper muss während der gesamten Bewegung aufrecht bleiben!

Wirkung: Dehnung der Hüftbeuger (M. iliopsoas, M. rectus femoris)

Abb. 2 *Wirbelsäulenmobilisation und -dehnung Ausgangsposition*

Abb. 3 *Wirbelsäulenmobilisation und -dehnung Endposition*

Wirbelsäule

Ausgangsposition: s. Abb. 2

Bequeme Rückenlage, ein Bein ist im Hüft- und Kniegelenk angewinkelt.

Bewegung: Mit der Hand, die an der Außenseite des abgewinkelten Kniegelenks aufliegt, wird das Bein zum Boden gezogen. Beide Schultern verharren während der gesamten Bewegung auf dem Boden.

Endposition: s. Abb. 3

Wirkung: Mobilisation der Wirbelsäule

Beachte: Je stärker die Beine angewinkelt werden, d. h., je näher sich der Oberschenkel der Brust nähert, desto höher ist der Anteil der Wirbelsäule, der mobilisiert wird.

Katzenbuckel – Pferderücken

Ausgangsposition: s. Abb. 4

Katzenbuckel, Kniestand beidbeinig, wobei die Knie schulterbreit auseinander sind

Bewegung: Vom Katzenbuckel wird der Rücken langsam ins Hohlkreuz geführt

Endposition: s. Abb. 5

Wirkung: Dehnung des geraden Rückenstreckers (M. erector spinae), leichte Beanspruchung der Bauchmuskultur (Aufwärmen) und Mobilisation der Wirbelsäule

Abb. 4 *Katzenbuckel Ausgangsposition*

Abb. 5 *Pferderücken Endposition*

Der große Brustmuskel (M. pectoralis major)
Ausgangsposition: s. Abb. 1
Aufrechter Stand an einer Wand in Schrittstellung, wobei das an der Wand stehende Bein vorausgestellt ist.
Bewegung: Der Oberkörper wird einwärtsgedreht.
Wirkung: Dehnung des großen Brustmuskels (M. pectoralis major)
Beachte: Wird das Ellbogengelenk oberhalb des Schultergelenkes gehalten, wird eher der untere Anteil des Brustmuskels gedehnt, bei gleicher Höhe schwerpunktmäßig der mittlere Anteil, und wenn das Ellbogengelenk unterhalb des Schultergelenkes gehalten wird, dehnt man eher den oberen Anteil des Brustmuskels.

Abb. 1 *Dehnung des Brustmuskels Ausgangsposition*

Kapuzenmuskel (M. trapezius)
und Zwischenschulterblattmuskeln (Mm. rhomboidei)
Ausgangsposition: s. Abb. 2
Leichte Grätschstellung, das Becken ist aufgerichtet, Bauch- und Gesäßmuskeln sind angespannt. Die Hände sind ineinander verhakt und zeigen mit den Handflächen nach vorne.
Bewegung: Die Hände und damit auch die Schultern werden nach vorne gezogen. Durch einen entgegengerichteten Spannungsaufbau im Trapezius und der Zwischenschulter-blattmuskulatur wird die Bewegung nach vorne eingeschränkt.
Endposition: s. Abb. 3
Wirkung: Dehnung des mittleren Anteils des Kapuzenmuskels (M. trapezius pars transversa) und der Zwischenschulterblattmuskeln (Mm. rhomboidei)

Abb. 2 *Dehnung des Kapuzenmuskels und der Zwischenschulterblattmuskulatur Ausgangsposition*

Abb. 3 *Dehnung des Kapuzenmuskels und der Zwischenschulterblattmuskulatur Endposition*

Abb. 1 *Dehnung des Schulterblatthebers und des absteigenden Anteils des Kapuzenmuskels Endposition*

Abb. 2 *Dehnung des Ellenbogenstreckers Endposition*

Kapuzenmuskel (M. trapezius) und Schulterblattheber (M. levator scapulae)

Ausgangsposition: Leichte Grätschstellung, Bauch- und Gesäßmuskeln sind angespannt. Die eine Hand greift über den Kopf, beugt ihn ein wenig und fixiert ihn dann. Die andere Hand hängt gegen den Boden gerichtet nach unten.

Bewegung: Die zum Boden gerichtete Hand und damit auch die entsprechende Schulter werden in Richtung Boden gezogen. Der Kopf bleibt bei dieser Bewegung in der Ausgangsposition.

Endposition: s. Abb. 1

Wirkung: Dehnung des oberen absteigenden Anteils des Kapuzenmuskels (M. trapezius pars descendens) und des Schulterblatthebers (M. levator scapulae)

Ellbogenstrecker (M. triceps)

Ausgangsposition: Leichte Grätschstellung, eine Hand liegt bei voller Ellenbogenbeugung auf dem Schulterblatt. Die andere Hand greift von oben auf das Ellbogengelenk.

Bewegung: Die auf dem Ellenbogen abgelegte Hand zieht am Gelenk. Das Gelenk und die auf dem Schulterblatt abgelegte Hand vollziehen somit eine kleine Kreisbewegung.

Endposition: s. Abb. 2

Wirkung: Dehnung des langen Kopfes des Ellenbogenstreckers (M. triceps)

Beachte: Bei zu schwacher Schulterblattmuskulatur kann diese gegen den Ellbogenstrecker kein Widerlager aufbauen. Um dennoch eine Dehnung zu erhalten, empfiehlt es sich, mit der Körperseite z. B. an einen Türpfosten zu lehnen, um damit die Ausweichung des Schulterblattes nach außen zu verhindern.

Handgelenkbeuger

Ausgangsposition: Der zu dehnende Arm ist nach vorne gestreckt, wobei die Hand abgeklappt wird und mit den Fingerspitzen zum Körper zeigt. Mit der freien Hand wird unter die Fingerspitzen gegriffen.

Bewegung: Durch Verstärkung des Zuges auf die Fingerspitzen wird die Dehnung erreicht.

Endposition: s. Abb. 3

Wirkung: Dehnung der Unterarmmuskulatur

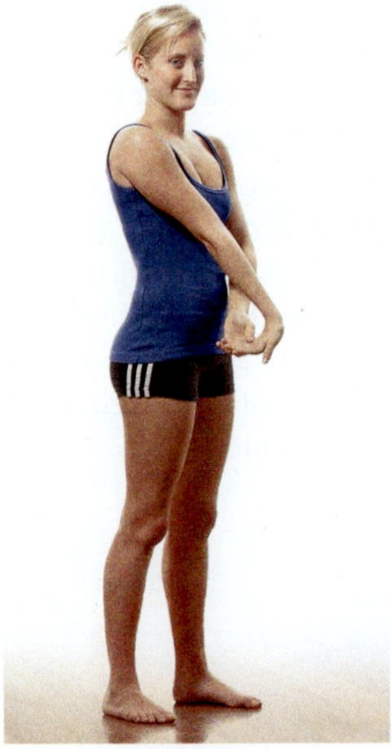

Abb. 3 *Dehnung der Unterarmmuskulatur Endposition*

3.2.6 Trainingsmethoden des Schnelligkeitstrainings

Die motorische Fähigkeit der Schnelligkeit wird in den unterschiedlichen Sportarten auf verschiedenste Weise gefordert. Gilt es z. B. für den 100-m-Sprinter nach dem Start, eine gleichförmige Bewegung mit maximaler Frequenz zu erzielen (*zyklische Schnelligkeit*), versucht der Kugelstoßer, eine einmalige Bewegung mit höchster Aktionsschnelligkeit durchzuführen (*azyklische Schnelligkeit*). Neben der Bewegungsgeschwindigkeit ist im Sport auch die Reaktionsgeschwindigkeit gefragt. Typisches Beispiel ist hier die Reaktionszeit nach einer Signalgebung wie z. B. am Start. Gerade in Ballsportarten spielt die Reaktionsgeschwindigkeit mit ihren verschiedenen Ausprägungsformen eine leistungsbestimmende Komponente. So gilt es z. B. für den Handballspieler, Situationen in Sekundenbruchteilen richtig wahrzunehmen (Wahrnehmungsgeschwindigkeit), das Verhalten des Gegners vor der Bewegungshandlung richtig einzuschätzen (Antizipationsschnelligkeit) und darauf aufbauend die richtige Entscheidung zu treffen (Entscheidungsschnelligkeit).

Grosser et al. (2004) definieren Schnelligkeit als

> Fähigkeit im Sport, mittels kognitiver Prozesse, maximaler Willenskraft und der Funktionalität des Nerven-Muskel-Systems maximale Reaktions- und Bewegungsgeschwindigkeiten unter bestimmten gegebenen Bedingungen zu erzielen.

Schnelligkeitstraining bezieht sich primär auf den Leistungs- bzw. Hochleistungssport und findet im Gesundheits- und Fitnessbereich in der Regel keine Anwendung. Auf eine ausführliche Behandlung der Methoden des Schnelligkeitstrainings wird von daher verzichtet. Hier sei auf die einschlägige Literatur, wie z. B. Verchoshanskij (1992) „Ein neues Trainingssystem für zyklische Sportarten“ und Verchoshanskij (1995) „Ein neues Trainingssystem für azyklische Sportarten“, verwiesen.

Erscheinungsformen und Methoden des Schnelligkeitstrainings

Nach Schiffer (1993) kann die motorische Fähigkeit Schnelligkeit in die ***Reaktionsschnelligkeit***, die ***reine Schnelligkeitsfähigkeit*** und die ***komplexe Schnelligkeitsfähigkeit*** eingruppiert werden.

Als reine Schnelligkeitsfähigkeit haben sich die Aktionsschnelligkeit und die Frequenzschnelligkeit herauskristallisiert. Charakteristisch für die reinen Schnelligkeitsfähigkeiten ist die maximale zyklische und azyklische Bewegung gegen geringe Widerstände.

	Reine Schnelligkeitsfähigkeiten		
	Reaktionsschnelligkeit	**Aktionsschnelligkeit**	**Frequenzschnelligkeit**
Definition	Reaktionsschnelligkeit ist die Fähigkeit, auf einen gegebenen Reiz schnellstmöglich zu reagieren.	Aktionsschnelligkeit ist die Fähigkeit, *azyklische*, d.h. einmalige Bewegungen mit maximaler Geschwindigkeit gegen *geringe Widerstände* auszuführen.	Frequenzschnelligkeit ist die Fähigkeit, *zyklische*, d.h. sich wiederholende Bewegungen mit maximaler Geschwindigkeit gegen *geringe Widerstände* auszuführen.
Beispiele	Reaktionszeit am Start	Aufschläge in den verschiedensten Ballsportarten (z.B. Tennis, Volleyball), Schmetterschläge (z.B. Badminton, Tischtennis)	fliegende Sprints über 30 m, 500 m Radsprint, 500 m Eissprint

Tab. 1 *Reaktionsschnelligkeit und reine Schnelligkeitsfähigkeiten*

Da ein Training der Reaktionsschnelligkeit auf Grund genetischer Vordisposition nur sehr eingeschränkt trainierbar ist, soll im Folgenden nur ein methodisches Vorgehen zur Verbesserung der Aktions- und Frequenzschnelligkeit vorgestellt werden (vgl. Grosser et al. 2004).

Methodisches Vorgehen zur Verbesserung der Aktionsschnelligkeit

Die Verbesserung der Aktionsschnelligkeit kann entweder durch ein Techniktraining oder die Imitation von Wettkampfbewegungen in seiner Gesamtheit bzw. zum Teil realisiert werden.

Zielsportarten: Überwiegend Ballsportarten

Belastungsnormative:
Intensität: maximal
Dauer: 6–12 Wdh., insgesamt jedoch maximal 6 sec
Dichte: 2–10 Minuten Pause zwischen den Serien, d. h. vollständige Erholung
Serien: 3–5
Häufigkeit: 1–3 Trainingseinheiten pro Woche über 4–6 Wochen, dann 1–3 Monate Pause und anschließend erneut 3–5 Wochen 1–3 Trainingseinheiten pro Woche usw.

Methodisches Vorgehen zur Verbesserung der Frequenzschnelligkeit

Die Verbesserung der Frequenzschnelligkeit wird durch Sprinteinheiten in den verschiedenen Sportarten realisiert.

Zielsportarten: Sprintsportarten

Belastungsnormative:
Intensität: maximal
Dauer: 4–12 Wdh., insgesamt jedoch maximal 6 sec
Dichte: 2–10 Minuten Pause zwischen den Serien, d. h. vollständige Erholung
Serien: 3–4
Häufigkeit: 1–3 Trainingseinheiten pro Woche über 4–6 Wochen, dann 1–3 Monate Pause und anschließend erneut 3–5 Wochen 1–3 Trainingseinheiten pro Woche usw.

Die Bewegungen der komplexen Schnelligkeitsformen unterscheiden sich von den Bewegungen der reinen Schnelligkeitsfähigkeiten dadurch, dass sie Mischformen aus der Schnelligkeit und den weiteren motorischen Fähigkeiten Kraft und/oder Ausdauer sind. Bevor die komplexen Schnelligkeitsfähigkeiten entwickelt und trainiert werden können, müssen daher Kraft und Ausdauer, aber auch die Beweglichkeit als unabdingbare Voraussetzungen hinreichend trainiert sein. Aus trainingsmethodischer Sicht sollten die komplexen Schnelligkeitsfähigkeiten auf Grund ihres hohen Anspruchs erst nach vollzogenem Grundlagen- und Techniktraining im fortgeschrittenen Jugend- oder Erwachsenenalter ins Trainingsprogramm aufgenommen werden.
Zu den komplexen Schnelligkeitsformen zählen die Kraftschnelligkeit (= Schnellkraft), die Kraftschnelligkeitsausdauer (= Schnellkraftausdauer), die Sprintkraft und die Sprintausdauer (= maximale Schnelligkeitsausdauer).

	Komplexe Schnelligkeitsfähigkeiten			
	Kraftschnelligkeit	**Kraftschnelligkeitsausdauer**	**Sprintkraft**	**Sprintausdauer**
Definition	Kraftschnelligkeit ist die Fähigkeit, eine *azyklische* Bewegung mit maximaler Geschwindigkeit gegen *höhere Widerstände* auszuführen.	Kraftschnelligkeitsausdauer ist die *Widerstandsfähigkeit gegen ermüdungsbedingten Geschwindigkeitsabfall* bei sich ständig wiederholenden *azyklischen* Bewegungen.	Sprintkraft ist die Fähigkeit, *zyklische* Bewegungen mit maximaler Geschwindigkeit gegen *höhere Widerstände* auszuführen. Bei zyklischen Bewegungen handelt es sich ausschließlich um Sprintbewegungen.	Sprintausdauer ist die *Widerstandsfähigkeit gegen ermüdungsbedingten Geschwindigkeitsabfall* bei sich ständig wiederholenden maximalen *zyklischen* Schnelligkeitsbewegungen.
Beispiele	Weitsprung, Absprung beim Skifliegen, Hochsprung, Medizinballwerfen, Diskuswerfen, Speerwurf, Hammerwurf, viele Bewegungen beim Turnen	Aneinanderreihung von vielen Kraftschnelligkeitsbewegungen mit geringer (lohnender) Pause, z. B. wiederholte Kampfaktionen beim Boxen	Beschleunigungsfähigkeit beim Rudern, Radfahren oder Sprint	Aneinanderreihung von vielen Sprintkraftbewegungen, z. B. 500 m Rudern, 200 m Schwimmen, 400 m Lauf

Tab. 1 Komplexe Schnelligkeitsfähigkeiten

Methodisches Vorgehen zur Verbesserung der komplexen Schnelligkeit

Die Verbesserung der komplexen Schnelligkeit bei den zyklischen oder azyklischen Bewegungen kann entweder durch ein Techniktraining oder die Imitation von Wettkampfbewegungen in seiner Gesamtheit bzw. zum Teil realisiert werden.
Zielsportarten: Sportarten, bei denen Schnelligkeit in Verbindung mit Kraft u./o. Ausdauer gefordert ist.

Belastungsnormative:
Intensität: maximal
Dauer: 4–12 Wdh. oder 6–10 sec
Dichte: 2–5 Minuten Pause zwischen den Serien, d. h. vollständige Erholung
Serien: 3–5
Häufigkeit: 1–2 Trainingseinheiten pro Woche über einen sportartspezifischen, d. h. mehrwöchigen bis mehrmonatigen Zeitraum

3.2.7 Trainingsmethoden des Koordinationstrainings

Was ist eigentlich Koordination und in welchen Formen tritt sie auf? Welche Auswirkungen hat ein differenziertes Koordinationstraining auf den Körper bzw. warum sollte ein Koordinationstraining ein wichtiger Bestandteil jedes Trainings sein? Diese Fragen sollen zunächst einmal beantwortet werden.

> Unter **Koordination** wird das möglichst optimale Anpassen von Bewegungshandlungen an eine vorgegebene Zielform verstanden. Bestimmt wird die Koordination durch ein Zusammenwirken des Steuerungsorgans, d. h. des Zentralnervensystems und des Ausführungsorgans, d. h. der Skelettmuskulatur.

Koordination wird vor allem dann benötigt, um Situationen zu meistern, die ein schnelles und zielgerichtetes Handeln erfordern. Im Sport, bei der Bewältigung des Alltags, aber auch bei Verletzungen und im Alter ist eine gute Koordination unabdingbar.

Es wird zwischen intramuskulärer und intermuskulärer Koordination unterschieden:

> Die **intramuskuläre Koordination** meint das abgestimmte Zusammenwirken zwischen Nerv und Muskel innerhalb eines gezielten Bewegungsablaufs in einem einzelnen Muskel.

Umso besser dieses Zusammenwirken funktioniert, desto mehr Muskelfasern eines Muskels werden gleichzeitig aktiviert, d. h., die Kontraktion ist größer. Mit anderen Worten: Je besser die intramuskuläre Koordinationsfähigkeit und damit die Rekrutierungsfähigkeit der Muskelfasern ausgeprägt ist, umso mehr Kraft wird innerhalb eines Muskels entwickelt.

> Die **intermuskuläre Koordination** meint das abgestimmte Zusammenwirken von agonistischer und synergistischer Muskelkontraktionen.

Durch eine verbesserte intermuskuläre Koordination werden Bewegungsausführungen genauer, schneller und harmonischer, d. h., die Leistungsfähigkeit nimmt bei geringerem Energieverbrauch und damit Sauerstoffbedarf zu.

Nach Meinel/Schnabel (1987) sind die koordinativen Fähigkeiten durch die folgenden sieben Komponenten geprägt:

- *Kopplungsfähigkeit* ist die Fähigkeit, Teilkörperbewegungen auf ein bestimmtes Handlungsziel untereinander zu koordinieren, wie z. B. der Beinschlag und Armzug beim Kraulen.
- *Differenzierungsfähigkeit* ist die Fähigkeit, Teilkörperbewegungen in den einzelnen Handlungsphasen technisch und damit ökonomisch optimal auszuführen. Differenzierungsfähigkeit ist in den meisten Sportarten leistungsbestimmend. Gerade bei den verschiedenen Disziplinen im Turnen wird diese Fähigkeit offenkundig.

- *Gleichgewichtsfähigkeit* meint die Fähigkeit, den gesamten Körper im Gleichgewichtszustand zu halten oder während und nach umfangreichen Körperverlagerungen diesen Zustand beizubehalten bzw. wiederherzustellen. Ein gutes Gleichgewicht erleichtert die Bewegungskontrolle und vermindert das Sturzrisiko. Neben dem Sport spielt das Gleichgewicht somit im Alter eine wichtige Rolle.
- *Orientierungsfähigkeit* meint die Fähigkeit, sich räumlich und zeitlich zielorientiert innerhalb eines Aktionsfeldes und/oder eines bewegenden Objektes zu bewegen. Zeitliche Orientierungsfähigkeit kann als richtiges „Timing" interpretiert werden. Beim Fußball den Stürmer im richtigen Moment zu bedienen oder der Kempertrick beim Handball sind nur zwei Beispiele. Räumliche Orientierungsfähigkeit geht mit der zeitlichen oftmals Hand in Hand. So gilt es, nicht nur den entscheidenden Pass zeitlich richtig zu timen, sondern ihn auch genau in den Lauf des Angreifers zu spielen.
- Unter *Rhythmusfähigkeit* wird die Fähigkeit verstanden, einen von außen vorgegebenen Rhythmus aufzunehmen, ihn zu verinnerlichen und schließlich zu reproduzieren. Rhythmusfähigkeit ist die Voraussetzung für die erfolgreiche Durchführung aller Sportarten. Unabhängig davon, ob es der Anlauf beim Weitsprung, die Kür beim Tanzen oder der Angriffsschlag beim Tennis ist, es liegt allen Bewegungsabläufen doch ein bestimmter Rhythmus zu Grunde.
- Unter *Reaktionsfähigkeit* wird die Fähigkeit verstanden, einen von außen vorgegebenen Reiz wahrzunehmen, ihn zu verinnerlichen und schließlich eine schnelle, zweckgerichtete Handlung folgen zu lassen. Besonders beim Startschuss in der Leichtathletik, beim Schwimmen oder auch beim Start in der Formel 1 wird diese Fähigkeit benötigt. Im Gegensatz zu den anderen aufgeführten Komponenten ist die Reaktionsfähigkeit nur sehr begrenzt erlern- oder verbesserbar.
- *Umstellungsfähigkeit* meint die Fähigkeit, sich während eines Bewegungsablaufes auf plötzlich eintretende Situationsveränderungen einzustellen und sein Bewegungsmuster entsprechend der neuen Veränderungen anzupassen. Gerade in den Ballsportarten ist diese Fähigkeit von äußerster Wichtigkeit.

Durch die Aufführung der sieben Komponenten der Koordination wird klar, dass Koordination als motorische Fähigkeit nicht isoliert betrachtet und damit auch trainiert werden kann. Kraft, Ausdauer, Schnelligkeit und Beweglichkeit stehen je nach Bewegung immer in einem komplexen Zusammenspiel mit der Koordination.
Koordinationstraining findet im Training in Abhängigkeit von der Sportart im Anschluss an das Aufwärmen als Technikeinheit statt. Es gilt, spezifische Bewegungsabläufe zu erlernen und letztlich zu automatisieren. Für den Fitnessbereich steht in diesem Zusammenhang der Erwerb bzw. Erhalt der koordinativen Fähigkeiten zur langfristigen ökonomischen Bewältigung des Alltagslebens im Vordergrund. Eine noch höhere Wertigkeit erhält das Koordinationstraining vor dem Hintergrund, dass die koordinativen Fähigkeiten bereits ab dem 40. Lebensjahr deutlich abnehmen und somit Bewegungsabläufe unsicherer oder nur noch unter hoher Kraftanstrengung zu bewältigen sind. Als geeignete Methode des Koordinationstrainings soll nachfolgend das propriozeptive Training eingeführt werden.

Methoden des Koordinationstrainings – Propriozeptives Training

Beim propriozeptiven Training werden besonders die koordinative Komponente Gleichgewichtsfähigkeit, aber auch die Komponenten Anpassungs- und Reaktionsfähigkeit trainiert. Die Propriozeption, die auch als Tiefensensibilität bezeichnet wird, dient der Orientierung des Körpers im Raum durch Wahrnehmungen über die Stellung und Bewegung der Gelenke. Hierfür stehen dem Körper Propriozeptoren (Sensoren der Motorik) zur Verfügung. Als Propriozeptoren werden diejenigen Sensoren bezeichnet, die dem Körper Informationen über Muskellänge, Sehnenzug, Gelenkstellung und andere Parameter der Lage und Bewegung des Körpers liefern.

Bei Störungen der Propriozeption und damit Störungen der Orientierung, kommt es zu Veränderungen von zentralen Bewegungsmustern. Gerade im Alter oder nach Verletzungen gilt es, die erlernten Bewegungsmuster zu erhalten oder wiederherzustellen. So erscheinen einfache tausendfach durchgeführte Bewegungen wie z.B. das Fahrradfahren im Alter auf einmal nur schwer möglich. Auch Sportler müssen nach langwierigen Verletzungen erst einmal wieder mit leichtem Koordinationstraining anfangen. Propriozeptives Training muss daher als Grundlage zur kontrollierten Ausübung der motorischen Fähigkeiten gesehen werden und sollte somit integrativer Bestandteil eines Fitnesstrainings sein.

Eine propriozeptive Schulung zielt damit insbesondere auf die

- Verbesserung der Tiefensensibilität,
- Vorbeugung von Haltungsproblemen,
- Vorbeugung und Behebung bei Gelenkproblemen.

Auswirkungen des propriozeptiven Trainings

Propriozeptives Training sollte also ein fester Bestandteil eines gesundheitsorientierten Fitnesstrainings sein. So spart alleine schon die Optimierung einer Bewegungsausführung nicht nur Kraft und schont die Gelenke, sondern führt auch zu einer deutlich erhöhten Kraftleistung. Besonders beim Krafttraining wird dieses Phänomen offensichtlich, wenn ein Neueinsteiger schon nach ein bis zwei Wochen deutlich höhere Gewichte bewältigen kann, obwohl ein Muskelwachstum noch nicht eingesetzt hat. Dieses Phänomen ist rein auf die Verbesserung der intra- und intermuskulärer Koordination zurückzuführen. Der Körper ist in der Lage für die gleiche Bewegung mehr Muskelfasern zu rekrutieren (intramuskuläre Koordination) und den Bewegungsablauf harmonischer mit den Synergisten (intermuskuläre Koordination) durchzuführen. Weitere entscheidende Vorteile bei der Durchführung dieser Trainingsmethode sind nachfolgend aufgeführt:

- *Verbesserung der Tiefensensibilität*

Eine Verbesserung der Tiefensensibilität und einer damit einhergehenden Steigerung der Gleichgewichtsfähigkeit ermöglichen dem Körper seine Bewegungsmuster zu verbessern und auf externe Einflussfaktoren geschickter zu reagieren. Die Vorteile können im Sport zur Optimierung einer bestimmten Technik, in der Reha oder in der besseren Alltagsbewältigung liegen. Gerade ältere Menschen werden bei komplexeren Bewegungen zunehmend unsicherer und trauen sich dadurch weniger zu. Durch propriozeptives Training, das als komplexes Training immer auch eine Kraft-, Ausdauer-, aber auch eine Beweglichkeitskomponente hat, werden gerade ältere Menschen kräftiger, gewandter und damit auch selbstbewusster. Der körperliche „Verfall" und ein damit verbundenes höheres Sturzrisiko können hinausgezögert werden. Bei der Altersosteoporose ist dies ein entscheidender Vorteil.

- *Vorbeugung von Haltungsproblemen*

Rückenprobleme können heutzutage mittlerweile als Volkskrankheit angesehen werden. Hauptursachen dieser Problematik sind einseitige oder unphysiologische Wirbelsäulenbelastungen, langes Sitzen und Stehen und ein Mangel an Bewegung. Durch das propriozeptive Training wird das physiologische Zusammenspiel zwischen Rumpf- und Rückenmuskulatur gefördert und somit der funktionstüchtige Erhalt gesichert.

- *Vorbeugung und Behandlung von Gelenkproblemen*

Propriozeptives Training ist für den aktiven Schutz der Gelenke, besonders der Knie-, Hüft-, und Sprunggelenke unverzichtbar. Durch diese Form des koordinativen Trainings wird die Wahrnehmung und Verarbeitung von äußeren Reizen gesteigert, die Bewegungsqualität erhöht und die unphysiologische Abnutzung der Gelenke reduziert.
Kommt es zu einer Störung der Gelenkfunktion, z. B. durch Kapsel- oder Bandverletzungen, nimmt der Körper automatisch eine Schonhaltung ein, wodurch die betroffenen Strukturen weniger belastet werden. Eine Reduktion der Belastung führt in einem nächsten Schritt zur Muskelatrophie und einer Unterbrechung des propriozeptiven Mechanismus, der für die Gelenkstabilisation verantwortlich ist. Die Gelenkstabilisation wird also durch die Schonhaltung weiter herabgesetzt. Zur Wiederherstellung der Gelenkfunktionalität ist neben einem Kraft- und Ausdauerprogramm das propriozeptive Training unabdingbar. Denn erst durch eine Kombination dieser motorischen Fähigkeiten wird die Verletzung physiologisch trainiert. Eine zu lange eingenommene Schonhaltung ist daher kontraproduktiv. Bei einer Gelenkverletzung sollte deshalb in Absprache mit dem behandelnden Arzt frühzeitig mit einem Training begonnen werden, um den Heilungsprozess zu beschleunigen.

Hinweise für die Durchführung des propriozeptiven Trainings

Zur Durchführung eines propriozeptiven Trainings bedarf es nur eines sehr geringen Material- und Platzaufwands. Ein propriozeptives Training lässt sich daher zwischendurch z. B. ganz unkompliziert daheim durchführen. Hilfsmittel hierzu sind u. a. Therapiekreisel, Wackelbretter, Aero-Step XL, Pezzibälle, Bosu Balance Trainer (Halbball), Mini-Tramp, Therabänder und Gymnastikmatten.
Bei der Durchführung und Anleitung sollten folgende Hinweise beachtet werden:

- Koordinationstraining und damit auch das propriozeptive Training erfordert die höchste Konzentration und Fitness des Kunden. Diese Trainingsmethode muss daher immer zu Beginn der Trainingseinheit stehen. Idealerweise schließt sie sich an die Aufwärmphase an.
- Der Schwierigkeitsgrad des propriozeptiven Trainings ist nach oben nahezu unbegrenzt. Hier sind immer schwierigere Konstruktionen vorstellbar. Um jedoch die geeigneten Übungen in Abhängigkeit mit den individuellen körperlichen Voraussetzungen herauszufinden, gibt der Einbeinstand-Test erste Hinweise. In Abhängigkeit dieses Testergebnisses sollten für den Kunden bei schlechtem bis ausreichendem Ergebnis erst einmal Übungsformen mit offenen Augen auf einer stabilen Unterlage ausgewählt werden. Mit fortschreitendem Trainingserfolg können dann neue Anreize z. B. durch labile oder wackelige Unterlagen wie dem Therapiekreisel oder einfach auch zusammengefalteten Handtüchern gewählt werden. Die größten Erfolge beim propriozeptiven Training lassen sich auf labilen Unterlagen erzielen.
- Das propriozeptive Training sollte barfuß ausgeführt werden, um eine optimale Aufnahme, Weiterleitung und Verarbeitung der Reize zu gewährleisten.

Übungen Koordination

Bei der nachfolgenden Übungsauswahl wurde der Fokus rein auf ein Training der unteren Extremitäten gelegt, da sich im Fitness- und Gesundheitssport genau dieser Bereich als Pferdefuß vieler Menschen herauskristallisiert hat. Die hierbei vorgestellten Übungen sind einfach durchführbar und gerade auch im Gesundheitssport und in der Reha erprobt. Aber auch für ein ↑ propriozeptives Bauch- und Rückentraining bietet sich der Halbball an. So lassen sich z. B. der Crunch, die Flanke oder Bridging sehr gut mit dem Halbball durchführen.

propriozeptives Bauch- und Rückentraining ↑ Seite 79 f.

Weitere Übungshinweise zum propriozeptiven Training bieten z. B. Häfelinger/Schuba (2002) „Koordinationstherapie – Propriozeptives Training".

Gleichgewichts- und Stabilisationsübung im Einbeinstand

Ausgangsposition: s. Abb. 1 und 2
Einbeinstand auf dem Therapiekreisel bei leichter Knieflexion. Die Arme können zum Halten des Gleichgewichtes genutzt werden.
Bewegung: Halten des Gleichgewichts auf einer instabilen Ebene
Wirkung: Förderung der Gleichgewichts- und Stabilisationsfähigkeit der unteren Extremitäten
Variation: Zunächst einmal sollte diese Übungsform auf ebenem Boden mit der Option sich festzuhalten, z. B. an einer Sprossenleiter, ausgeführt werden. Später bieten sich bei dieser Übung auch steigende Schwierigkeitsgrade an. Möglich sind z. B.: *(1)* die Ausführung mit verschränkten Armen, *(2)* die Ausführung mit kreisenden Bewegungen mit dem zweiten Bein um das Standbein herum bei frei beweglichen Armen und *(3)* die Ausführung mit kreisenden Bewegungen mit dem zweiten Bein um das Standbein herum bei vor dem Brustkorb verschränkten Armen. *(4)* Die genannten Variationen können auch auf einem Halbball, d. h. einer labilen Unterlage, ausgeführt werden. Bei dieser sehr zu empfehlenden Übungsvariation wird zusätzlich die oftmals vernachlässigte ↑ Fußmuskulatur trainiert.

Fußmuskulatur ↑ Seite 27

Abb. 1 und 2 *Einbeinstand auf Therapiekreisel und auf Halbball*

Dynamische Stabilisationsübung auf dem Minitrampolin
Ausgangsposition: s. Abb. 1
Einbeiniger Stand bei leichter Beugung im Kniegelenk vor dem Trampolin. Das zu trainierende Bein ist dabei abgewinkelt und hat keinen Bodenkontakt. Die Arme befinden sich in der Armzugposition oder seitlich hängend am Körper.
Bewegung: Absprung mit dem Standbein und Landen mit dem zu trainierenden Bein in der Mitte des Trampolins (s. Abb. 2)
Wirkung: Gleichgewichts- und Koordinationsschulung, Stabilisationsfähigkeit der unteren Extremitäten und reaktive Belastungsschulung
Variation: Es bieten sich bei dieser Übung Ausführungen mit unterschiedlichen Unterlagen an. Einfacher wäre zunächst einmal die Übung auf einer stabilen Unterlage, z. B. einer rutschfesten Matte, und dann auf einer labilen Unterlage, z. B. einem Weichboden, auszuführen.

Abb. 1 und 2 *Einbeinsprung auf Trampolin*

Drehsprünge auf dem Minitrampolin
Ausgangsposition: s. Abb. 3
Das zu trainierende Bein steht bei leichter Beugung im Kniegelenk in der Mitte des Minitrampolins. Das nicht übende Bein ist mit dem Unterschenkel nach hinten abgewinkelt und hat keine Bodenberührung.
Bewegung: Kleine Drehsprünge auf dem Minitrampolin
Wirkung: Gleichgewichts- und Koordinationsschulung, Stabilisationsfähigkeit der unteren Extremitäten und reaktive Belastungsschulung

Abb. 3 *Drehsprung auf Trampolin*

Variation: Es bieten sich bei dieser Übung Ausführungen mit unterschiedlichen Unterlagen an. Einfacher wäre zunächst einmal die Übung auf einer stabilen Unterlage, z. B. einer rutschfesten Matte, und dann auf einer labilen Unterlage, z. B. einem Weichboden, auszuführen.

Abb. 1 *Drehsprünge auf Trampolin*

3.3 Ablauf und Aufbau des Trainingsplanes

Ein Trainingsplan ist immer dreiteilig und nicht von den Trainingszielen abhängig. Es gibt immer einen *aufwärmenden Teil*, einen *Hauptteil* und den *abwärmenden Teil*, das „Cool-down“.
Der aufwärmende Teil dauert ca. 10–20 min und lässt sich in Abhängigkeit von Aufgaben und Zielen, Belastung sowie Inhalten wie folgt charakterisieren.

Vorbereitender Teil (Aufwärmen)	
Aufgaben und Ziele	• Anpassen der Herz-Kreislauf-Tätigkeit und Atmung (Steigerung der Blutzirkulation und der Sauerstoffaufnahmekapazität, Ökonomisierung der Atmung) • Einstimmung der Muskeltätigkeit und des Muskelstoffwechsels (Erhöhung der Muskeltemperatur und des Energieumsatzes im Muskel) • Einstellung der neuronalen Steuerungsprozesse (Steigerung der Nervenimpuls-Leitungsgeschwindigkeit, Optimierung des Muskeltonus) • Optimierung der Funktionsbereitschaft des passiven Bewegungsapparates • Verringerung der Viskosität der Gelenkflüssigkeit (bessere Gleitfähigkeit der Gelenkpartner) • Schaffung optimaler psychischer Voraussetzungen (Verminderung leistungshemmender psychischer Reaktionen wie Startfieber, Nervosität etc.)
Belastung	• Ansteigende Belastung
Inhalte	• Stepper, Laufband, Crosstrainer, Rudergerät • Stretching

Tab. 1 *Aufwärmen*

Der Hauptteil dauert ca. 30–90 min und lässt sich in Abhängigkeit von Aufgaben und Zielen, Belastung sowie Inhalten wie folgt charakterisieren.

Hauptteil	
Aufgaben und Ziele	• Verbesserung und Festigung des Trainingszustands • Üben und Festigen von Bewegungsabläufen • Vorbereitung auf Wettkämpfe
Belastung	• Hohe Belastung
Inhalte	• Stretching • Propriozeptives Training • Krafttraining • Ausdauertraining • Schnelligkeitstraining

Tab. 1 Hauptteil

Das Cool-down dauert ca. 5–10 min und lässt sich in Abhängigkeit von Aufgaben und Zielen, Belastung sowie Inhalten wie folgt charakterisieren.

Cool-down	
Aufgaben und Ziele	• Organismus beruhigen und abkühlen • Vorbereitung auf die Regeneration • Training als Erfolgserlebnis sehen
Belastung	• Abklingende Belastung
Inhalte	• Auslaufen, Ausradeln usw. • Stretching • Entspannung, Massage, Sauna

Tab. 2 Cool-down

Sauna sollte aufgrund der Herz-Kreislauf-Belastung und dem Flüssigkeitsverlust nur bei moderatem Training empfohlen werden. Wichtig ist hier auch der Hinweis auf ein Ruheliegen mit ausreichender Flüssigkeitszufuhr nach den Saunagängen.

3.3.1 *Kombination der Trainingsmethoden im Hinblick auf die Trainingsziele*

Nachfolgende Tabelle soll dem Fitnesstrainer bei der Trainingsplangestaltung eine Hilfestellung geben, einen geeigneten Methoden-Mix auszuwählen. Während die Methoden im Krafttraining und Ausdauertraining in Abhängigkeit des Trainingszieles variieren, kann das Stretching als eine allgemein geeignete Methode des Beweglichkeitstrainings und das propriozeptive Training als allgemein geeignete Methode des Koordinationstrainings angesehen werden.

Trainingsziele	Anzuwendende Trainingsmethoden
Gewöhnung, Anpassung („Einstiegsprogramm“)	• *Kraft:* Gesundheit und Fitnessmethode als Stationstraining • *Ausdauer:* extensive Intervallmethode, extensive Dauermethode • *Beweglichkeit:* Stretching • *Koordination:* propriozeptives Training
Fitness- und Gesundheitstraining (Vorbeugen von Beschwerden, Fit im Alter)	• *Kraft:* Gesundheits- und Fitnessmethode bzw. Anfängermethode optimalerweise als Circuit- oder Stationstraining • *Ausdauer:* extensive oder intensive Dauermethode bzw. extensive oder intensive Intervallmethode • *Beweglichkeit:* Stretching • *Koordination:* propriozeptives Training • Ernährungsberatung
Körperstraffung (Bodyshaping, Gewichtsabnahme)	• *Kraft:* Gesundheits- und Fitnessmethode als Circuit- oder Stationstraining • *Ausdauer:* extensive Intervallmethode, extensive Dauermethode • *Beweglichkeit:* Stretching • *Koordination:* propriozeptives Training • ↑ Ernährungsberatung
Körperformung (Muskelaufbau)	• *Kraft:* Fitness für Fortgeschrittene als Stationstraining • *Ausdauer:* extensive oder intensive Dauermethode bzw. extensive oder intensive Intervallmethode • *Beweglichkeit:* Stretching • *Koordination:* propriozeptives Training • Ernährungsberatung
Bodybuilding (Masseaufbau)	• *Kraft:* Maximalkraftmethoden als Stationstraining • *Ausdauer/Beweglichkeit:* extensive Dauermethode, Stretching • Ernährungsberatung
Leistungstraining (Spezialtraining je nach Sportart)	• *Kraft/Ausdauer:* individuelles Kraft- und/oder Ausdauertraining in der gewünschten Sportart oder Disziplin • *Beweglichkeit/Koordination:* Stretching, propriozeptives Training • Ernährungsberatung
Rehabilitation bzw. Regeneration (Verringerung von Beschwerden bei Verletzung, Krankheit, Behinderung)	• *Kraft:* individuelles spezifisches Krafttraining der Problembereiche, Kursprogramm (z. B. Rückenschule, Knieschule) • *Ausdauer:* extensive Intervallmethode, extensive Dauermethode • *Beweglichkeit:* Stretching • *Koordination:* propriozeptives Training

Tab. 1 Trainingsziele und ihre Methoden

Ernährungsberatung
↑ *Seite 195*

Prüfungsaufgaben zur individuellen Trainingsplanerstellung

Situation

Nach der Ermittlung ihrer Trainingsziele gilt es nun für Frau Kellermann, die geeigneten Trainingsmethoden festzulegen.

Trainingsplan: Helga Kellermann				
Trainingsziele				
Trainingsmethoden der motorischen Fähigkeiten:				
Methode	**Kraft**	**Ausdauer**	**Beweglichkeit**	**Koordination**
Intensität:				
Dauer:				
Dichte:				
Umfang:				
Häufigkeit pro Woche:				
Besonderheiten:				
Trainingsablauf				
Aufwärmen				
Hauptteil				
Cool-down				

Tab. 1 Trainingsziele und ihre Methoden

1.1 Erläutern Sie drei Trainingsprinzipien, die bei Frau Kellermann besonders beachtet werden müssen.

1.2 In welcher Reihenfolge sollten die motorischen Fähigkeiten trainiert werden?

2.1 „Krafttraining in meinem Alter ist doch nichts mehr." Überzeugen Sie Frau Kellermann von der Sinnhaftigkeit eines Krafttrainings an Hand von fünf Argumenten.

2.2 Welche Methode(n) des Krafttrainings würden Sie für Frau Kellermann auswählen?

2.3 Intensitäten werden in Prozent der Maximalkraft ausgedrückt. Wie können Sie bei Frau Kellermann eine Intensität einstellen, die 50 % ihrer Maximalkraft entspricht?

3.1 Erklären Sie Frau Kellermann die positiven Auswirkungen eines Ausdauertrainings.

3.2 Welche Methode(n) des Ausdauertrainings würden Sie bei Frau Kellermann auswählen?

4 Wieso raten Sie Frau Kellermann von einem dynamisch durchgeführten Dehnen ab?

5 Welche besonderen Vorteile bringt ein Koordinationstraining gerade auch bei älteren Menschen?

6 Wie kann der Schwierigkeitsgrad beim propriozeptiven Training verändert werden?

7 Um Zeit zu sparen, möchte Frau Kellermann das Cool-down weglassen. Wie gehen Sie mit der Situation um?

8 Erstellen Sie für Frau Kellermann mit Hilfe des Formblattes einen Mustertrainingsplan.

Physiologische und anatomische Grundlagen

4 Atmung

Unter Atmung werden alle Vorgänge, die mit der Aufnahme und Verwertung des lebensnotwendigen Gases Sauerstoff (O_2) zusammenhängen, verstanden. Besonders im Sportbereich ist eine ökonomische Atmung für den sportlichen Erfolg determinierend.
Die zentralen Organe der Atmung sind das Bronchialsystem und die Lunge. Der in der Luft befindliche Sauerstoff wird eingeatmet (*Inspiration*) und über Diffusion (Konzentrationsausgleich auf Grund eines Konzentrationsgefälles) in die Blutbahn aufgenommen. Da sich in der Atemluft eine höhere O_2-Konzentration als im Blut befindet, diffundiert somit Sauerstoff ins Blut. Über die Blutbahn gelangt der Sauerstoff schließlich zu den einzelnen Zellen der Organe und der Muskulatur.

Gleichzeitig wird CO_2 wiederum über Diffusion aus der Blutbahn abgegeben, da die im Blut befindliche CO_2-Konzentration höher ist als die Luft in den Lungenbläschen (Alveolen). Schlussendlich wird das CO_2 wieder ausgeatmet (*Expiration*).

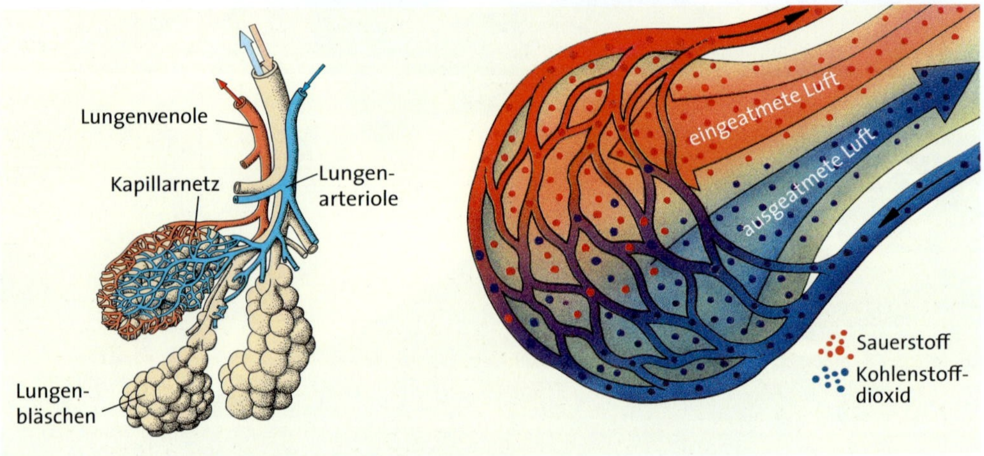

Abb. 1 *Bronchiolen mit Lungenbläschen und Kapillarnetz*

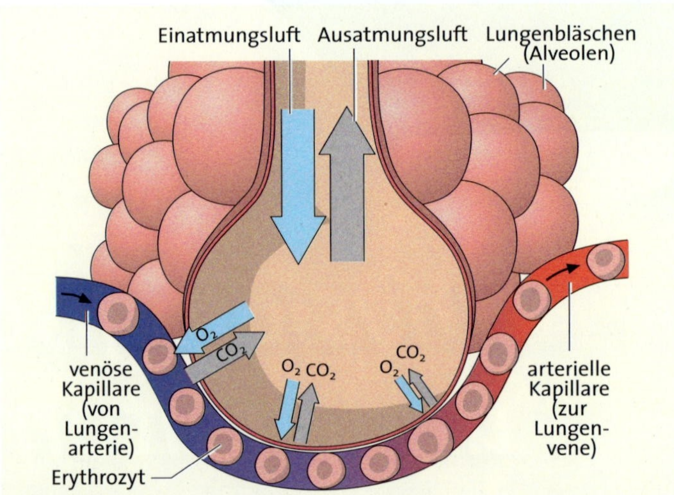

Abb. 2 *Gasaustausch in der Alveole*

4.1 *Aufbau und Funktion der Lunge*

Die Lunge befindet sich im Brustraum (Thorax) und teilt sich in einen rechten und linken Lungenflügel. Die Lungenflügel bestehen aus den so genannten Lungenlappen. Die rechte Lunge besteht aus drei Lungenlappen und die linke Lunge aus zwei Lappen. Die unterschiedliche Anzahl der Lungenlappen und der damit einhergehende Größenunterschied der Lungenflügel ist durch die Raumforderung des Herzens begründet, dass sich zu 2/3 auf der linken und nur zu 1/3 auf der rechten Körperseite befindet.
Die Oberfläche der Lunge ist vom Lungenfell (inneres Pleurablatt) überzogen, die Innenseite des Thorax vom Rippenfell (äußeres Pleurablatt). Der dazwischenliegende Spalt ist mit Flüssigkeit aufgefüllt (Pleuraspalt). Im Pleuraspalt herrscht ein Unterdruck, d. h. eine Sogwirkung, damit die Lunge entfaltet bleibt. Auf Grund ihrer Eigenelastizität würde sie sonst in sich zusammenfallen.

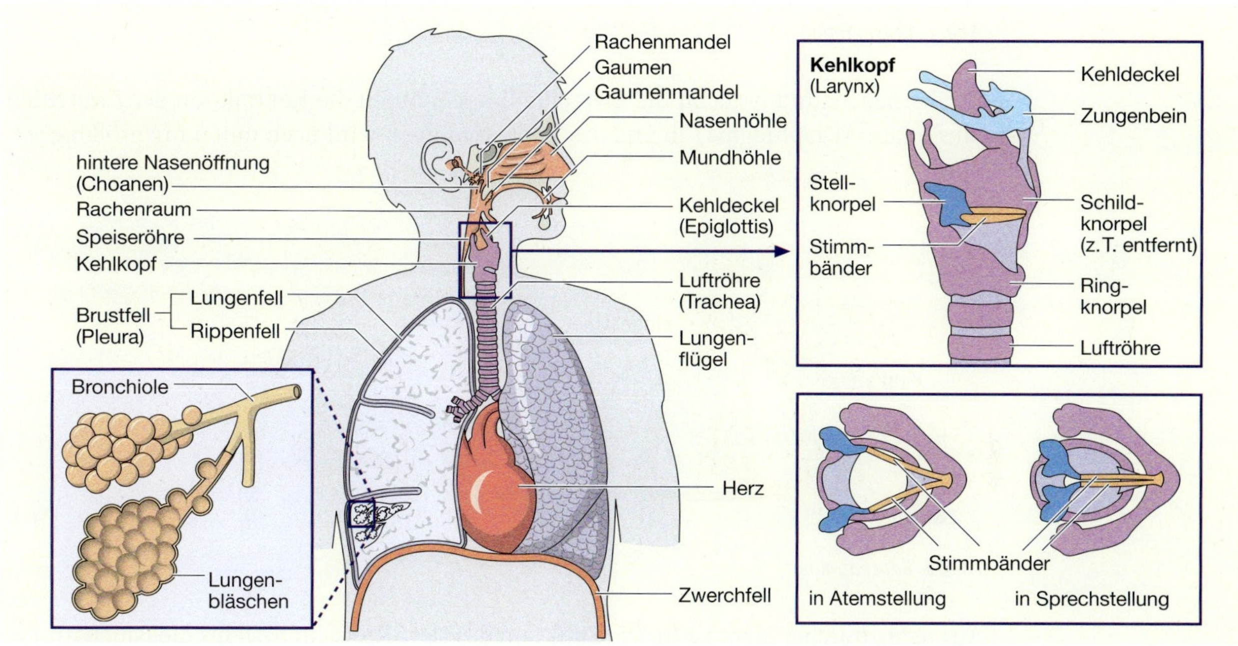

Abb. 1 Bronchiolen mit Lungenbläschen (Alveolen) und Kapillarnetz

Die Atmungsorgane können in die oberen und unteren Atemwege eingeteilt werden:

- Die *oberen Atemwege* werden von der Nase, den Nasennebenhöhlen, dem Rachen und dem Mund,
- die *unteren Atemwege* durch den Kehlkopf, die Luftröhre, Bronchien und die Lunge mit Bronchiolen und Alveolen gebildet.

Die oberen Atemwege haben neben ihrer Funktion als Atemweg auch noch die Aufgabe, die Luft von Krankheitserregern und Staubteilchen zu reinigen, sie auf die Körpertemperatur von etwa 36 °C zu erwärmen und die Einatmungsluft anzufeuchten.

Für die Atmung bedient sich die Lunge der Skelettmuskulatur, da sie selber über keine Muskulatur verfügt. Es wird zwischen zwei Atembewegungen, nämlich der *Brust-* und der *Bauchatmung* unterschieden.

Bei der Brustatmung werden die Rippenbögen durch die zugehörigen Muskeln während der Einatmung nach oben gezogen. Hierdurch dehnt sich der Brustkorb vor allem nach außen aus.

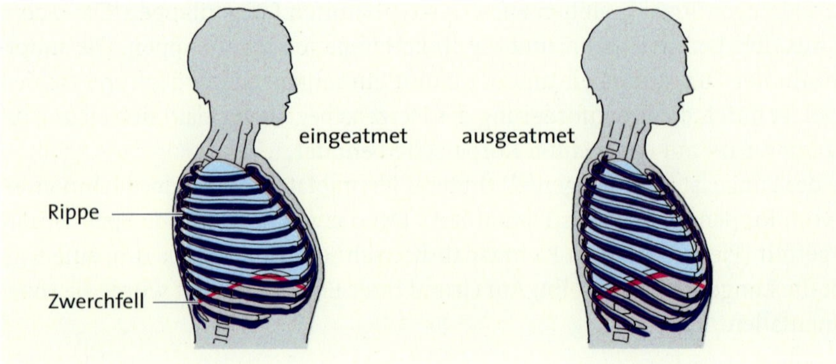

Abb. 1 Brustatmung

Bei der Bauchatmung flacht die Zwerchfellkuppel durch die Kontraktion der Zwerchfellmuskulatur (Diaphragma) ab und das Thoraxvolumen wird nach unten hin größer.

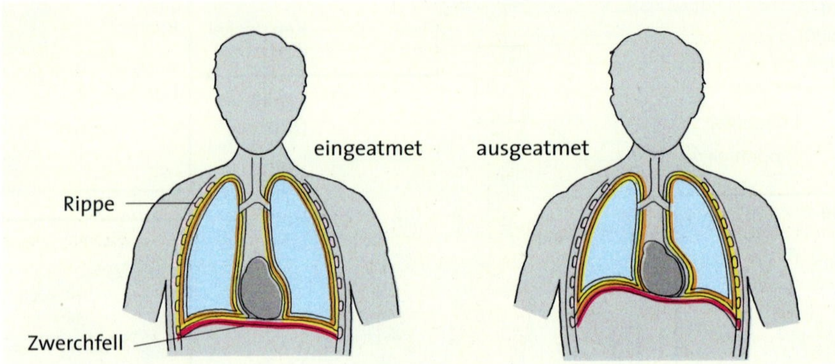

Abb. 2 Bauchatmung

Aus medizinischer Sicht ist für die Funktion des Herz-Kreislauf-Systems die Bauchatmung günstiger, da durch das Absenken des Zwerchfells bei der Einatmung (Inspiration) das Volumen der Bauchhöhle kleiner wird und der Druck in der Bauchhöhle ansteigt. Durch diesen Druck wird vor allem die große Lebervene zusammengedrückt, die den ↑venösen Rückstrom des Blutes zum Herzen begünstigt.

Venen ↑Seite 141

Mit zunehmendem Alter kommt es zu einer verstärkten Verknöcherung des Thorax durch Kalkeinlagerungen. Gleichzeitig krümmt sich die Brustwirbelsäule nach vorne, sodass sich der Brustkorb nur noch eingeschränkt nach außen erweitern kann. Somit ändert sich im Alter zunehmend der Atmungstyp, d.h., die Bauchatmung gewinnt immer mehr an Bedeutung.

4.2 Lungenvolumen

Das ein- und ausgeatmete Luftvolumen ist das Atemzugvolumen. Es beträgt bei einem Erwachsenen ca. 0,5 l und kann bei intensiver Belastung bis auf das Fünffache, d. h. 2,5 l, gesteigert werden. Ausdauertrainierte Leistungssportler können ihr Atemzugvolumen sogar bis auf 4 l erhöhen. Ab dem 60. Lebensjahr bewirkt allerdings die bereits angesprochene Verknöcherung des Thorax eine Abnahme des Atemzugvolumens. Die Anpassungsfähigkeit der Atmung an gesteigerte Anforderungen, z. B. beim Ausdauertraining, wird dadurch auch bei einem gesunden älteren Menschen eingeschränkt. Ein Fitnesstrainer muss diese altersbedingte Abnahme der elastischen Kräfte der Lunge stets beachten, wenn er im Rahmen seiner Tätigkeit ältere Menschen betreut. Eine gute Nachricht ist hierbei, dass sich durch regelmäßiges Sporttreiben der Beginn dieser altersbedingten Veränderungen verzögern lässt.

Neben der Erhöhung des Atemzugvolumens kann ein Mehrbedarf an Sauerstoff auch über die Steigerung der Atemfrequenz ausgeglichen werden. Die Atemfrequenz beträgt bei einem erwachsenen Menschen in Ruhe zwischen 12 und 16 Atemzüge/min und kann bei Belastungen auf ca. 40–50 Atemzüge/min ansteigen. Audauertrainierte Sportler können bei intensiven Belastungen ihre Atemfrequenz sogar auf 60 Atemzüge/min steigern.

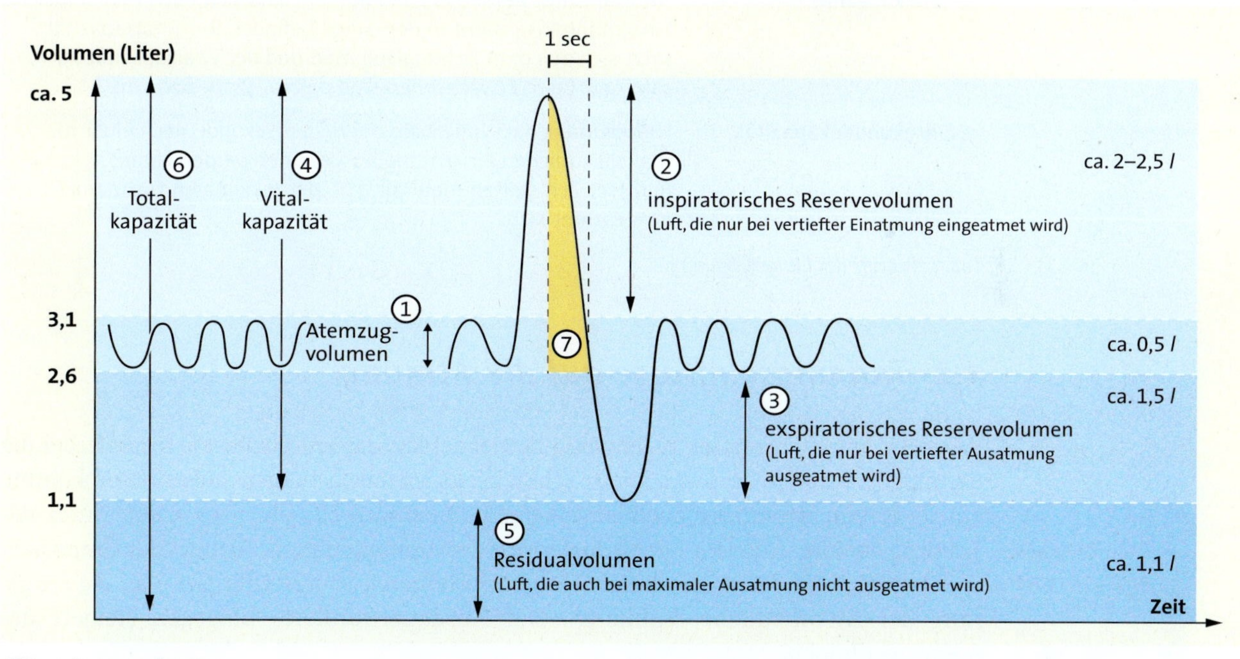

Abb. 1 Lungenvolumina

Begriff	Definition
1. Atemzugvolumen	Atemvolumen, welches bei Ruheatmung ein- oder ausgeatmet wird. Beim Erwachsenen sind das ca. 0,5 Liter (ca. 7 ml pro kg Körpergewicht beim normalem Atmen).
2. Inspiratorisches Reservevolumen	Luftvolumen, dass nach normaler Ruhe-Einatmung (Inspiration) noch zusätzlich eingeatmet werden kann. Beim Erwachsenen sind das ca. 1500–3000 ml.
3. Exspiratorisches Reservevolumen	Luftvolumen, dass nach normaler Ruhe-Ausatmung (Exspiration) noch zusätzlich ausgeatmet werden kann. Beim Erwachsenen sind das ca. 1000–1500 ml.
4. Vitalkapazität	Atemvolumen, dass nach tiefster Einatmung maximal ausgeatmet werden kann. Die Vitalkapazität ist die Summe aus dem normalen Atemzugvolumen, dem inspiratorischen Reservevolumen und dem exspiratorischen Reservevolumen. Beim Erwachsenen sind das ca. 3000–5000 ml.
5. Residualvolumen	Das Luftvolumen, welches selbst bei tiefster Ausatmung noch in der Lunge zurückbleibt, wird als Residualvolumen bezeichnet. Beim Erwachsenen sind das ca. 1200 ml.
6. Totalkapazität	Totalkapazität heißt das Luftvolumen, dass sich nach maximaler Einatmung insgesamt in der Lunge befindet. Die Totalkapazität setzt sich aus dem Residualvolumen und der Vitalkapazität zusammen. Beim Erwachsenen sind das ca. 4200–6200 ml.
7. Einsekundenkapazität	Luftvolumen, dass innerhalb der ersten Sekunde nach einer maximal willkürlichen Einatmung ausgeatmet werden kann. In dieser Zeit sollten mehr als 75 % der maximalen Luftmenge ausgeatmet sein.

Tab. 1 *Begriffe der Lungenvolumina*

4.3 Trainingseinflüsse auf die Atmung

Adaption
Anpassung an veränderte Bedingungen

Wird ein Ausdauertraining regelmäßig betrieben, hat das entscheidende Vorteile bei der Atemregulation. Wo der Untrainierte schon bei kleinen Belastungen „außer Atem“ kommt, hat der Ausdauertrainierte noch lange keine Luftnot. Eine Ursache liegt in dem durch das Training hervorgerufenem Adaptionsprozess der Atemregulation. So muss der Untrainierte Belastungen und den damit einhergehenden höheren Sauerstoffbedarf über die Steigerung der Atemfrequenz regulieren. Der Ausdauertrainierte hingegen steigert das Atemzugvolumen.
Die Steigerung des Atemzugvolumens hat noch einen weiteren Vorteil, da sich durch die tiefere Atmung der negative Einfluss der Totraumventilation verringert. Als Totraumvolumen wird das Volumen der Luftwege bis zu der Grenze zwischen den Bronchiolen und den Lungenbläschen bezeichnet. Das Totraumvolumen beträgt ca. 150 ml Luft, welche bei jeder Einatmung (in Ruhe ca. 500 ml) in den oberen und unteren Luftwegen zurückbleibt. Sie steht daher nicht für den Gasaustausch mit dem Lungenkapillarblut zur Verfügung, d. h. nur ca. 350 ml der eingeatmeten Luft können tatsächlich genutzt werden. Wird das Atemzugvolumen gesteigert, fällt das Totraumvolumen im Verhältnis weniger ins Gewicht.

Prüfungsaufgaben zur Atmung

1 Welche Funktion hat die Atmung?

2 Wieso hat der rechte Lungenflügel drei, der linke Lungenflügel aber nur zwei Lungenlappen?

3 Beschreiben Sie den oberen und unteren Atemweg.

4 Warum ist die Bauchatmung für die Funktion des Herz-Kreislauf-Systems günstiger?

5.1 Wie hoch ist das Atemzugvolumen bei einem nicht ausdauertrainierten Erwachsenen in Ruhe?

5.2 Welcher Anteil des Atemzugvolumens steht unter Berücksichtigung der Totraumventilation für den Gasaustausch zur Verfügung?

5.3 Wie hoch ist das Atemzugvolumen bei einem ausdauertrainierten Erwachsenen?

5.4 Wodurch unterscheidet sich die Vitalkapazität von der Totalkapazität?

5 Blut und Kreislauf

5.1 Blutzellen

Das Blut setzt sich aus festen und flüssigen Bestandteilen zusammen. Die festen Bestandteile sind die ***Blutzellen***, die etwa 45 % des Gesamtvolumens ausmachen. Es werden drei verschiedene Blutzellen unterschieden:
- *Erythrozyten* (rote Blutkörperchen)
- *Leukozyten* (weiße Blutkörperchen)
- *Thrombozyten* (Blutplättchen)

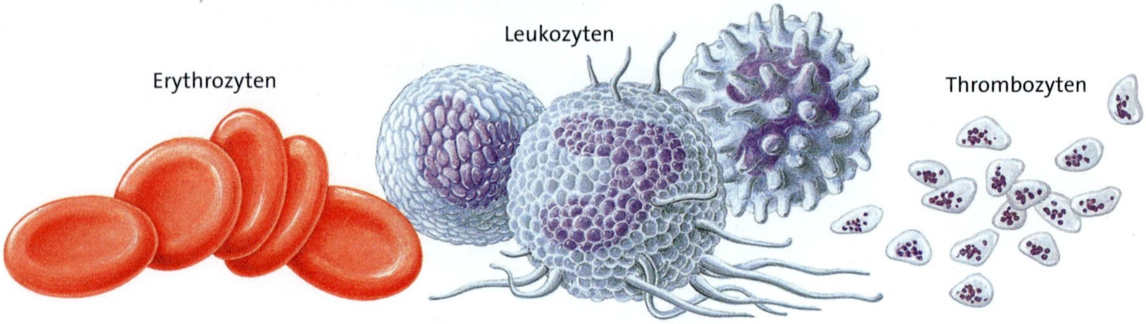

Abb. 1 Blutzellen

Die flüssigen Blutbestandteile werden als ***Plasma*** bezeichnet. Das Plasma macht etwa 55 % des Gesamtvolumens des Blutes aus. Es besteht zu 90 % aus Wasser und zu etwa 8 % aus *Eiweißen*. Zu den Eiweißen gehören neben dem Fibrinogen, das für die Blutgerinnung verantwortlich ist, u. a. auch die ↑ Globuline. *Nährstoffe*, *Fette* (z. B. Cholesterin und Triglyzeride), *Elektrolyte* und *Spurenelemente* (z. B. Natrium, Calcium, Kalium, Eisen, Iod), *Stoffwechselprodukte*, *Vitamine* und *Hormone* machen die restlichen 2 % des Plasmas aus.

Globuline ↑ Seite 139

Wird dem Plasma auf labortechnischem Wege das darin enthaltene Fibrinogen entzogen, verbleibt das ***Serum***.
Der Anteil des Blutes am Körpergewicht beträgt beim Erwachsen etwa 6–8 %, was einem Blutvolumen von 4–6 Litern entspricht. Bei jüngeren Kindern mit ihrem höheren allgemeinen Wassergehalt beträgt der Anteil am Körpergewicht 8–9 %.

Die Blutzellen und das Plasma haben vielfältige Aufgaben zu erfüllen:
- ***Transportfunktion***
  Blut (hier: Erythrozyten) transportiert die Atemgase, d. h. O_2, von den Lungen zu den Organen und der Muskulatur und CO_2 von dort zurück zu der Lunge. Zudem werden im Blut die Nährstoffe von den Orten ihrer Aufnahme (Resorption) oder Speicherung zu denen des Verbrauchs geschafft. Auch dient Blut als Vehikel für Hormone und Vitamine.
- ***Wundheilung***
  Blut (hier: Thrombozyten) besitzt die wichtige Fähigkeit, Blutungen durch den Verschluss kleiner verletzter Gefäße und durch Gerinnung zu stillen.

- *Abwehrfunktion*
  Ein Teil der Blutkörperchen (Leukozyten) sind Abwehrzellen, die in der Lage sind, eingedrungene Fremdkörper und Krankheitserreger zu bekämpfen.
- *Wärmeregulationsfunktion*
  Durch die permanente Blutzirkulation wird die Körpertemperatur auf etwa 36,5 °C gehalten.

Die Blutbestandteile und ihre Funktionen sind in der anschließenden Tabelle zusammengefasst:

Blut			
Zellen (ca. 45 %)			Plasma (ca. 55 %)
Erythrozyten:	Leukozyten:	Thrombozyten:	
Erythrozyten sind Zellen ohne Zellkern. Sie sind vor allem die Sauerstoffträger des Blutes. Verantwortlich für diese Funktion ist das Hämoglobin-Molekül, das 4 Moleküle Sauerstoff transportieren kann. Normale Zahl: Männer >4,3 Mio./µl Blut Frauen >3,9 Mio./µl Blut	Leukozyten sind kernhaltige Zellen des Immunsystems, die unterschiedliche Aufgaben der Immunabwehr wahrnehmen. Normale Zahl: 4000–6000/µl Blut	Thrombozyten sind Zellen ohne Zellkern, die wichtig sind für die Gerinnung des Blutes. Normale Zahl: 150.000–350.000/µl Blut	Im flüssigen Plasma zirkulieren die Blutzellen, die durch dieses Medium in die verschiedenen Körperregionen gelangen. Die einzelnen Bestandteile des Plasmas haben viele wichtige Funktionen. Zum Beispiel sind die Plasmaeiweiße wichtiger Bestandteil des zentralen Abwehrsystems des Körpers, indem sie Antikörper, so genannte „Globuline", und Enzyme transportieren, die als Abwehrstoffe des Blutes fungieren und so den Organismus vor Angriffen von außen schützen.

1 µl = 1 millionstel Liter

Tab. 1 *Blutbestandteile und ihre Funktionen*

5.2 Kreislaufsystem

5.2.1 Aufbau und Funktion des Herzens

Das Herz ist ein Hohlorgan, das hauptsächlich aus Muskulatur (Myokard) besteht und durch seine besondere Konstruktion als Druck- und als Ansaugpumpe des Kreislaufsystems dient. Die Herzgröße entspricht beim gesunden Menschen etwa der Größe seiner Faust. Es liegt zu etwa 2/3 in der linken Körperhälfte.

Das Herz besteht aus einer linken und einer rechten Herzhälfte, die durch die Herzscheidewand (Septum) getrennt werden. Das rechte und das linke Herz haben jeweils den gleichen Aufbau. Beide bestehen jeweils aus einem Vorhof (Atrium) und einer Herzkammer (Ventrikel). Im Vorhof wird das Blut gesammelt, dass dann aus der Herzkammer in den Kreislauf gepumpt wird.
Vorhof und Kammer werden jeweils durch eine Herzklappe, die *Segelklappe* getrennt, die einen Rückfluss des Blutes in den Vorhof verhindert. Die Klappen zwischen linker Herzkammer und Aorta sowie rechter Herzkammer und Lungenarterie werden als *Taschenklappen* bezeichnet.
Der Einfachheit halber soll künftig nur noch von dem linken und rechten Herzen gesprochen werden.

Das rechte Herz sammelt das sauerstoffarme Blut aus den Hohlvenen der oberen und unteren Körperhälfte und pumpt es in die Lungen (*Lungenkreislauf*). Das linke Herz pumpt das in der Lunge mit Sauerstoff beladene (arterielle) Blut in die große Körperhauptschlagader (Aorta), von der zahlreiche Schlagadern (Arterien) zu den verschiedenen Organen führen (*Körperkreislauf*).
Da der Lungenkreislauf viel kleiner als der Körperkreislauf ist, hat das rechte Herz eine deutlich schwächere Muskelwand als das linke.

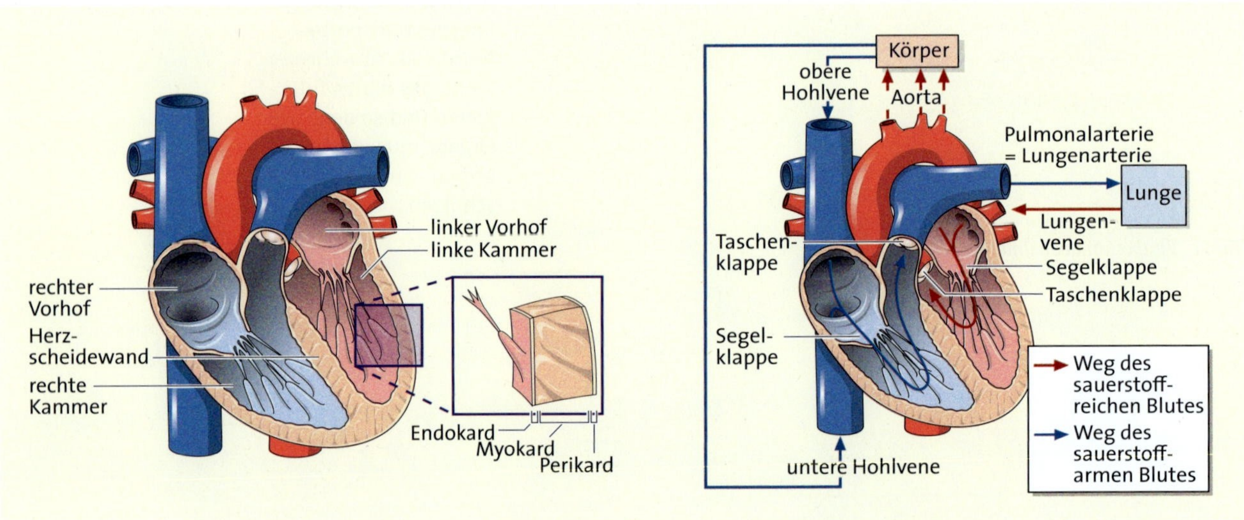

Abb. 1 Herzkammern mit Herzmuskulatur, Herzklappen und Blutgefäßen

Da die beiden Herzen neben dem gleichen Aufbau auch die gleiche Funktion haben, sollen die Arbeitsphasen des Herzens exemplarisch am linken Herzen vorgestellt werden. Der linke Vorhof wird mit Blut gefüllt, die Vorhofmuskulatur kontrahiert und das Blut wird durch die Segelklappen in die Herzkammer gedrückt. Ist die Herzkammer gefüllt, kontrahiert diese, die Segelklappen schließen sich, die Taschenklappen öffnen sich und das Blut wird durch die große Hauptschlagader (Aorta) in den Körperkreislauf gepumpt.

Es kristallisiert sich bei jeder Herzaktion ein vierphasiger Zyklus heraus, der aus einer Anspannungs- und Austreibungsphase (*Systole*) und einer Entspannungs- und Füllungsphase (*Diastole*) besteht.

- In der *Systole* wird das Blut durch Kontraktion der Herzkammer in die Aorta oder Lungenarterie ausgeworfen.
- In der Diastole wird die gleiche Menge des ausgepumpten Blutes erst in den Vorhof und dann in die Herzkammer angesaugt.

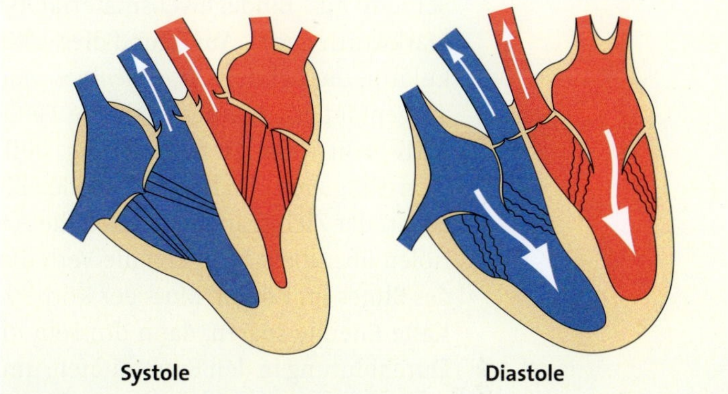

Abb. 1 *Kontraktionsphasen des Herzens*

5.2.2 *Blutgefäße und Blutkreislauf*

Blutgefäße sind das Transportsystem für das Blut auf dem Weg durch den Körper. Sie entspringen dem Herzen und führen das Blut wieder zu ihm zurück. Da das Blut somit einen geschlossenen Kreis durchläuft, wird von einem Kreislauf gesprochen. Es werden hierbei zwei Typen der Blutgefäße unterschieden:

- *Arterien* sind die Blutgefäße, die das Blut vom Herzen in die Körperperipherie wegführen. Sie sind elastische und muskelstarke Blutgefäße, da sie dem Blutdruck des Herzens bei jedem Herzschlag standhalten müssen. Zu den arteriellen Blutgefäßen gehören die Aorta, die Arterien und die Arteriolen.
- *Venen* sind die Blutgefäße, die das Blut sammeln und zum Herzen zurückführen. Venen haben zwar einen größeren Durchmesser als Arterien, sind aber dünnwandiger, da sie keinem so hohen Druck wie die Arterien ausgesetzt sind. Zu den venösen Blutgefäßen gehören die obere und untere Hohlvene, die Venen und die Venolen.

Zwischen arteriellen und venösen Blutgefäßen liegen die Kapillaren.

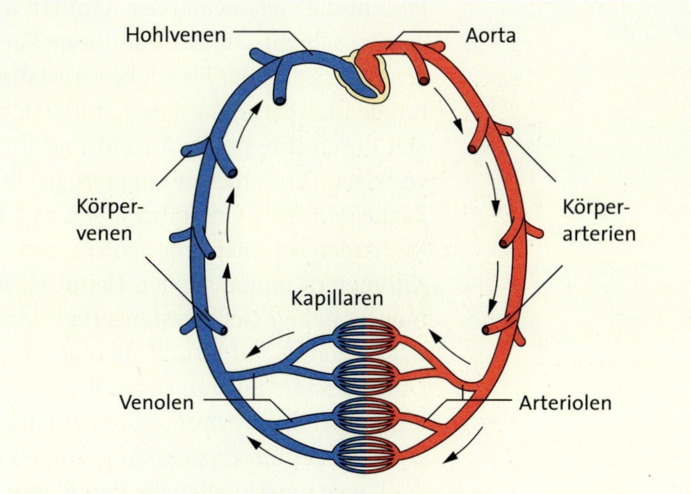

Abb. 2 *Arteriovenöser Kreislauf*

Die arteriellen und venösen Gefäßwände sind mit Ausnahme der Kapillaren ähnlich aufgebaut.

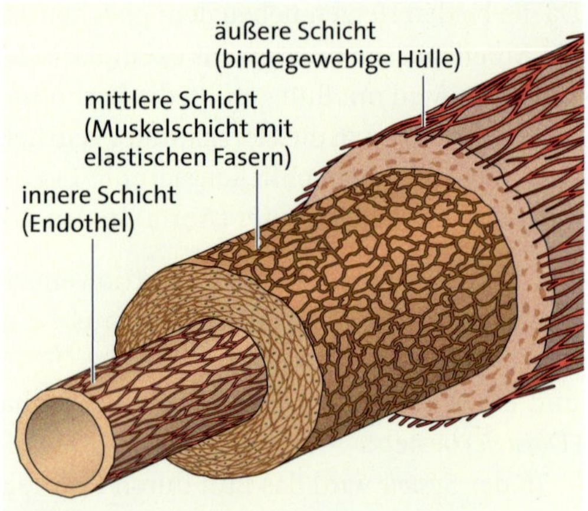

Abb. 1 Aufbau eines Blutgefäßes

Beide besitzen eine innere Oberfläche (Endothel), eine mittlere Schicht aus einer Lage von Muskelringen und eine äußere Schicht aus Bindegewebsmaterial (vgl. Markworth 2007). Auf Grund dieser Muskulatur, die bei den *Arteriolen* besonders ausgeprägt ist, können sich die Gefäße aktiv weit (dilatieren) oder eng stellen (konstringieren). Im Hinblick auf den Blutbedarf der Zielorgane regulieren die Arteriolen über diese Fähigkeit die Verteilung des Blutes im Körper. Muss der Körper z. B. bei extremer Kälte Energie sparen, dann drosseln die Arteriolen die Durchblutung in den Extremitäten, um die lebenserhaltenden Funktionen im Rumpf aufrechtzuerhalten.

In eingeschränktem Maße besitzen auch die Venen solch eine Muskelschicht. Da in den Venen das Blut gegen die Schwerkraft zurück zum Herzen befördert werden muss, verhindern Venenklappen einen Rückfluss des Blutes. Zusätzlich werden die Venen durch benachbarte Skelettmuskeln von außen komprimiert und unterstützen dadurch den Blutfluss. Dieser Effekt der Muskelaktivität wird auch als ***Muskelpumpe*** bezeichnet.

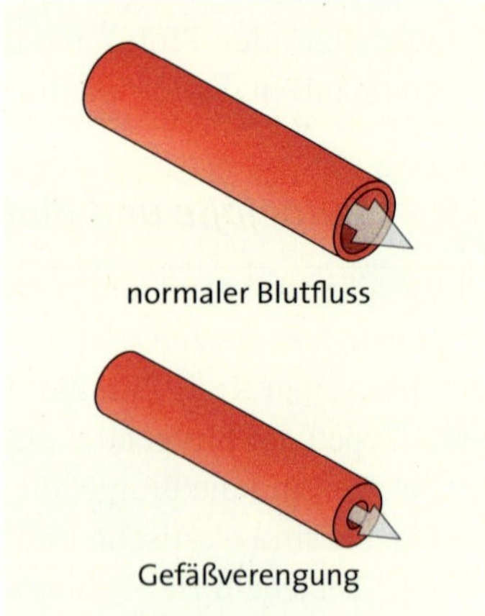

Abb. 2 Regulation des Gefäßwiderstandes

Im Unterschied zu den dreischichtigen Gefäßwänden besteht die Gefäßwand der Kapillaren aus einer einzigen Zellschicht. Durch diese dünne Kapillarwand findet der Gas-, Stoff- und Flüssigkeitsaustausch mit den Körperzellen statt. Kapillaren bilden durch ihre große Anzahl und ihren winzigen Durchmesser eine riesige Oberfläche. Mit ihrer Gesamtzahl von ca. fünf Milliarden bei einer Länge von ca. 100.000 Kilometern bilden sie den Hauptteil des menschlichen Gefäßsystems (vgl. Markworth 2007). Auf Grund ihres geringen Durchmessers müssen sich z. B. die roten Blutkörperchen verformen, um durch dieses enge Leitungssystem zu gelangen. In der Lunge umschließen die Kapillaren die Lungenbläschen und ermöglichen den direkten Kontakt des Blutes zur Atemluft und den Gasaustausch.

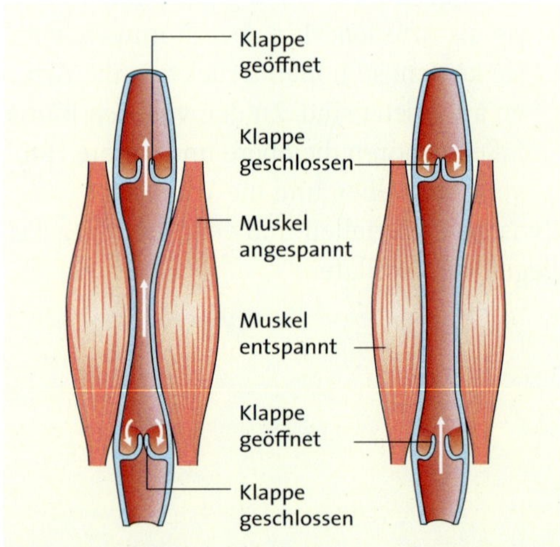

Abb. 3 Venenklappen und Muskelpumpe

Körperkreislauf

Das linke Herz wirft das Blut in der Systole in die große Hauptschlagader (Aorta). Die Aorta verzweigt sich auf dem Weg in die Körperperipherie in immer kleiner werdende Gefäße, die Arterien. Über die großen Arterien, die in die Extremitäten, Gehirn und die einzelnen Organe führen, gelangt das Blut in immer kleiner werdende Arterien und schließlich in die Arteriolen. Über die Arteriolen fließt das Blut schließlich in die Kapillaren (Haargefäße), in denen der Gas- und Stoffaustausch stattfindet. Nährstoffe und Sauerstoff treten in das Gewebe über und die Abfallstoffe und das Kohlendioxid werden vom Gewebe an das Blut abgegeben. Nachdem das Blut die Kapillaren des Körperkreislaufs passiert hat, hat es seinen Sauerstoff weitgehend abgegeben. Es muss nun zum Herzen zurück, um im Lungenkreislauf wieder mit Sauerstoff angereichert zu werden. Dieser „Rückweg" findet über das venöse Blutsystem statt. Über die Kapillaren gelangt das Blut in die Venolen und die Venen und über die Hohlvene wieder zurück in den Vorhof des rechten Herzens. Die Venen der unteren Körperhälfte münden dabei in die untere Hohlvene und die Venen der oberen Körperhälfte in die obere Hohlvene.

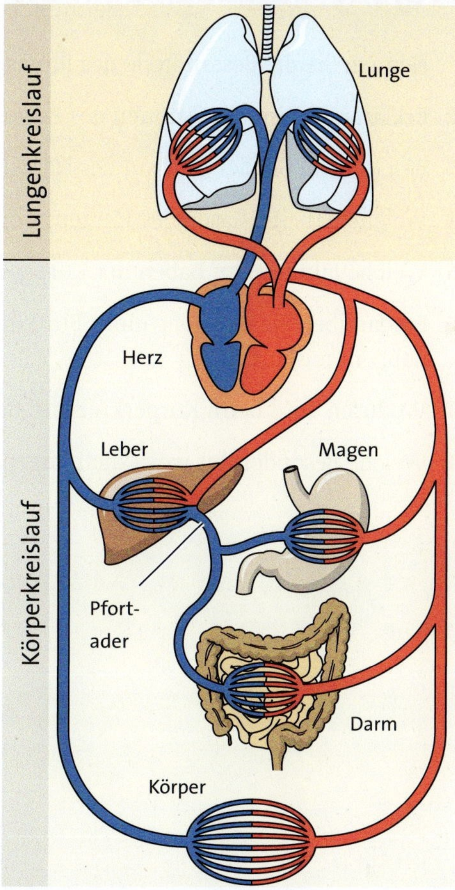

Abb. 1 Strömungskreisläufe

Lungenkreislauf

Das venöse Blut gelangt über die Hohlvenen zum rechten Vorhof zurück und wird von der rechten Herzkammer in den Lungenkreislauf gepumpt. Wie auch im Körperkreislauf werden die Blutgefäße – die in diesem Fall vom rechten Herzen wegführen – als arterielle Gefäße bezeichnet.

> Im Unterschied zum Körperkreislauf führt die Lungenarterie aber sauerstoffarmes Blut. Arterielle Blutgefäße dürfen daher nicht mit sauerstoffreichen Blutgefäßen gleichgesetzt werden. **!**

Die Lungenarterien verzweigen sich in ihre Arterien, Arteriolen und schließlich gehen die kleinsten Äste der Lungenarterien in die Kapillaren des rechten und linken Lungenflügels über. Die Lungenkapillaren werden von den winzigen Lungenbläschen (Alveolen) umschlossen, wo sie Kohlendioxid (CO_2) abgeben und Sauerstoff (O_2) aufnehmen. Die Kapillaren münden in die Lungenvenen, welche sich zu immer größer werdenden Ästen und schließlich zu den vier Lungenvenen vereinen, die paarig aus jedem der beiden Lungenflügel schließlich in den linken Vorhof münden. Der Kreislauf ist geschlossen.

Prüfungsaufgaben zum Blut und zum Kreislaufsystem

1 Nennen Sie die Bestandteile des Blutes und erklären Sie deren Aufgaben.

2 Erklären Sie drei Funktionen des Blutes.

3 Beschreiben Sie den Aufbau des Herzens.

4 Welche Arbeitsphasen des Herzens können unterschieden werden?

5 Welche Funktionen haben der Körper- und der Lungenkreislauf?

6 Beschreiben Sie den Weg eines Blutkörperchens durch den Körper- und Lungenkreislauf.

7 Wodurch wird beim Körperkreislauf der Rückfluss des Blutes zum Herzen gefördert?

8 Welche Besonderheit weist die Lungenarterie auf?

6 Der Bewegungsapparat

Der Bewegungsapparat setzt sich aus zwei Systemen, dem *Skelettsystem* und dem *Muskelsystem* zusammen. Das Skelettsystem umfasst dabei Knochen, Gelenke und Bänder, das Muskelsystem die Muskeln mit ihren Hilfseinrichtungen wie den Sehnen, Sehnenscheiden und Schleimbeuteln.
Durch die Fähigkeit des Muskels sich zu verkürzen, ist er in der Lage, gelenkig miteinander verbundene Knochen gegeneinander zu bewegen. Im Gegensatz zum Skelettsystem – dem passiven Bewegungsapparat – stellt das Muskelsystem also den aktiven Bewegungsapparat des Körpers dar.

6.1 Passiver Bewegungsapparat

Den passiven Bewegungsapparat bilden die Knochen, deren gelenkige Verbindungen und die Bänder. Das menschliche Skelett setzt sich aus 208 bis 212 Einzelknochen zusammen, deren Gesamtgewicht etwa 17 % des Körpergewichts ausmacht. Neben ihrer *Schutzfunktion* (Absicherung des Gehirns, des Knochenmarks etc.) bilden die Knochen auch ein *Gerüstwerk*, durch das die Weichteile Stütze und Halt bekommen, und sie stellen feste Hebel für den *Ansatz* der Muskeln dar.

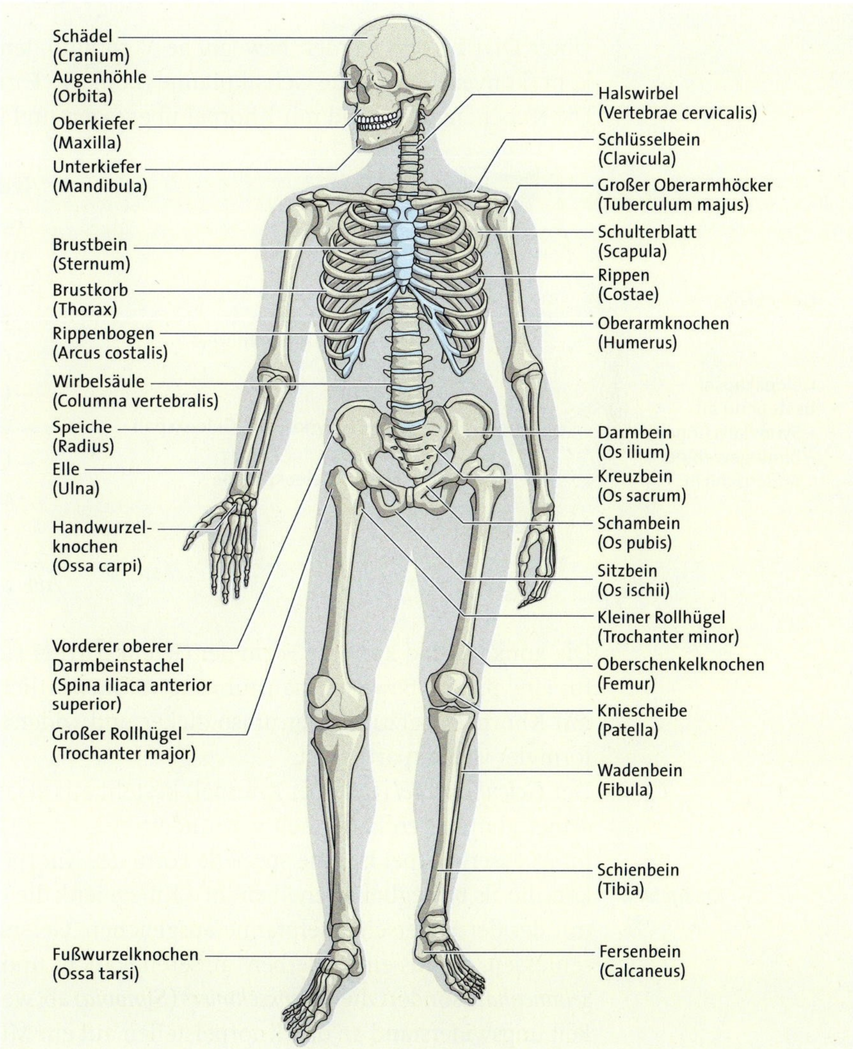

Abb. 1 *Hauptknochen des Bewegungsapparates*

Die Knochen sind entweder fest (*Synarthrosen*) oder beweglich (*Diarthrosen*) miteinander verbunden.

Bei Synarthrosen handelt es sich um eine straffe bindegewebige Verbindung der Knochen miteinander, die praktisch keine Beweglichkeit gegeneinander zulässt. Es werden bandhafte Synarthrosen (z. B. die straffe, bindegewebige Verbindung von Schien- und Wadenbein), knorpelhafte Synarthrosen (z. B. die bindegewebsknorpelige Verbindung der Schambeinfuge) und knochenhafte Synarthrosen (z. B. die knöcherne Verbindung beim Kreuzbein) unterschieden.

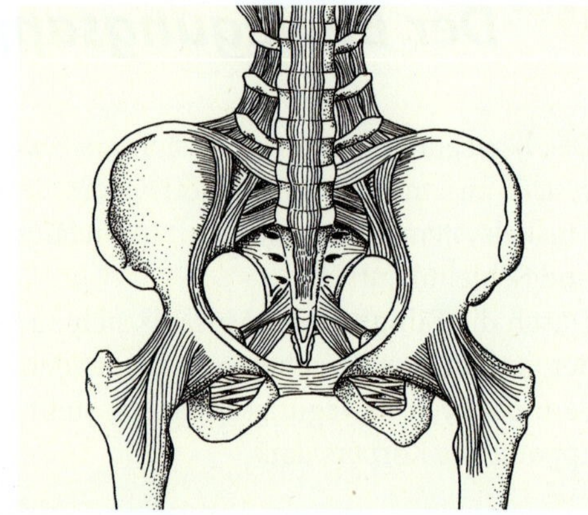

Abb. 1 *Starke Bänder verbinden das Becken mit dem Kreuzbein.*

6.1.1 *Aufbau und Funktionsweise eines Gelenks (Diarthrosen)*

Unter Diarthrosen werden bewegliche Verbindungen der Knochen durch einen Gelenkkopf (konvexe Form), die Gelenkpfanne (konkave Form) und den Gelenkspalt verstanden. Die Knochenenden sind mit Knorpel überzogen und gegeneinander beweglich.

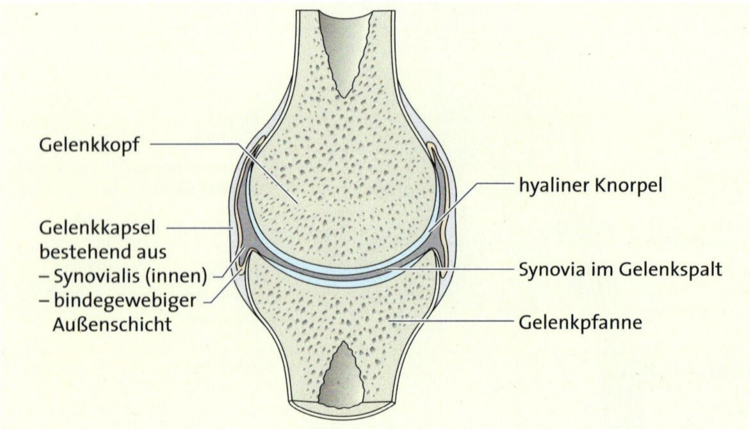

Jedes Gelenk ist aus denselben Bestandteilen aufgebaut:
- Gelenkpartner (Kopf und Pfanne)
- Gelenkknorpel
- Gelenkkapsel
- Gelenkschmiere
- Gelenkspalt
- und Bänder.

Abb. 2 *Aufbau eines Gelenks*

Die konkave und konvexe Form der Gelenkpartner sichert eine gute Passfähigkeit und ist für eine präzise Bewegungsausführung verantwortlich. An den Berührungsstellen sind sie mit Knorpel überzogen, der umso dicker und widerstandsfähiger ist, je geringer die Passform der Gelenkpartner ist.

Der ***Gelenkknorpel*** (hyaliner Knorpel) besteht aus elastischem, druckfestem Gewebe. Dank seiner glatten Beschaffenheit vermindert er an den Gelenkflächen die Intensität der Reibung. Faserknorpel ist eine spezielle Form des Knorpels und findet sich z. B. in den Menisken, die als bewegliche Scheiben im ↑Kniegelenk die Inkongruenz der Oberschenkelrollen mit der der Unterschenkelpfanne ausgleichen. Gelenke werden durch ***Gelenkkapseln*** verschlossen, die aus einer „derben" äußeren Schicht und einer Innenhaut bestehen. Die *Kapselinnenhaut* sondert die *Gelenkschmiere* (***Synovia***) ab, welche den *Gelenkspalt* ausfüllt, um den Reibungswiderstand an den Knorpelstellen auf ein Minimum zu reduzieren.

Kniegelenk
↑*Seite 28 f.*

Bänder bestehen aus kollagenen Fasern und können sowohl außenseitig oder – wie bei den Kreuzbändern des Knies – innerhalb des Gelenkspalts verlaufen. In Verbindung mit der Kapsel sorgen die Bänder dafür, dass die Gelenke mehr oder weniger straff zusammenhalten. Bänder setzen nicht unmittelbar am Knochen an, sondern „strahlen" in ihren Ansätzen in die *Knochenhaut* (Periost) ein. Dadurch wird eine zweckmäßige Verteilung des Kraftangriffs der Bänder auf eine möglichst große Fläche erreicht. Bänder sind aber nicht nur für den Zusammenhalt der Gelenke verantwortlich, sondern unterstützen entscheidend auch deren Führung in die durch die Gelenkachsen vorbestimmte Richtung und begrenzen oft den Bewegungsumfang (Bandhemmung).

Für die Bewegungsmöglichkeiten sind ferner die Anzahl und die Kraft der auf das Gelenk wirkenden Muskeln verantwortlich. Zwischen Mobilität und Stabilität eines Gelenks besteht somit eine reziproke funktionelle Beziehung, d. h., je umfangreicher die knöcherne, bandhafte und muskuläre Führung ist, desto eingeschränkter ist die Beweglichkeit. Wenn dagegen ein Gelenk konstruktionsbedingt wenig Band- und Knochenführung besitzt, ist das Gelenk instabiler, aber beweglicher.

Da manche Gelenke über eine große physiologische Beweglichkeit verfügen, benötigen sie notwendigerweise eine besonders ausgeprägte Muskelführung. Ein Beispiel für ein Gelenk mit großer Beweglichkeit ist das ↑ Schultergelenk. Anatomisch gesehen ist das Schultergelenk ein ganz besonderes Gelenk, da die Fläche des Oberarmkopfes viermal größer als die flache Pfanne des Schulterblatts ist. Die Kapsel ist besonders weit und verfügt über eine Reservefalte, die sich beim seitlichen Abspreizen glättet. Die Gelenkkapsel – mit einer dünnen vorderen Wand versehen – wird nur durch ein Band unterstützt.

Schultergelenk
↑ *Seite 166*

6.1.2 *Einteilung der Gelenke (Diarthrosen)*

Die Gestaltung der artikulierenden Flächen und die Anordnung des zugehörigen Bandapparates bestimmen weitgehend die Bewegungsmöglichkeiten eines Gelenks. Es können ein-, zwei und dreiachsige Gelenke unterschieden werden.

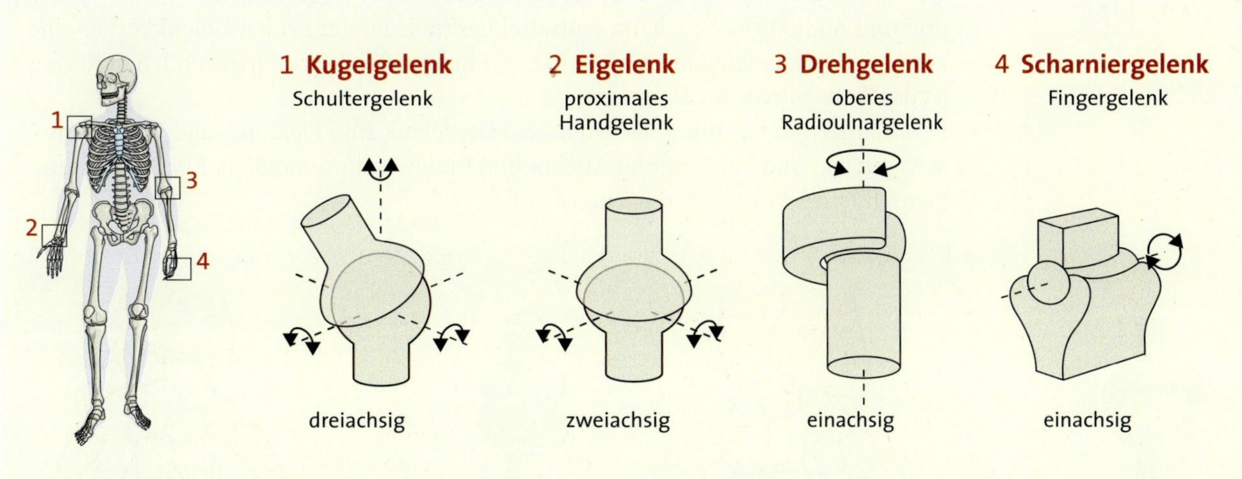

Abb. 1 *Einteilung der Gelenke nach Formen und Achsen*

Einachsige Gelenke

Bei einachsigen Gelenken sind Bewegungen um eine Achse mit zwei Hauptbewegungsrichtungen möglich. Typische einachsige Gelenke sind das

- *Scharniergelenk:* Das Scharniergelenk erlaubt Flexions- und Extensionsbewegungen wie z.B. in den Finger-, Mittel- und Endgelenken oder dem oberen Sprunggelenk, das aus dem Sprungbein (Talus) einerseits und dem Schienbein (Tibia) und Wadenbein (Fibula) andererseits gebildet wird.
- *Dreh- oder Radgelenk (Zapfengelenk):* Das Dreh- oder Radgelenk ermöglicht Rotationsbewegungen, wie z.B. die des Radiusköpfchens im proximalen Radioulnargelenk in einem Einschnitt der Elle, innerhalb des Ringbandes bei den Handbewegungen (Pronation und Supination) oder des Atlas-Axis-Gelenks zwischen dem ersten und zweiten Halswirbel.

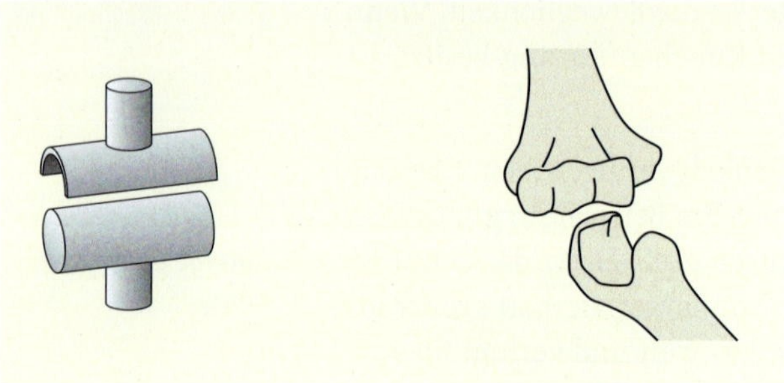

Abb. 1 *Scharniergelenk zwischen Elle und Oberarmknochen*

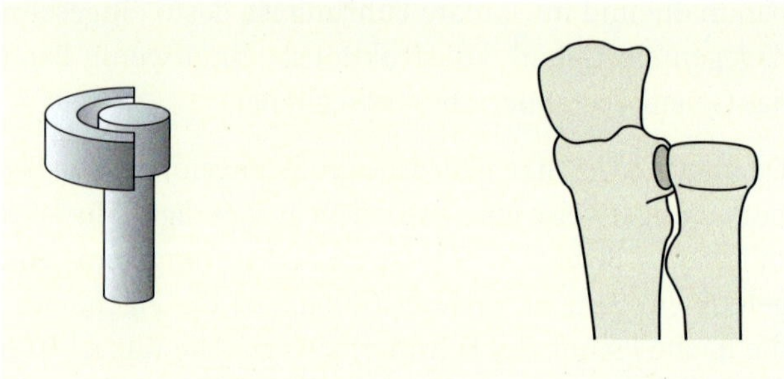

Abb. 2 *Radgelenk zwischen Elle und Speiche*

Zweiachsige Gelenke

Bei zweiachsigen Gelenken sind Bewegungen um zwei Achsen mit vier Hauptbewegungsrichtungen möglich. Typische zweiachsige Gelenke sind das

- *Eigelenk:* Das Eigelenk ermöglicht die Dorsal- und Palmarflexion sowie die Ulnar- und Radialabduktion im proximalen Handgelenk.
- *Sattelgelenk:* Das Sattelgelenk erlaubt die Dorsal- und Palmarflexion sowie die Abduktion und Adduktion. Wie beim Reitsattel besitzt jeder der beiden Gelenkkörper eine konvexe und eine konkave Gelenkfläche. Einziges Beispiel im menschlichen Körper ist das Sattelgelenk des Daumens.
- *Drehscharniergelenk:* Durch das Drehscharniergelenk sind Flexions- und Extensionsbewegungen und bei Beugung Außen- und Innenrotation möglich. Ein Beispiel im menschlichen Körper ist das Kniegelenk.

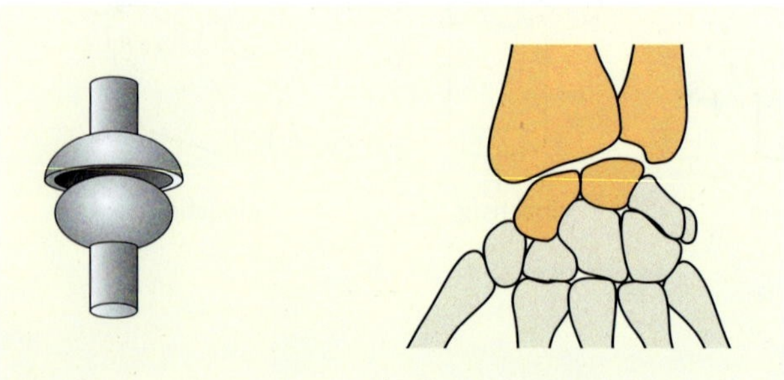

Abb. 3 *Eigelenk im proximalen Handgelenk*

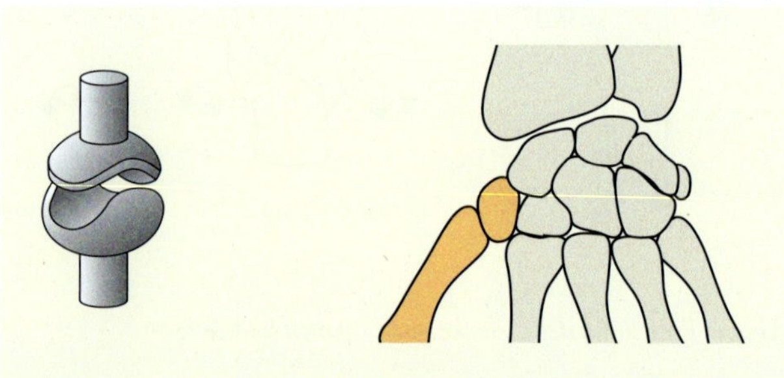

Abb. 4 *Sattelgelenk des Daumens*

Dreiachsige Gelenke

Bei dreiachsigen Gelenken sind Bewegungen um drei Achsen in alle Bewegungsrichtungen möglich. Typische dreiachsige Gelenke sind das

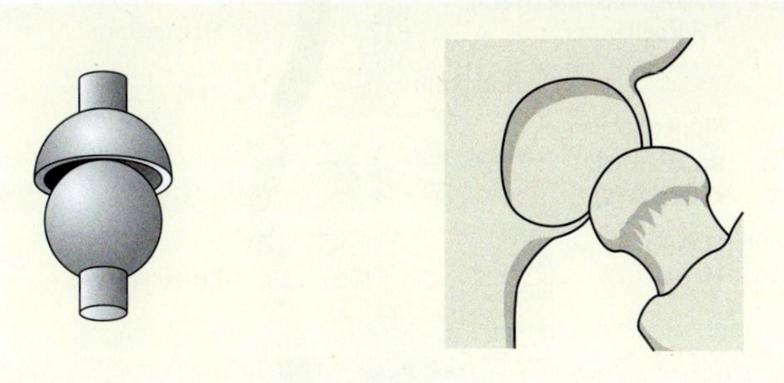

Abb. 1 *Kugel bzw. Nussgelenk der Hüfte*

- *Kugelgelenk:* Das Kugelgelenk erlaubt Flexions- und Extensionsbewegungen, Abduktion- und Adduktionsbewegungen sowie Rotationsbewegungen. Die Ausdehnung der Gelenkpfanne ist kleiner als der Umfang des Gelenkkopfes. So ist z. B. das ↑ Schultergelenk zwar das beweglichste, aber auch das am wenigsten gesicherte Gelenk des menschlichen Körpers.
- *Nussgelenk:* Das Nussgelenk ist ein besonderes Kugelgelenk, bei dem die Pfanne so tief reicht, dass sie den Gelenkkopf bis über dessen Äquator hinaus erfasst. Damit ist – wie z. B. im Hüftgelenk – die Gefahr einer Luxation wesentlich geringer als beim Kugelgelenk.

Schultergelenk
↑ *Seite 166*

6.1.3 Der Aufbau des menschlichen Skeletts

Das menschliche Skelett setzt sich aus der *Wirbelsäule, dem Schultergürtel und der oberen Extremität* sowie dem *Beckengürtel und der unteren Extremität* zusammen.

Die Wirbelsäule

Unter den Skelettbausteinen nimmt die ↑ Wirbelsäule die zentrale Stelle ein. Auch im Sport wird ihr eine ganz besondere Bedeutung beigemessen.
In diesem Zusammenhang sei nochmals darauf hingewiesen, dass die Thematik „Wirbelsäule“ bei einem nicht geringen Anteil der Bevölkerung und damit auch bei Kunden von Fitnesstrainern einen großen Stellenwert einnimmt.

Wirbelsäule
↑ *Seite 29 f.*

Aufbau der Wirbelsäule

Die Wirbelsäule ist die axiale Stütze des Körpers und besteht aus 24 Wirbeln mit 23 Zwischenwirbelscheiben (Bandscheiben). Sie lässt sich unterteilen in 7 Halswirbel, 12 Brustwirbel und 5 Lendenwirbel. Sie schützt das Rückenmark, stützt den Schultergürtel und trägt den Kopf frei beweglich. Ihrer besonderen Halte- und Tragefunktion wird sie durch eine charakteristische sagitale s-förmige Krümmung gerecht. Aus seitlicher Sicht findet sich im Bereich der Hals- und Lendenwirbelsäule eine Hohlschwingung (***Lordose***) und im Bereich der Brustwirbelsäule eine entgegengesetzte Schwingung (***Kyphose***). Diese Formbeschaffenheit der menschlichen Wirbelsäule garantiert eine optimale Tragefunktion, weil die Körperlast auf mehrere Krümmungsscheitel verteilt wird. Die gesamte Wirbelsäule ist über das Kreuzbein durch äußerst starke Bänder mit den Beckenschaufeln verbunden. Ihre s-förmige Krümmung und ihre elastische Verankerung im Beckengürtel sind für die Dämpfung von Stößen und Erschütterungen sowie für die Gleichgewichtssicherung von entscheidender Bedeutung.

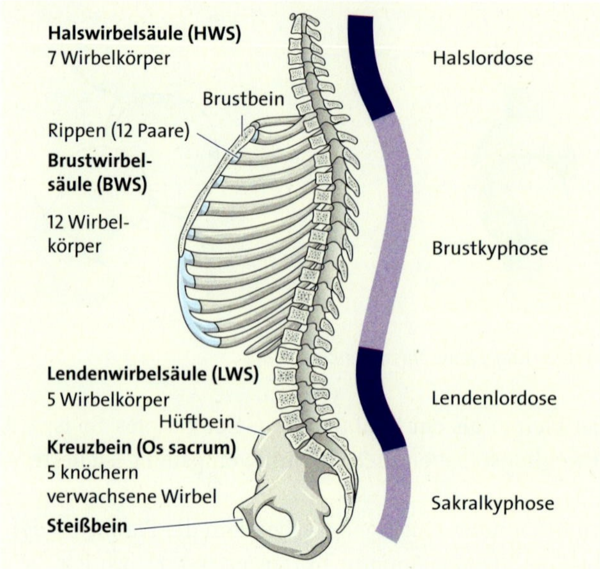

Abb. 1 *Wirbelsäule mit Abschnitten und Krümmungen*

Der Verbund von festen knöchernen und weichen bindegewebigen Strukturelementen garantiert eine optimale Beweglichkeit der Wirbelsäule. Die einzelnen Wirbel weisen einen gemeinsamen Grundtyp auf, anhand dessen ihre spezielle Funktion nachgewiesen werden kann.

Ein Wirbel besteht aus
- *Wirbelkörper*, einem vornehmlich stützenden und lasttragenden Formteil, und
- *Wirbelbogen*, der mit dem rückwärtigen Teil des Wirbelkörpers das Wirbelloch bildet, in dem wie in einem Rohr geschützt das Rückenmark liegt.

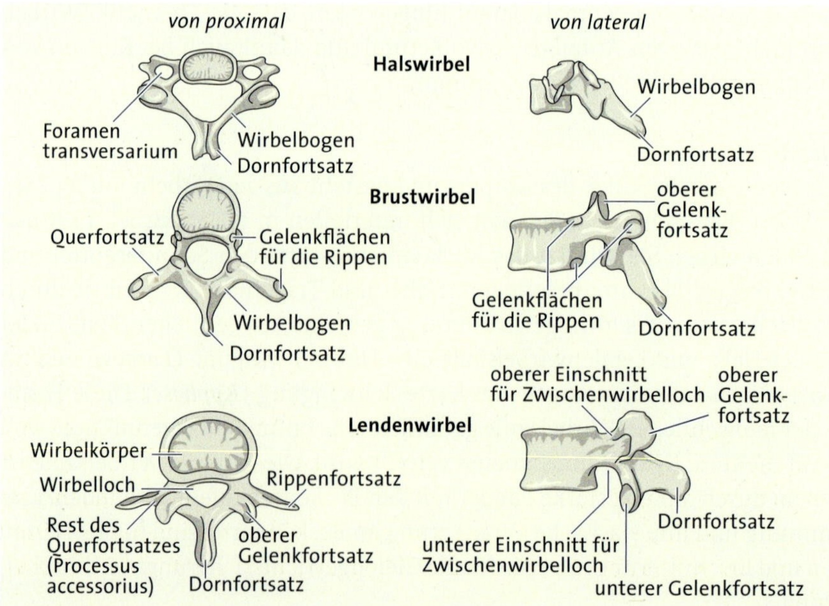

Abb. 2 *Aufbau der Hals-, Brust- und Lendenwirbelkörper*

Entsprechend ihrer Funktion bei der Bewegung treten aus dem Wirbelbogen nach hinten die *Dornfortsätze* aus, die die Überstreckung nach hinten verhindern, den Schutz des Rückenmarks verstärken und als Hebelarm für die Rückenmuskeln dienen.
Aus dem Wirbelbogen entspringen seitlich die *Querfortsätze* und die *Gelenkfortsätze*. Die Querfortsätze dienen im Bereich der Brustwirbelsäule als Widerlager für die Rippen und bilden im Zusammenwirken mit den Dornfortsätzen ein Hebelwerk, an dem Muskeln bewegend ansetzen können.
Die Gelenkfortsätze legen je nach ihrer Beschaffenheit und Ausrichtung das Ausmaß der Bewegung fest.

Die beiden oberen Halswirbel, der Atlas und der Axis, weisen dabei einige Besonderheiten auf. So fehlt dem obersten Halswirbel (Atlas) der Wirbelkörper. Er weist stattdessen einen vorderen und hinteren Bogen auf. Diese Bogen tragen Gelenkflächen für den Schädel. Der zweite Halswirbel (Axis) hat neben dem Wirbelkörper noch einen kräftigen knöchernen Zahn (Dens) entwickelt, der in den Wirbelbogen des Atlas hineinragt. Das so entstandene Zapfengelenk zwischen Atlas und Axis ermöglicht eine Kopfdrehung von ca. 30°.

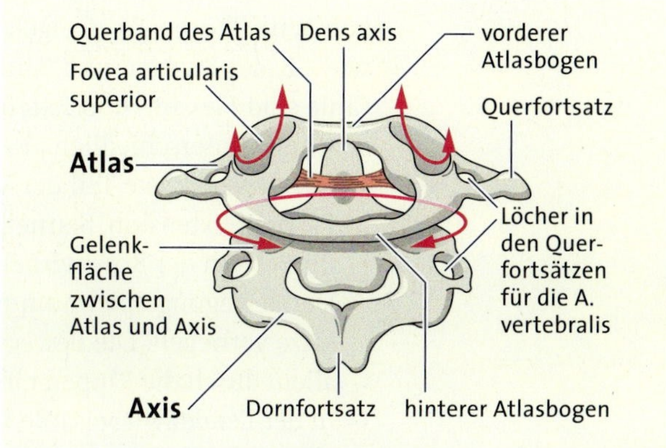

Abb. 1 *Atlas und Axis*

Die aus faserigem Knorpelmaterial bestehenden Zwischenglieder (***Bandscheiben***) wirken wie Stoßdämpfer. Herzstück einer Bandscheibe ist ein gallertartiger Kern (***Nucleus pulposus***), der wie ein prall gefülltes Wasserkissen die Wirbelkörper auseinanderpresst. Bei Beugung der Wirbelsäule wird die Bandscheibe etwas in Richtung der stärksten Krümmung zusammengedrückt. Der Kern weicht dabei in Gegenrichtung aus. Die Kerne funktionieren dabei wie Kugellager. Erst durch die Bandscheiben wird die Beweglichkeit der Wirbelkörper untereinander möglich. Wird die Wirbelsäule ständig falsch oder überbelastet, kommt es zu Verschleißerscheinungen, die einen Bandscheibenvorfall (Diskusprolaps) zur Folge haben können. Beim ***Bandscheibenvorfall*** drückt der Nucleus pulposus auf den Wirbelkanal und führt damit zur Druckschädigung der Nerven. Bandscheibenvorfälle treten typischerweise an der *Lendenwirbelsäule* zwischen dem 4. und 5. Lendenwirbelkörper und zwischen dem 5. Lendenwirbelkörper und dem Kreuzbein auf. An der *Halswirbelsäule* treten sie am häufigsten zwischen dem 5. und 6. oder zwischen dem 6. und 7. Halswirbelkörper auf.

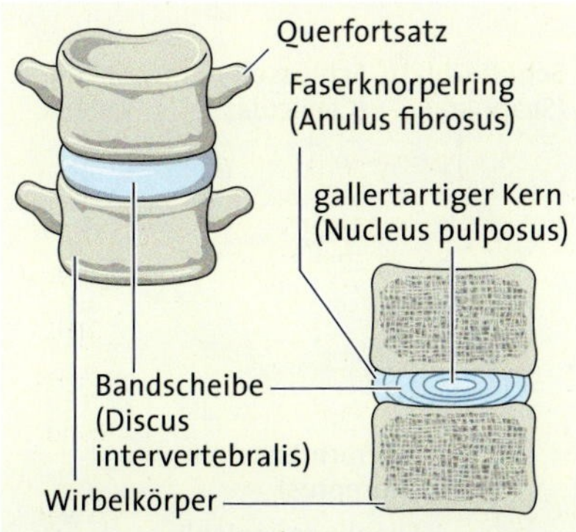

Abb. 2 *Bandscheibe*

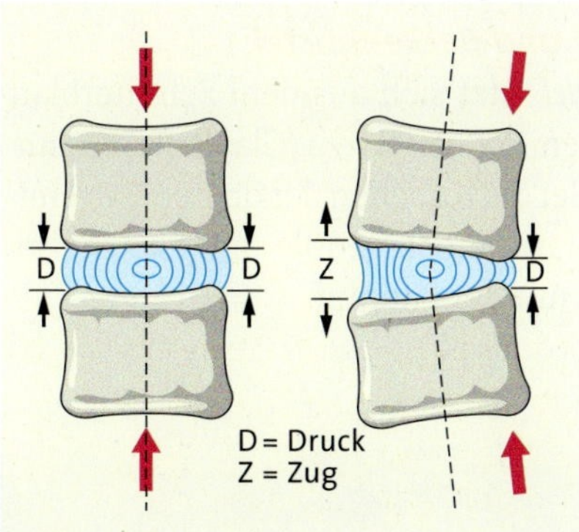

Abb. 3 *Funktion der Bandscheibe*

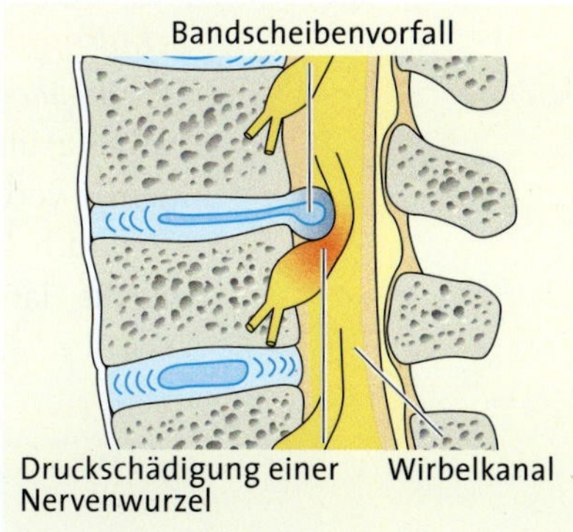

Abb. 4 *Bandscheibenvorfall*

Im Laufe des Tages nimmt durch die Druckbelastung der stehenden und sitzenden Bewegungen der Flüssigkeitsgehalt der Bandscheiben ab. Als Folge ergibt sich eine Höhenverminderung der Bandscheiben, die abends zu einer Größeneinbuße von bis zu vier Zentimetern führen kann. Der Flüssigkeitsverlust wird im Schlaf wieder reguliert. Eine rückenschonende Schlafhaltung ist die Rückenlage mit leicht angewinkelten Beinen. Weniger geeignet ist das Schlafen auf dem Bauch, da es zwangsweise zu Rotationsbewegung der Halswirbelsäule und einer verstärkten Lordose im Lendenbereich führt.

Bewegungen der Wirbelsäule

Die Beweglichkeit der Wirbelsäule ist von ihrem Aufbau und damit von der Verbindung von Wirbelkörper, Wirbelgelenken, Bandscheiben und der an ihr ansetzenden Muskulatur wie z. B. der Rücken- und Bauchmuskulatur abhängig. Die Hauptbewegungen der Wirbelsäule sind Flexion- und Extension, Seitneigung sowie Rotation, die je nach Wirbelsäulenabschnitt unterschiedlich ausgeprägt sind:

- Der beweglichste Teil der Wirbelsäule ist die Halswirbelsäule. In diesem Bereich sind Flexion, Extension, Seitneigung und Rotation möglich.
- Im Bereich der Brustwirbelsäule sind die Bewegungen sehr viel geringer ausführbar. Der Bewegungsspielraum nach hinten ist vor allem durch die langen steilen Dornfortsätze verriegelt. Die Beweglichkeit nach vorne, zur Seite und für die Rotation ist vor allem durch die Rippen eingeschränkt.
- In der Lendenwirbelsäule ist die Extension am weitesten möglich.

Der straffe Bandapparat und die Mechanik der Wirbelbogengelenke verhindern zwar größere Bewegungen von Wirbel zu Wirbel, doch summiert sich der geringe Bewegungsspielraum in der Gliederkette der Wirbelsäule zu Bewegungen mit großen Ausschlägen.
Das Bewegungsausmaß für die Flexion wird vor allem von Bändern gehemmt. Bei der Extension sind hauptsächlich knöcherne Strukturen für das Bewegungsende verantwortlich.

Dies soll verdeutlichen, dass je nach Bewegungsrichtung die schwerpunktmäßige Beanspruchung der einzelnen Strukturelemente der Wirbelsäule wechselt. Sind es bei der Vorbeugung vornehmlich die Bandscheiben und das hintere Längsband, sind bei der Rückneigung dagegen die Wirbelbogengelenke einer vermehrten Belastung ausgesetzt.

Schultergürtel und Beckengürtel

Der *Schultergürtel* setzt sich aus dem Schulterblatt (Scapula) und dem Schlüsselbein (Clavicula) zusammen. Er verbindet die Knochen der oberen Extremitäten (d. h. Oberarmknochen, Elle und Speiche sowie die Hände) mit dem Rumpf.

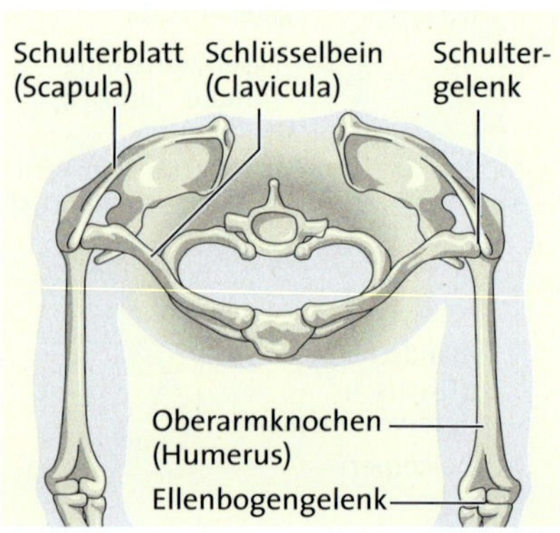

***Abb. 1** Schultergürtel*

Funktionell gesehen ist der Schultergürtel ein zweifaches Kugelgelenk. Das erste Kugelgelenk wird zwischen Schulterblatt und Oberarm, das zweite Kugelgelenk zwischen Schlüsselbein und Brustbein gebildet. Der Schultergürtel dient der Kraftübertragung von den Armen auf den Oberkörper und umgekehrt sowie von einem Arm auf den anderen.

Analog zum Schultergürtel gibt es den *Beckengürtel*. Er setzt sich aus dem Hüftbein und dem Kreuzbein (Os sacrum) zusammen. Der Beckengürtel ist geschlossen. Der Beckengürtel verbindet die Knochen der unteren Extremitäten (d. h. Oberschenkelknochen, Waden- und Schienbeine sowie die Füße) mit dem Rumpf und ermöglicht dadurch das Laufen. Das Becken trägt die inneren Organe wie eine Schale.

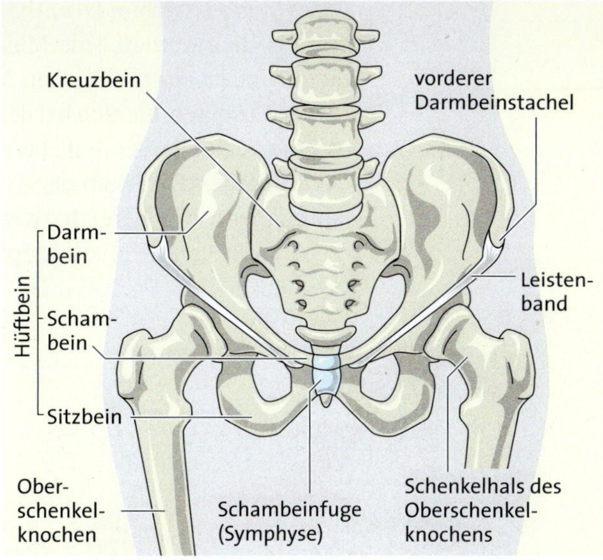

Abb. 1 *Beckengürtel*

6.2 Aktiver Bewegungsapparat

Die Muskeln ermöglichen nicht nur aktive zielgerichtete sportliche Bewegungen, alle Ausdrucksformen des lebenden Menschen gegenüber seiner Umwelt lassen sich letztlich auf Bewegungen der Skelettmuskulatur zurückführen.
Die Muskeln werden in Abhängigkeit ihres Aufbaus und ihrer Funktion in die *quer gestreifte Skelettmuskulatur*, die *glatte Muskulatur* und die *Herzmuskulatur* gruppiert. Auf Grund der Thematik dieses Buchs wird im Folgenden nur auf die quer gestreifte Skelettmuskulatur eingegangen.
Die Skelettmuskulatur besteht aus über 400 Muskeln von unterschiedlichster Form und Größe. Sie haben die Aufgabe, durch Kontraktion Spannungskräfte zu entwickeln, um mit ihren Sehnen an den Knochen zu ziehen und diese im Gelenk zu bewegen. 35–45 % der Körpermasse sind Muskulatur. Neben der Motorik ist sie für ca. 80 % der Wärmeproduktion und für die Glukose-Speicherung, Fettsäure-Oxidation und Wachstumshormonsekretion verantwortlich.

Für die besonderen Eigenschaften der glatten Muskulatur – sie befindet sich in den inneren Organen und Gefäßen, d. h. überall dort, wo es auf unwillkürliche und länger andauernde Kontraktionen ankommt – und des Herzmuskels soll auf die einschlägige Standardliteratur zur Muskelphysiologie, z. B. Markworth (2007) „Sportmedizin“, verwiesen werden.

6.2.1 Struktur und Funktion der Skelettmuskulatur

Die quer gestreifte Skelettmuskulatur wird so genannt, da sie unter dem Mikroskop gestreift erscheint. Jeder Skelettmuskel ist von einer Muskelhaut umgeben (Faszie) und besteht im Inneren aus einer Vielzahl von *Muskelfaserbündeln*, die von Bindegewebe umhüllt sind.

Jedes Muskelfaserbündel enthält wiederum mehrere *Muskelfasern*, die bis zu 15 cm lang und 0,1 mm dick werden. Jede Muskelfaser, auch Muskelzelle genannt, enthält mehrere Zellkerne und ist aus zahlreichen *Myofibrillen* aufgebaut. Eine Myofibrille besteht aus verschiedenen Eiweißen, die sich bei der Muskelkontraktion gegeneinander verschieben. Die Eiweiße, die auch Filamente genannt werden, sind das Aktin und das Myosin. Zwischen zwei Aktinfilamenten, die an der Z-Scheibe in der Fibrille befestigt sind, befindet sich ein Myosinfilament. Der Bereich zwischen zwei Z-Scheiben heißt Sarkomer. Myosinfilamente haben so genannte Myosinköpfchen, die rings um das Myosin angelagert sind.

Kommt es zu einer Kontraktion in der Muskelzelle, geschieht in allen Sarkomeren quasi das gleiche. Die dickeren Myosinfilamente ziehen die dünneren Aktinfilamente in die Mitte des Sarkomers. Die Aktinfilamente gleiten an den Myosinfilamenten vorbei, ohne dass beide Filamente ihre Länge ändern. Insgesamt aber werden die einzelnen Sarkomere und damit auch der Muskel kürzer, sodass in der Muskelzelle eine mechanische Spannung entsteht.

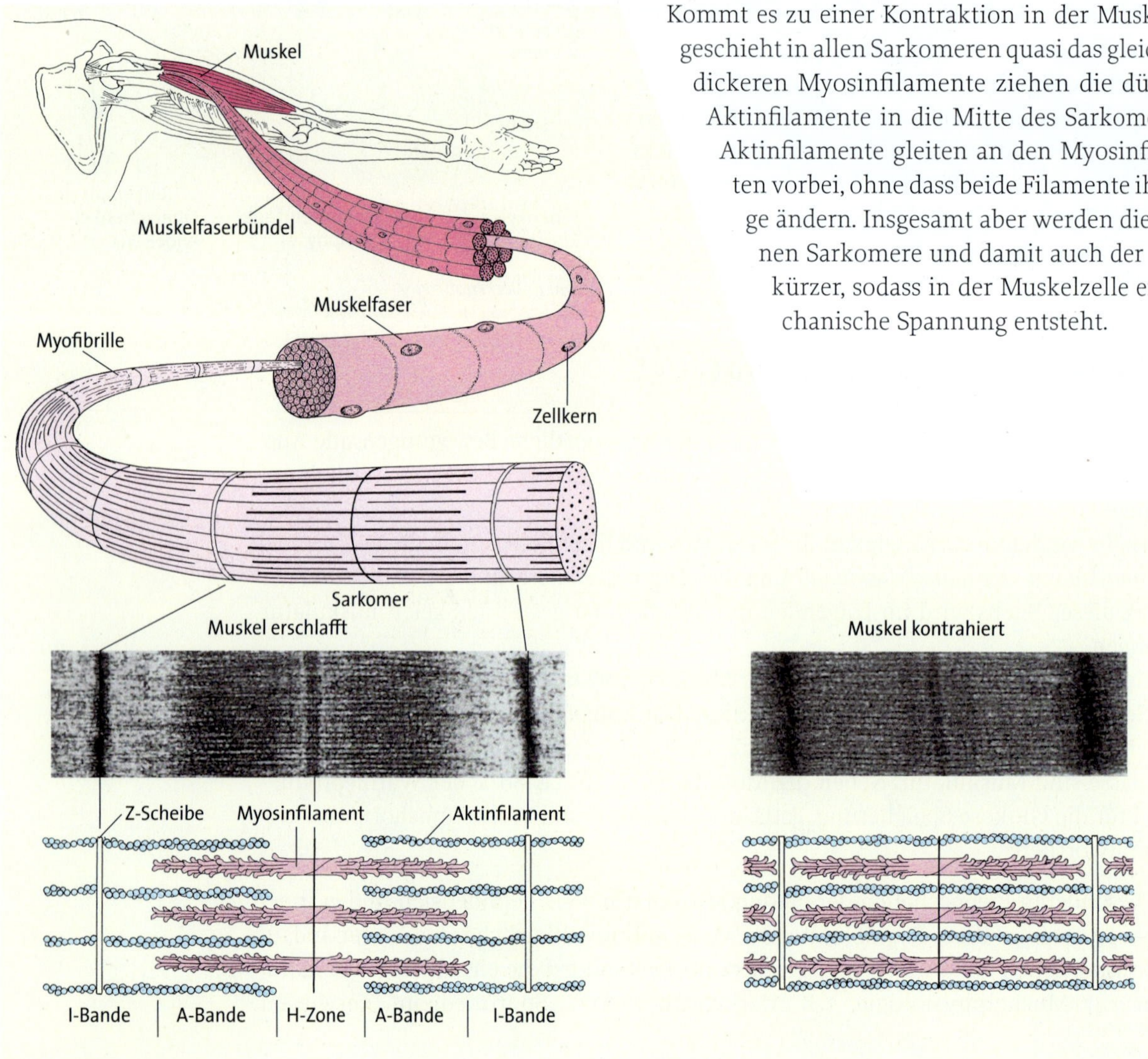

Abb. 1 *Aufbau der Skelettmuskulatur*

Eine Besonderheit der Muskelzellen ist die Existenz verschiedener Fasertypen mit differenzierter Funktion. Es werden zwei Haupttypen unterschieden. Auf der einen Seite gibt es die schnell kontrahierenden ***Fast-twitch-Fasern (FT)*** mit ihren Subtypen, nämlich den FTG-Fasern und den FTO-Fasern, auf der anderen Seite gibt es die langsam kontrahierenden ***Slow-twitch-Fasern (ST)***.

Nachfolgende Tabelle gibt eine Übersicht der drei Fasertypen in Abhängigkeit ihrer sportrelevanten Besonderheiten:

	Schnell kontrahierende Muskelfasern		Langsam kontrahierende Muskelfasern
Fasertypen	• FTG (Fast-twitch glycolytic) oder • Typ-II-B-Fasern	• FTO (Fast-twitch oxydative) oder • Typ-II-A-Fasern	• ST (Slow-twitch) • Typ-I-Fasern
Charakteristische Eigenschaften	• Weiße Fasern • Geringe Kapillarisierung • Wenige Mitochondrien • Niedriger Fettgehalt • Viel Kreatinphosphat • Sehr hohe Kontraktionsgeschwindigkeit • Schnellste Ermüdbarkeit • Hohe Erregungsschwelle	• Rote Fasern • Hohe Kapillarisierung • Viele Mitochondrien • Niedriger Fettgehalt • Viel Kreatinphosphat • Hohe Kontraktionsgeschwindigkeit • Schnelle Ermüdbarkeit • Mittlere Erregungsschwelle	• Rote Fasern • Hohe Kapillarisierung • Viele Mitochondrien • Hoher Fettgehalt • Wenig Kreatinphosphat • Langsame Kontraktionsgeschwindigkeit • Langsame Ermüdbarkeit • Niedrige Erregungsschwelle
Dominierender ↑ Energie liefernder Prozess	• Anaerobe Glykolyse	• Aerobe Glykolyse • Lipolyse	• Aerobe Glykolyse • Lipolyse
Einsatz	• Schnellkraft • Maximalkraft	• Kraftausdauer • Maximalkraft	• Ausdauer

Tab. 1 Fasertypen

Energie liefernder Prozess
↑ Seite 101

Für die sportliche Leistung ist besonders die Umwandlung der einzelnen Muskelfasertypen interessant, die bis heute nicht in allen Einzelheiten geklärt ist. Sicher ist, dass die Muskelfasertypenverteilung jedes einzelnen Menschen genetisch festgelegt ist. Auch gibt es unterschiedliche Faserzusammensetzungen der einzelnen Skelettmuskeln, die von ihrer jeweiligen Funktion abhängen. So weist beispielsweise der M. rectus femoris – auch Sprintermuskel genannt – einen höheren Anteil an FT-Fasern und damit einen geringeren Anteil an ST-Fasern als der Schollenmuskel (M. soleus), der überwiegend Haltearbeit verrichtet, auf.

Kann aber aus einem Sprinter ein Ausdauerathlet werden bzw. umgekehrt? Hierzu ist festzuhalten, dass durch ein *Ausdauertraining* eine Umwandlung der schnell zuckenden FTG-Fasern in FTO-Fasern bzw. ST-Fasern nachgewiesen werden konnte. Die schnell zuckenden FTG-Fasern können bei entsprechendem Training vollständig verschwinden (Hoppeler 1992). Auch mittels *Krafttraining* kann ein Faserwechsel stattfinden. Im Rahmen eines mehrwöchigen Hypertrophietrainings konnte eine Umwandlung von FTG-Fasern in FTO-Fasern und ST-Fasern festgestellt werden. Nach drei- bis fünfmonatigem Hypertrophietraining zeigte sich das Phänomen, dass die schnell zuckenden FTG-Fasern verschwunden waren. Allerdings sind diese Trainingseffekte reversibel. So verschiebt sich durch eine längere Trainingsabstinenz die Zusammensetzung wieder zu Gunsten des Ausgangsniveaus.

Ein Sprinter kann sich also durch entsprechendes Ausdauertraining durchaus zu einem sehr passablen Ausdauerathleten entwickeln. Der umgekehrte Vorgang, nämlich aus einem Ausdauertypen mit einem hohen Anteil an ST-Fasern einen Sprinter mit hohem Anteil an FTG-Fasern zu machen, scheint nur sehr begrenzt möglich zu sein. Trotz entsprechendem Schnellkrafttraining konnte die Umwandlung von ST-Fasern in FTG-Fasern im Erwachsenenalter bisher nicht nachgewiesen werden.

6.2.2 Hilfseinrichtungen des aktiven Bewegungsapparates

Zu den Hilfseinrichtungen des aktiven Bewegungsapparates gehören die Sehnen, die Schleimbeutel und die Sehnenscheiden.
Eine ***Sehne*** ist jener bindegewebige Teil des Muskels, durch den dieser mit einem Knochen verbunden ist. Sehnen bestehen aus sehr straffen Bindegewebsfasern, die über eine äußerst hohe Zugfestigkeit verfügen. Da nur sehr wenige Nerven und Blutgefäße in den Sehnen vorhanden sind, ist ihre Regenerationsfähigkeit sehr schlecht. An der Muskelseite sind die Sehnenfasern mit den einzelnen Muskelfaserhüllen (Faszien) verwachsen. Am Knochenansatz strahlen sie fächerförmig in die Knochenhaut und Knochensubstanz ein (vgl. Markworth 2007).

Um mechanische Überlastungen von Muskeln bzw. deren Sehnen zu vermeiden, stehen gewisse Hilfseinrichtungen wie z. B. *Schleimbeutel* und *Sehnenscheiden* zur Verfügung.

Schleimbeutel sind kleine flüssigkeitsgefüllte bindegewebige „Säckchen", die sich im Bereich des Bewegungsapparates befinden, wo Muskeln und breitflächige Sehnen über Knochenvorsprünge gleiten.
Sehnenscheiden sind flüssigkeitsgefüllte bindegewebige Hüllen eher runder Sehnen, die ebenfalls überall dort vorkommen, wo der Reibungswiderstand der Sehen an Knochenvorsprüngen oder Bändern zu hoch wäre.

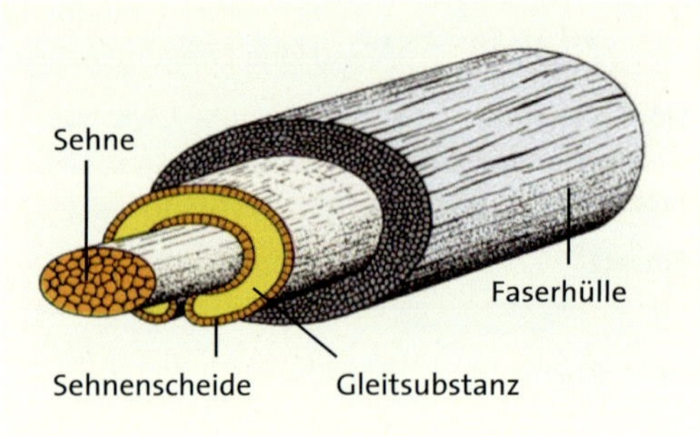

Abb. 1 *Sehne und Sehnenscheide*

6.2.3 Ursprung – Ansatz

Muskeln haben mindestens zwei Fixpunkte an verschiedenen Knochen, damit diese Knochen über das Gelenk gegeneinander bewegt werden können. Je nach Funktion werden ihre Befestigungen am Knochen als Ansatz oder Ursprung bezeichnet.

- Die Befestigung des Muskels am unbeweglicheren (fixierten) Anteil des Knochens kann als *Ursprung* (Punctum fixum) und
- die Befestigung des Muskels an dem beweglicheren Anteil des Knochens als *Ansatz* (Punctum mobile) bezeichnet werden.

Zum Beispiel ist der Ursprung des M. biceps brachii am Schulterblatt (Scapula) – dem relativ unbeweglicheren Teil – und der Ansatz an der Speiche (Radius) – dem beweglicheren Teil. Beim Heben des Unterarms bleibt der Ursprung an der Scapula fest an seinem Ort und der Ansatz am Radius führt dazu, dass der Unterarm gebeugt wird.

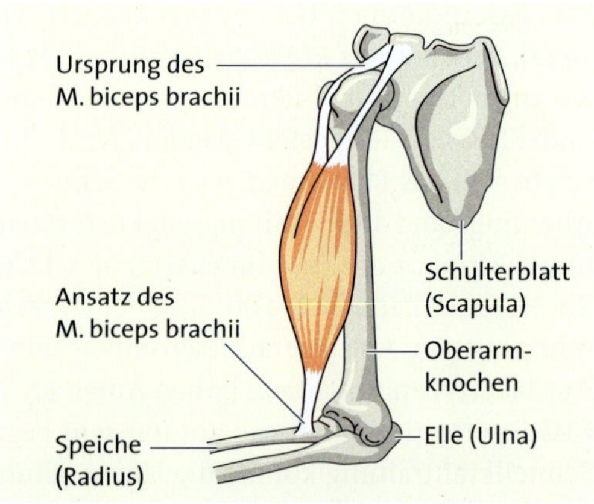

Abb. 2 *M. biceps brachii mit Ansatz und Ursprung*

Die Bezeichnungen von Ansatz und Ursprung können auch vertauscht werden, um ungewöhnliche Bewegungen zu ermöglichen. Der Ursprung des M. biceps brachii am Schulterblatt und der Ansatz an der Speiche wechseln, wenn Klimmzüge gemacht werden. In diesem Fall ist der Ursprung die Speiche, die fest an ihrem Ort bleibt, und der Ansatz, das Schulterblatt, wird bewegt.

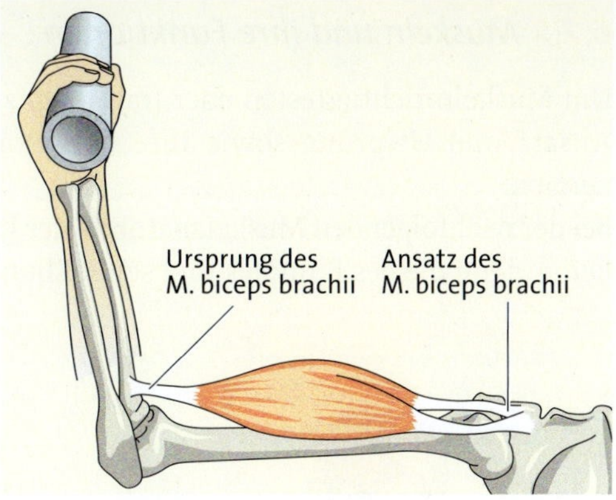

Abb. 1 *Ansatz und Ursprung bei der Durchführung von Klimmzügen*

6.2.4 *Synergisten und Antagonisten*

An den verschiedenen Gelenkbewegungen des Körpers arbeiten immer verschiedene Muskeln zusammen. Muskeln, die sich bei einer bestimmten Gelenkbewegung gegenseitig unterstützen, werden ***Synergisten*** genannt. So arbeiten beim Bankdrücken der große Brustmuskel (M. pectoralis major), der Armstrecker (M. triceps) und der vordere Anteil des Deltamuskels (M. deltoideus pars clavicularis) zusammen. Wichtig ist hierbei zu beachten, dass die Muskeln nicht immer Synergisten sind, vielmehr bezieht sich diese Gemeinschaft immer nur auf eine bestimmte Bewegung.
Muskeln, die bei einer Gelenkbewegung gegensätzliche Bewegungen ausführen, werden ***Antagonisten*** genannt. Wird z. B. bei der Armbeugung der Armbeuger (M. biceps brachii), d. h. der Agonist, aktiv verkürzt, wird sein Strecker (M. triceps), d. h. der Antagonist, aktiv gedehnt.

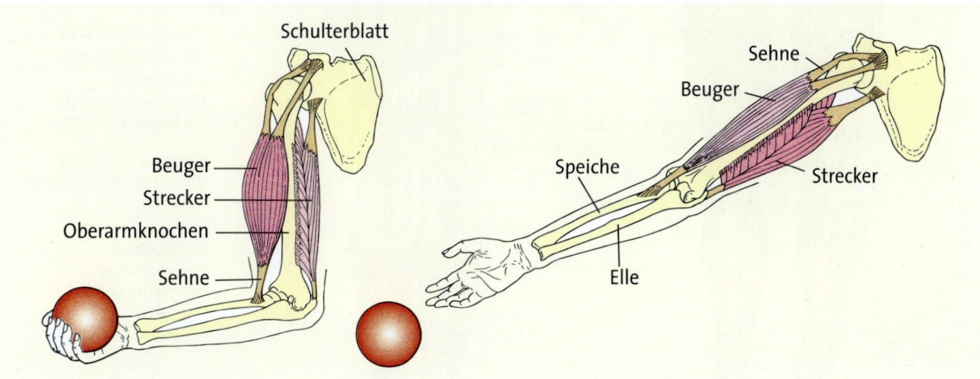

Abb. 2 und 3 *Antagonisten und Synergisten*

6.2.5 Muskeln und ihre Funktionen

Um Muskeln richtig testen oder trainieren zu können, ist es unabdingbar, ihre Lage, d. h. Ansatz und Ursprung sowie ihre Funktion und die Gegenspieler (Antagonisten) zu kennen.

Bei der nachfolgenden Muskelanatomie des Körpers werden zuerst die großen Muskeln der Beine, dann die des Rumpfes und schließlich die der Arme betrachtet.

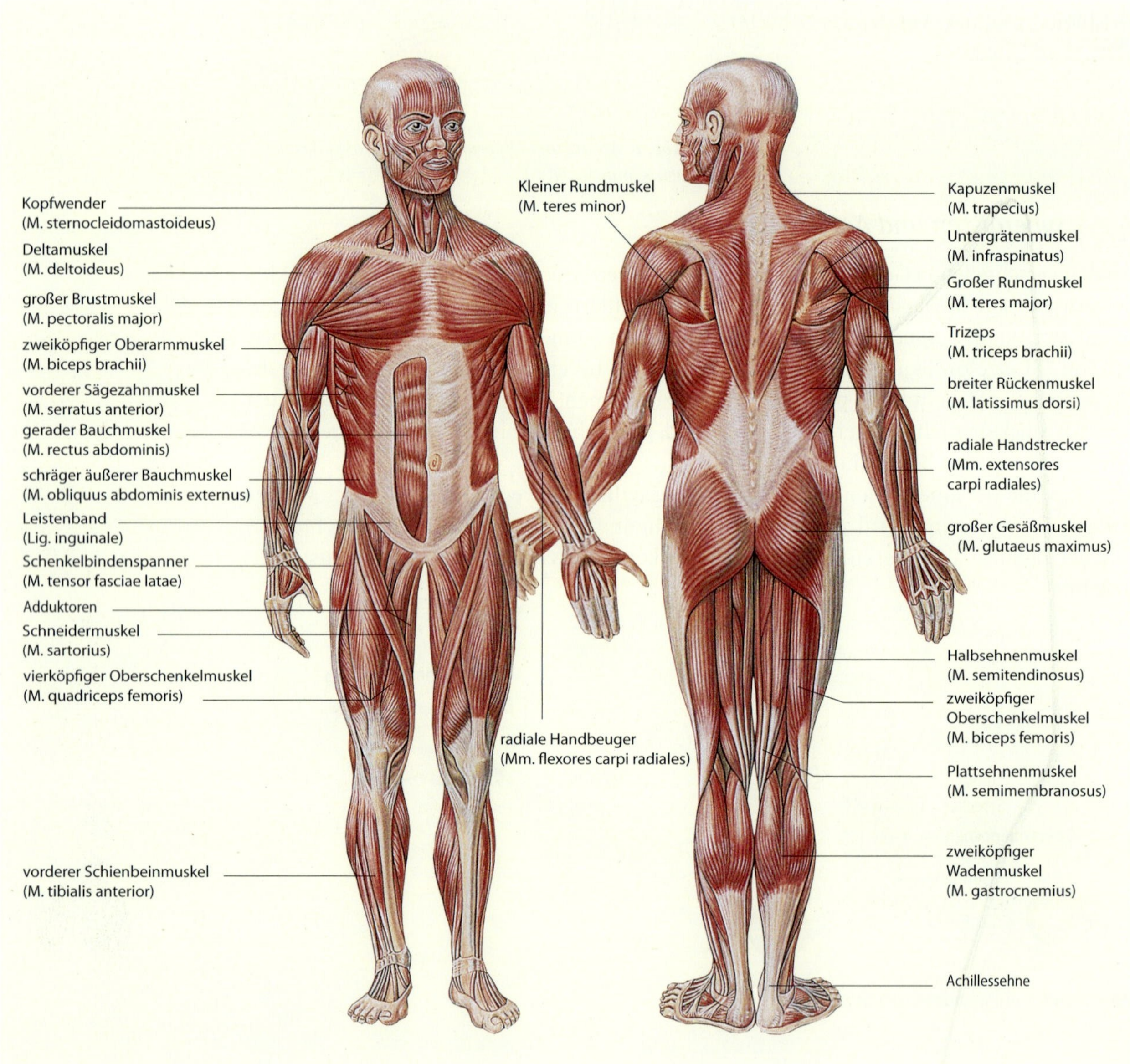

Abb. 1 *Die oberflächlichen Muskeln des Menschen*

Anatomie und Funktion des Beines

Zu den Muskelgruppen des Beines gehören die *Hüftmuskeln* (Schenkelabspreizer, Schenkelanzieher, Hüftbeuger und Hüftstrecker), die Muskeln des *Kniegelenkes* (Strecker des Kniegelenks, Beuger des Kniegelenks) sowie die *Sprunggelenks-* und *Fußmuskeln.* Auf die Fußmuskulatur wird in diesem Buch nicht eingegangen und bei der Sprunggelenksmuskulatur werden nur die beiden stärksten Muskeln beschrieben.

Schenkelabspreizer (Abduktoren)

Zu den Schenkelabspreizern gehören vor allem der *mittlere Gesäßmuskel* (M. glutaeus medius), der *Schenkelbindespanner* (M. tensor fasciae latae) und Faseranteile des *großen Gesäßmuskels* (M. glutaeus maximus). Des Weiteren sind an der Abduktion der *kleine Gesäßmuskel* (M. glutaeus minimus) und der *Birnenförmige Muskel* (M. piriformis) beteiligt.
Die Abduktoren arbeiten antagonistisch zu den Adduktoren.
Die Gesäßmuskeln sind beim Laufen und Gehen aktiv und stabilisieren das Hüftgelenk. Erst durch die Stabilisierung des Beckens wird ein Zur-Seite-Kippen des Oberkörpers im Standbein verhindert.

Großer Gesäßmuskel (M. glutaeus maximus)
Mittlerer Gesäßmuskel (M. glutaeus medius)
Kleiner Gesäßmuskel (M. glutaeus minimus)

Ursprung: Der große Gesäßmuskel entspringt am hinteren Teil des Darmbeinkammes (Os ilium) sowie am Kreuz- (Os sacrum) und Steißbein (Os coccygis). Der mittlere und kleine Gesäßmuskel entspringen an der Außenseite des Darmbeinkamms
Ansatz: Großer Rollhügel (Trochanter major) und äußere Oberschenkelbinde (Fascia lata – nur großer Gesäßmuskel)
Funktion: Abduktion, Außenrotation und Streckung des Oberschenkels
Der mittlere und der kleine Gesäßmuskel sind außerdem an der Innenrotation (vordere Fasern) beteiligt.

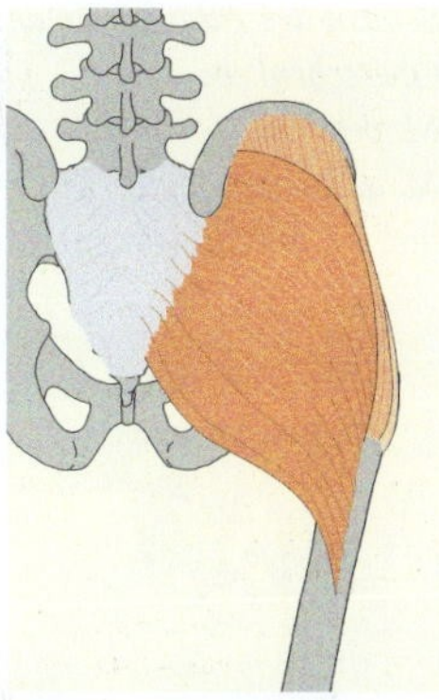

Abb. 1 *M. glutaeus maximus*

Schenkelbindenspanner (M. tensor fasciae latae)

Ursprung: Außenseite des vorderen oberen Darmbeinstachels (Spina iliaca anterior superior)
Ansatz: Im kräftigen Sehnenstrang der Oberschenkelfaszie (Tractus iliotibialis), die bis an die Außenseite des Schienbeinkopfes reicht.
Funktion: Beugung, Abduktion und Innenrotation in der Hüfte

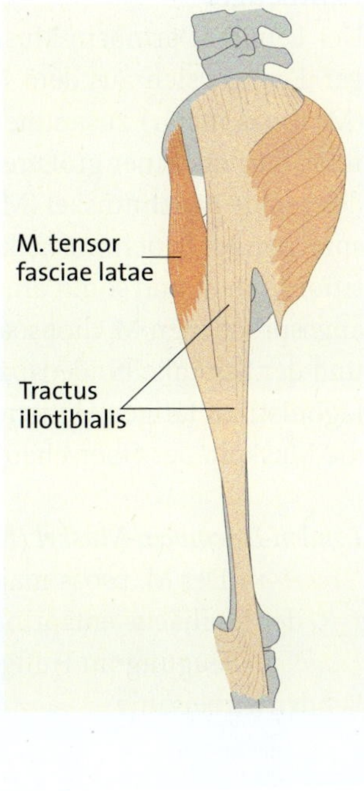

Abb. 2 *M. tensor fasciae latae und Tractus iliotibialis*

Schenkelanzieher (Adduktoren)

Zu den Schenkelanziehern gehören die vier Adduktoren (M. adductor magnus, minimus, longus und brevis) sowie der M. gracilis und der M. pectineus. Einige Schenkelanzieher sind zudem gleichzeitig bei der Hüftgbeugung und der Außenrotation des Beines beteiligt, da sie ihren Ansatz an der Rückseite des Oberschenkelknochens haben. Schnellkräftige ruckartige Bewegungen, wie sie z. B. beim Spannschuss im Fußball oder beim Sprint in der Leichtathletik vorkommen, können daher zu Zerrungen führen.

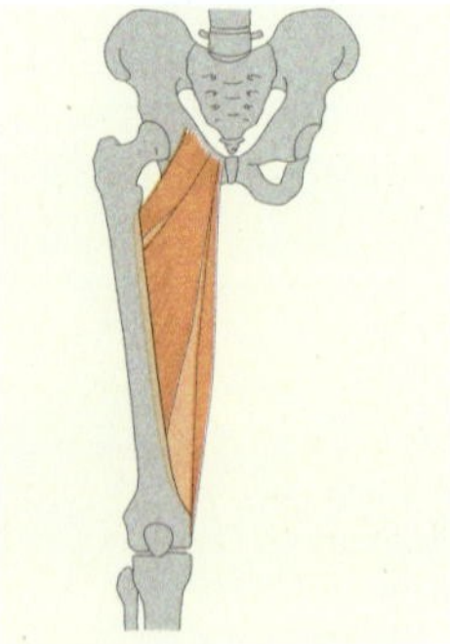

Abb. 1 *Die oberflächliche Schicht der Adduktoren des Oberschenkels: M. pectineus (oben), M. adductor longus (Mitte) und M. gracilis (unten).*

Kurzer Schenkelanzieher (M. adductor brevis)
Langer Schenkelanzieher (M. adductor longus)
Großer Schenkelanzieher (M. adductor magnus)
Kleiner Schenkelanzieher (M. adductor minimus)
Schlanker Muskel (M. gracilis)
Kammmuskel (M. pectineus)

Ursprung: Schambein (Os pubis)
Ansatz: Rückseite des Oberschenkels, der s. g. Oberschenkelleiste (Linea aspera), z. T. bis ans Kniegelenk
Funktion: Adduktion in der Hüfte

Zusätzlich haben die Adduktoren – bis auf den M. gracilis und den M. pectineus – die Fähigkeit, die Hüfte nach außen rotieren zu lassen. Der M. adductor magnus kann auch im Hüftgelenk strecken und einwärtsrotieren und der M. gracilis kann im Knie beugen und es einwärtsrotieren.

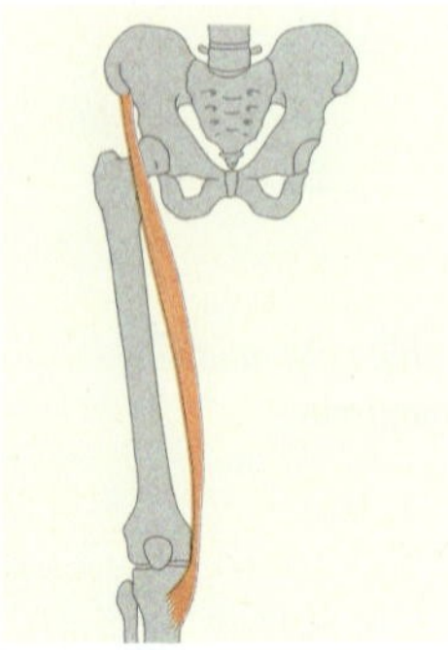

Abb. 2 *M. sartorius*

Schneidermuskel (M. sartorius)

Ursprung: Vorderer oberer Darmbeinstachel (Spina iliaca anterior superior)
Ansatz: Innenseite des Schienbeins
Funktion: Als zweigelenkiger Muskel adduziert, beugt und außenrotiert er in der Hüfte und beugt und innenrotiert im Knie.

Hüftbeuger

Der Lenden-Darmbein-Muskel (M. iliopsoas) ist der am kräftigsten ausgebildete Hüftbeuger. Er setzt sich aus dem Darmbeinmuskel (M. iliacus) und dem großen Lendenmuskel (M. psoas major) zusammen. Da der große Lendenmuskel an der Lendenwirbelsäule ansetzt, darf er keiner größeren Belastung ausgesetzt werden, solange nicht sein Antagonist, der gerade Bauchmuskel (M. rectus abdominis), hinreichend trainiert wurde. Ohne ein entsprechendes Bauchmuskelkorsett würde der Hüftbeuger den Rücken in eine Hohlkreuzposition ziehen und somit eine hohe Belastung der Bandscheiben darstellen. Neben dem hier angesprochenen M. iliopsoas hat auch der gerade Oberschenkelmuskel (M. rectus femoris) und der Schenkelbindenspanner (M. tensor fasciae latae) hüftbeugende Funktion. Die antagonistisch tätigen Hüftstrecker sind der große Gesäßmuskel (M. glutaeus maximus) und die Muskeln der Oberschenkelrückseite (Mm. ischiocrurales).

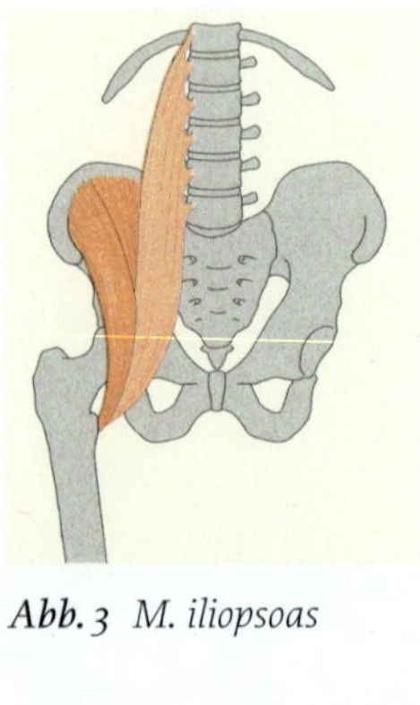

Abb. 3 *M. iliopsoas*

Lenden-Darmbein-Muskel (M. iliopsoas)

Ursprung: Der M. psoas major entspringt am 12. Brustwirbel sowie an den Lendenwirbeln 1–5, der M. iliacus entspringt an der gesamten Innenseite der Darmbeinschaufel.
Funktion: Beugung im Hüftgelenk, Außenrotation des Beins und Beugung der Lendenwirbelsäule

Beuger des Kniegelenks

Die Beuger des Kniegelenks (ischiocrurale Muskulatur) setzen sich aus dem zweiköpfigen Schenkelmuskel (M. biceps femoris) sowie dem Halbsehnenmuskel (M. semitendinosus) und dem Plattschnenmuskel (M. semimembranosus) zusammen. Die ischiocrurale Muskulatur beugt das Bein im Kniegelenk und streckt es im Hüftgelenk.
Sind diese Muskeln verkürzt, hat dies eine Bewegungseinschränkung im Hüftgelenk zur Folge, da das Nach-vorne-Kippen des Beckens nur noch sehr eingeschränkt funktioniert. Als Reaktion auf diese Einschränkung kommt es zu einer Überstreckung des Rückens im Lendenbereich und längerfristig gesehen nicht selten zu Rückenproblemen.
Neben der ischiocruralen Muskulatur hat auch der zweiköpfige Zwillingswadenmuskel (M. gastrocnemius) eine kniegelenkbeugende Funktion.

Die ischiocrurale Muskulatur arbeitet in ihrer Eigenschaft als Kniegelenksbeuger zusammen mit dem zweiköpfigen Zwillingswadenmuskel antagonistisch gegen den vierköpfigen Oberschenkelmuskel (M. quadriceps). Als Hüftgelenksstrecker arbeitet sie zusammen mit dem großen Gesäßmuskel (M. glutaeus maximus) antagonistisch gegen die Hüftbeuger M. iliopsoas, M. rectus femoris und M. tensor fasciae latae.

Zweiköpfiger Oberschenkelmuskel (M. biceps femoris)
Halbsehnenmuskel (M. semitendinosus)
Plattsehnenmuskel (M. semimembranosus)

Ursprung: Sitzbein (Os ischii), der M. biceps femoris entspringt auch an der Oberschenkelleiste.
Ansatz: Der M. biceps femoris setzt am Wadenbeinköpfchen (Caput fibulae) an.
Der M. semitendinosus und der M. semimembranosus setzen an der Innenseite des Schienbeins (Os tibia) an.
Funktion: Streckung in der Hüfte. Der M. biceps femoris beugt und rotiert das Knie auswärts, wohingegen der M. semitendinosus und der M. semimembranosus das Knie beugen und einwärtsrotieren.

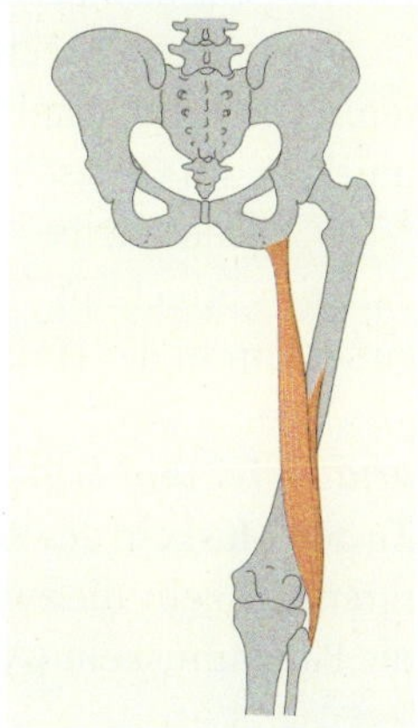

Abb. 1 *M. biceps femoris*

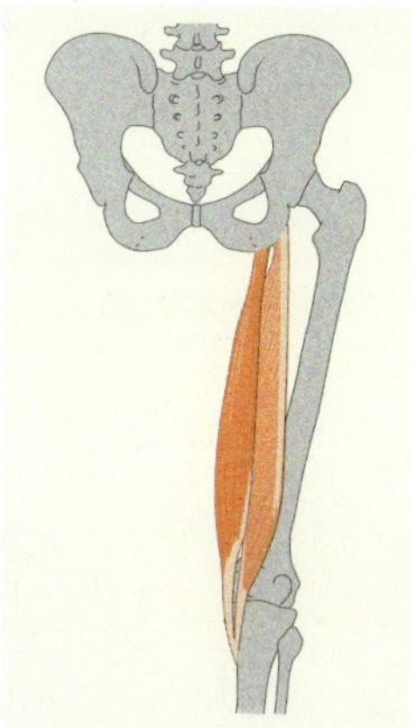

Abb. 2 *M. semitendinosus (dunkelrot) und M. semimembranosus (hellrot)*

Zwillingswadenmuskel (M. gastrocnemius)

Ursprung: Rückseite des inneren und äußeren Oberschenkelknorrens
Ansatz: Fersenbein
Funktion: Streckung im oberen Sprunggelenk (Plantarflexion) und Beugung im Kniegelenk

Schollenmuskel (M. soleus)

Ursprung: Am Wadenbeinköpfchen und schräg nach unten an der Rückseite des Schienbeins
Ansatz: Fersenbein
Funktion: Streckung im Fußgelenk (Plantarflexion)
Der M. gastrocnemius bildet zusammen mit dem Schollenmuskel (M. soleus) und dem M. plantaris den kräftigen M. triceps surae.

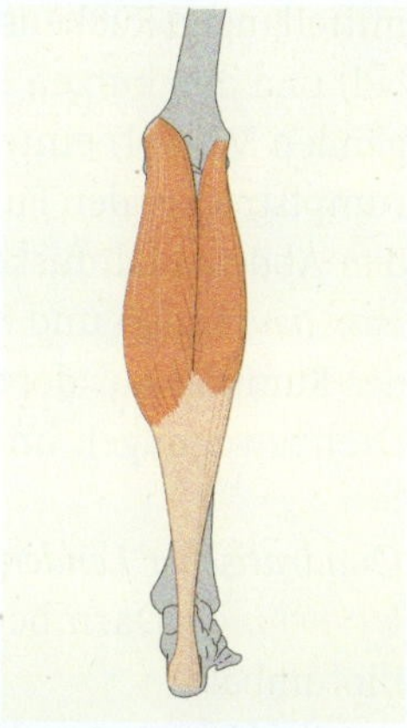

Abb. 3 *M. gastrocnemius*

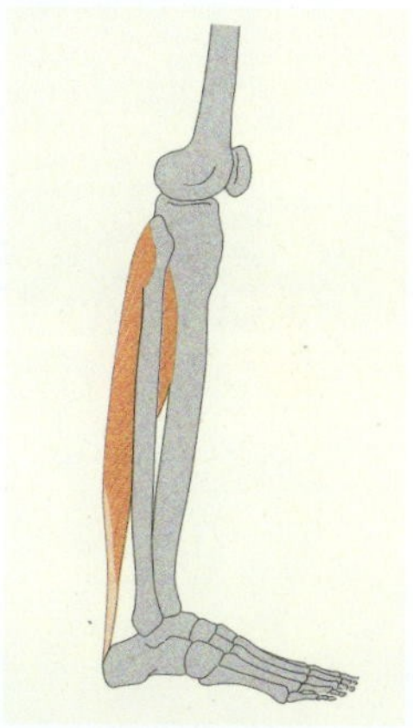

Abb. 4 *M. soleus*

Strecker des Kniegelenks

Der Strecker des Kniegelenks (M. quadriceps femoris) setzt sich aus den drei Vastusmuskeln (M. vastus lateralis, intermedius, medialis) und dem M. rectus femoris zusammen. Seine Aufgabe besteht darin, das Bein im Knie zu strecken und zu stabilisieren. Besonders der M. vastus medialis ist für die Stabilität des Knies verantwortlich, da er dafür sorgt, dass die Kniescheibe nicht nach außen gezogen wird. Nach Knieverletzungen ist er daher besonders geschwächt und muss mit Belastungsübungen bei fast vollständig gestrecktem Knie trainiert werden. Der vierköpfige Oberschenkelmuskel (M. quadriceps femoris) wirkt als Kniegelenkstrecker antagonistisch zur kniegelenkbeugenden Muskulatur der Oberschenkelrückseite (Mm. ischiocrurales) und zum Zwillingswadenmuskel (M. gastrocnemius). Der gerade Oberschenkelmuskel (M. rectus femoris) wirkt in seiner weiteren Eigenschaft als Hüftgelenksbeuger auch noch antagonistisch zu dem großen Gesäßmuskel (M. glutaeus maximus).

Gerader Oberschenkelmuskel (M. rectus femoris)
Äußerer Oberschenkelmuskel (M. vastus lateralis)
Mittlerer Oberschenkelmuskel (M. vastus intermedius)
Innerer Schenkelmuskel (M. vastus medialis)

Ursprung: Der M. rectus femoris entspringt am vorderen unteren Darmbeinstachel (Spina iliaca anterior inferior), die Vastusmuskeln am Oberschenkelknochen (Femur).

Ansatz: Kniescheibe

Funktion: Streckung im Kniegelenk, der M. rectus femoris beugt außerdem in der Hüfte.

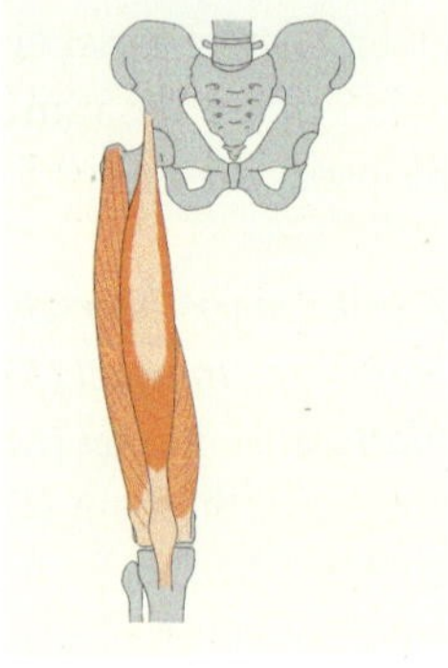

Abb. 1 *M. quadriceps femoris*

Anatomie und Funktion des Rumpfes

Zu den Muskeln des Rumpfes zählen der *Rückenstrecker* (M. erector spinae, der sich aus mehreren Muskeln, die zwischen den Dorn- und Querfortsätzen verlaufen, zusammensetzt) und die Bauchmuskeln (Abdominalmuskeln).

Rückenstrecker (M. erector spinae)

Der Rückenstrecker (M. erector spinae) lässt sich in den langen Rückenstrecker (zieht mindestens an sieben Wirbeln vorbei), den mittellangen Rückenstrecker (zieht an zwei bis sechs Wirbeln vorbei) und den kurzen Rückenstrecker (geht jeweils zum nächstliegenden Wirbel) einteilen. Der Rückenstrecker arbeitet in seiner rumpfstreckenden Funktion antagonistisch zu den rumpfbeugenden Abdominalmuskeln.

Funktion: Halte- und Stützfunktion, Rumpfseitneigen, Aufrichten des Rumpfes aus der Seitneigung, Drehung der Wirbelsäule und Drehbewegungen im Halsbereich

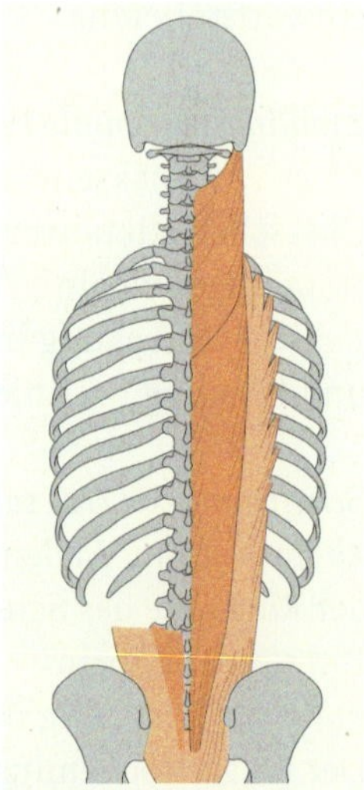

Abb. 2 *M. erector spinae mit seinen beiden Anteilen*

Quadratischer Lendenmuskel (M. quadratus lumborum)

Ursprung: Darmbeinkamm (Crista iliaca), Ligamentum iliolumbale

Ansatz: Unterkante der untersten Rippe, 1.–3. Lendenwirbel

Funktion: Seitwärtsneigung des Rumpfes

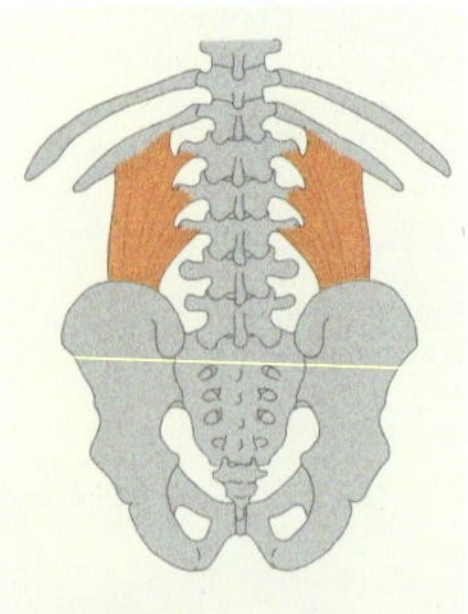

Abb. 3 *M. quadratus lumborum*

Bauchmuskeln (Abdominalmuskeln)

Auf die Wichtigkeit von gut trainierten Bauchmuskeln wurde bereits mehrfach hingewiesen. So entlasten und stabilisieren diese die Wirbelsäule bei Bewegungen – wie z. B. dem schweren Heben. Als Antagonisten des oftmals stärkeren Rückenstreckers und Hüftbeugers gilt es sowohl für den Sportler als auch für den präventiv orientierten Kunden, dem Training der Bauchmuskeln besondere Beachtung zu schenken. Allen Bauchmuskeln gemein ist ihre rumpfbeugende Funktion, die Bauchpresse und ihre Funktion bei der (forcierten) Ausatmung. Da die vorderen Bauchmuskeln auch den Thorax fixieren, damit die Halsflexoren den Kopf aus der Rückenlage anheben können, kann es bei ausgeprägter Bauchmuskelschwäche vorkommen, dass der Kopf nicht mehr angehoben werden kann. Im Stand kommt es bei einer Bauchmuskelschwäche durch die Flexion des Beckens und Extension der Lendenwirbelsäule zu einer verstärkten Lendenlordose.
Es werden vier verschiedene Bauchmuskeln unterschieden.

Als Bauchpresse wird die willkürliche Druckerhöhung innerhalb des Bauchraumes durch Anspannung verschiedener Muskelgruppen bezeichnet.

Gerader Bauchmuskel (M. rectus abdominis)
Ursprung: 5.–7. Rippe, Schwertfortsatz des Brustbeins (Processus xiphoideus sterni)
Ansatz: Schambein (Os pubis)
Funktion: Rumpfeinrollen, Stabilisierung des Beckens, Aufrichten des Beckens, Aufheben der Lendenlordose

Äußerer schräger Bauchmuskel (M. obliquus externus abdominis)
Ursprung: 5.–12. Rippe
Ansatz: Darmbeinkamm (Crista iliaca), Rektusscheide
Funktion: Drehen des Rumpfes zur Gegenseite (bei einseitiger Kontraktion), Rumpfeinrollen, Stabilisieren des Beckens, Aufrichten des Beckens

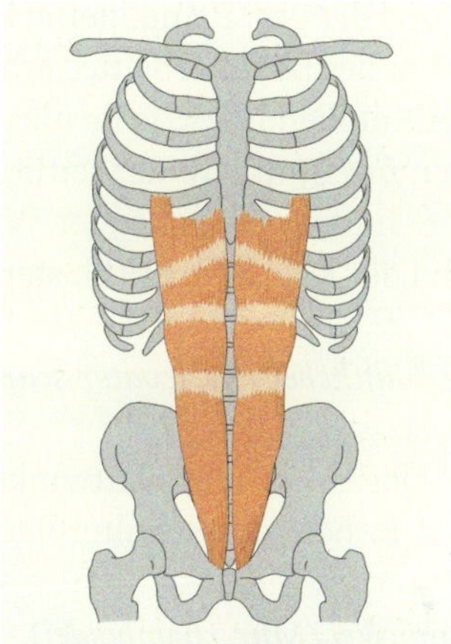

Abb. 1 M. rectus abdominis

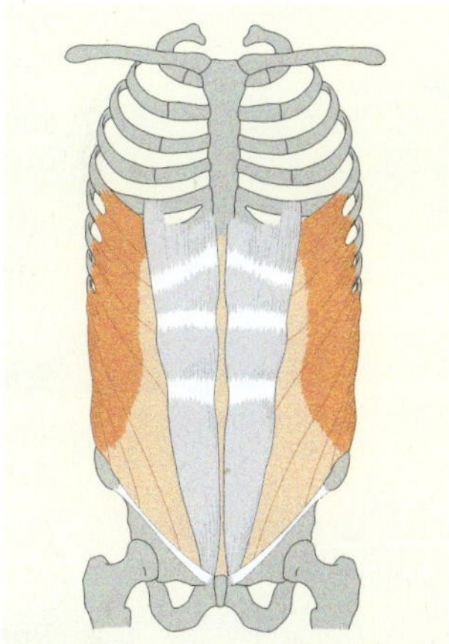

Abb. 2 M. obliquus externus abdominis

Innerer schräger Bauchmuskel (M. obliquus internus abdominis)
Ursprung: Darmbeinkamm (Crista iliaca)
Ansatz: 9.–12. Rippe, Weiße Linie (Linea alba)
Funktion: Drehen des Rumpfes zur gleichen Seite (bei einseitiger Kontraktion), Aufrichten des Beckens, Stabilisieren des Beckens, Aufheben der Lendenlordose

Quere Bauchmuskeln (M. transversus abdominis)
Ursprung: Innenfläche des 7.–12. Rippenknorpels, Darmbeinkamm (Crista iliaca)
Ansatz: Weiße Linie (Linea alba)
Funktion: Bauchpresse, Taillenbildung (stützt die Bauchorgane), Ausatmung
Durch eine Schwäche des M. transversus abdominis wölbt sich der Bauch nach vorne und eine Zunahme der Lendenlordose ist zu beobachten.

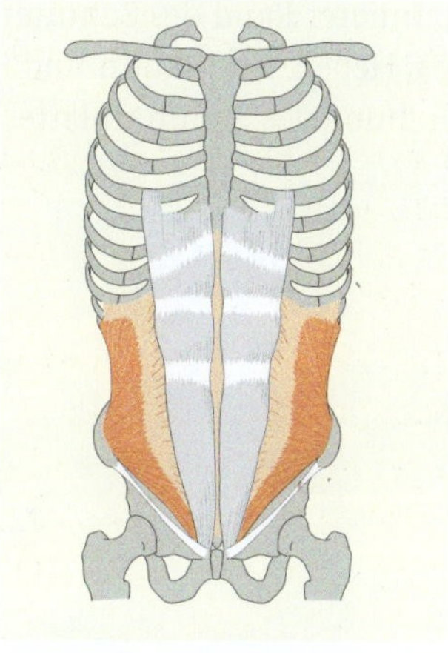

Abb. 3 M. obliquus internus abdominis

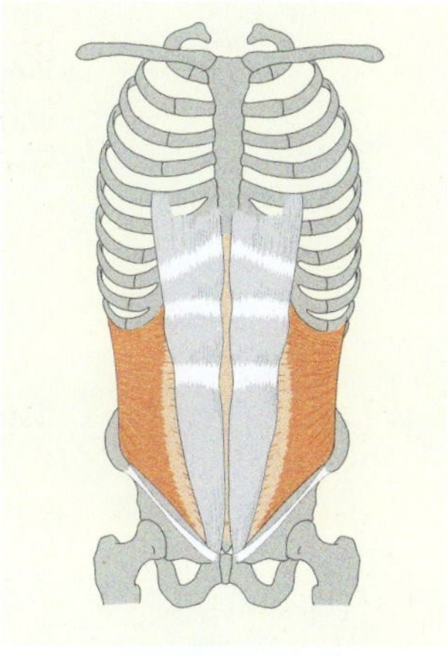

Abb. 4 M. transversus abdominis

Anatomie und Funktion des Armes im Schultergelenk

Zu den Muskeln, die die Bewegung der Arme im Schultergelenk ermöglichen, zählen

- die Muskeln, die vom Rumpf zum Schulterblatt verlaufen,
- die Muskeln, die am Schulterblatt entspringen und am Oberarm ansetzen und
- die Muskeln, die vom Rumpf kommen und am Arm ansetzen.

Bewegungen des Armes im Schultergelenk sind in allen drei Ebenen möglich.
Die Muskulatur der Schulter kann dabei in zwei funktionelle Gruppen, nämlich die ***Schultergürtelmuskeln*** und die ***Schultergelenkmuskeln,*** eingeteilt werden. Zu den Muskeln des Schultergürtels, den s. g. Schulterblattfixatoren, gehören alle Muskeln, die am Schulterblatt (Scapula) bzw. Schlüsselbein (Clavicula) ansetzen. Zu den Schultergelenkmuskeln zählen alle Muskeln, die vom Rumpf oder Schulterblatt kommen und am Oberarm ansetzen.

Muskeln, die vom Rumpf zum Schulterblatt verlaufen (Schultergürtelmuskeln)

Zu dieser Gruppe der *Schultergürtelmuskeln* gehören der Schulterblattheber (M. levator scapulae) und der große und kleine Rautenmuskel (Mm. rhomboideus major und minor), die das Heben des Schulterblattes ermöglichen, sowie der Kapuzenmuskel (M. trapezius), der aus drei Anteilen mit jeweils unterschiedlichen Funktionen besteht. Weiter gehört zu den Schultergürtelmuskeln der seitliche Sägemuskel (M. serratus anterior), der für die Stabilität der Schulter von äußerster Wichtigkeit ist, der kleine Brustmuskel (M. pectoralis minor) und der Kopfwender (M. sternocleidomastoideus).

Schulterblattheber (M. levator scapulae)
Ursprung: 1.–4. Halswirbel
Ansatz: Oberer Schulterblattwinkel
Funktion: Er hebt das Schulterblatt.

Rautenmuskel (Mm. rhomboidei)
Ursprung: 6.–7. Halswirbel (minor), 1.–4. Brustwirbel (major)
Ansatz: Innerer Rand des Schulterblattes
Funktion: Heben, Adduktion und Einwärtsdrehung des Schulterblattes

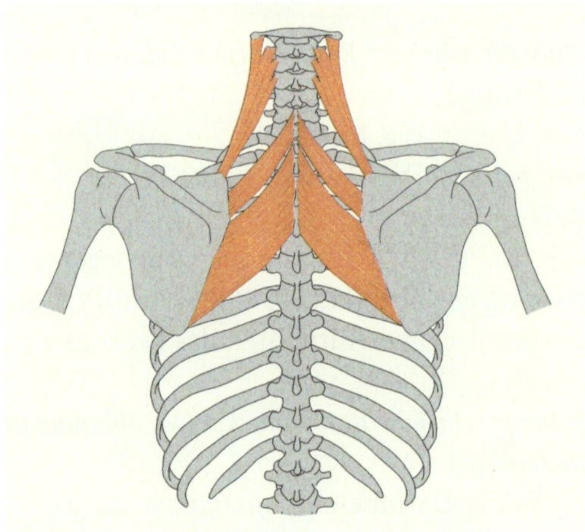

Abb. 1 *Darstellung der Mm. rhomboideus major (unten) und minor (Mitte) und des M. levator scapulae*

Kapuzenmuskel (M. trapezius)
Pars descendens (oberer, absteigender Anteil)
Ursprung: Hinterhauptbein bis 7. Halswirbel
Ansatz: Schlüsselbein (Clavicula)
Funktion: Er zieht die Schultern nach oben und dreht den Kopf zur Gegenseite.

Pars transversa (mittlerer, quer verlaufender Anteil)
Ursprung: 7. Hals- bis 3. Brustwirbel
Ansatz: Schulterhöhe (Acromion)
Funktion: Er zieht die Schultern nach hinten zur Wirbelsäule und dreht den Nacken zur Gegenseite.

Pars ascendens (unterer, aufsteigender Teil)
Ursprung: 3.–12. Brustwirbel
Ansatz: Schulterblattgräte (Spina scapulae)
Funktion: Er zieht die Schultern nach unten.
Der M. trapezius ist damit an allen Zieh- und Hebebewegungen, wie sie z. B. beim Koffertragen oder Gewichtheben erforderlich sind, beteiligt.

Kleiner Brustmuskel (M. pectoralis minor)
Ursprung: 3.–5. Rippe
Ansatz: Rabenschnabelfortsatz (Processus coracoideus)
Funktion: Er senkt und dreht das Schulterblatt und ist Einatemhilfsmuskel bei aufgestützten Armen.

Kopfwender (M. sternocleidomastoideus)
Ursprung: Brustbein (Sternum) und Schlüsselbein (Clavicula)
Ansatz: Warzenfortsatz (Processus mastoideus) und obere Nackenlinie (Linea nuchae superior)
Funktion: Er hebt den Kopf bei beidseitiger Kontraktion, bei einseitiger Kontraktion neigt er den Kopf zur gleichen Seite und dreht ihn zur Gegenseite.

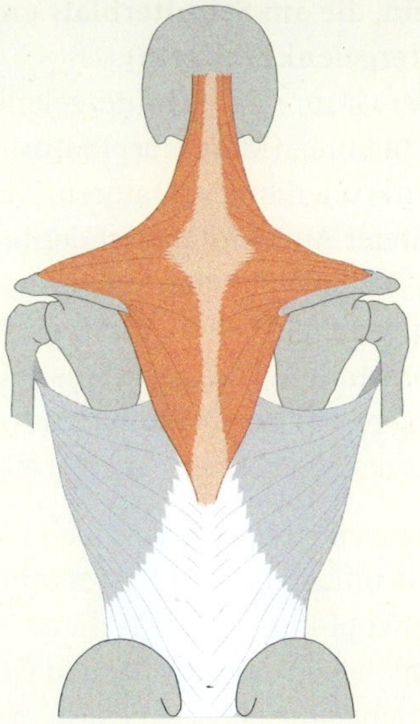

Abb. 1 M. trapezius

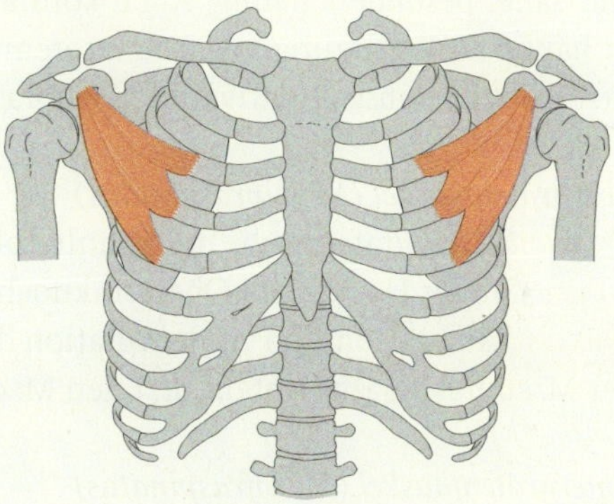

Abb. 2 M. pectoralis minor

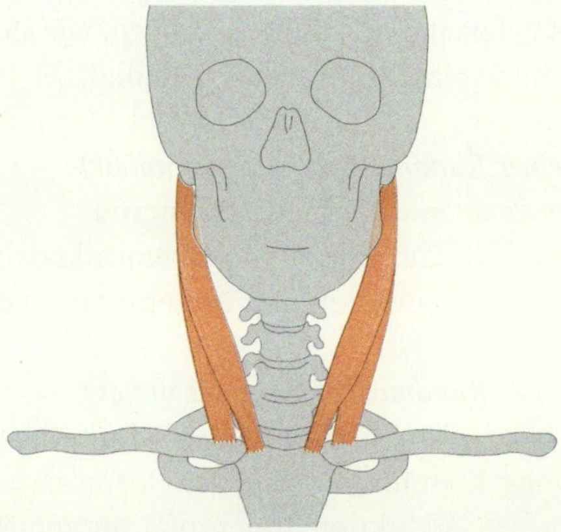

Abb. 3 M. sternocleidomastoideus

Muskeln, die am Schulterblatt entspringen und am Oberarm ansetzen (Schultergelenkmuskeln)

Zu dieser Gruppe der Schultergelenkmuskeln gehören fünf Muskeln, die entweder zu den Außenrotatoren (M. supraspinatus, M. infraspinatus, M. teres minor) oder den antagonistisch wirkenden Innenrotatoren (M. teres major, M. subscapularis) zählen.
Ein weiterer Außenrotator ist der hintere Teil des Deltamuskels (M. deltoideus pars spinalis). Als stärkster der vier Außenrotatoren gilt der M. infraspinatus, der mit ca. 78 % an der Kraftentwicklung beteiligt ist (vgl. Weineck 2003). Zu den Innenrotatoren gehört noch der große Brustmuskel (M. pectoralis major), der breite Rückenmuskel (M. latissimus dorsi) und der vordere Teil des Deltamuskels (M. deltoideus pars clavicularis). Mit 52 % Kraftbeteiligung ist der M. subscapularis der stärkste Innenrotator (vgl. Weineck 2003).

Als ***Rotatorenmanschette*** wird beim Menschen eine Gruppe von vier Muskeln (M. supraspinatus, M. infraspinatus, M. teres minor und M. subscapularis) bezeichnet, die den Oberarmknochenkopf in der sehr flachen Gelenkpfanne des Schulterblattes halten. Da das Schultergelenk neben der sehr flachen Gelenkpfanne und dünnen Gelenkkapsel auch nur über ein sehr ungenügendes Bandsystem verfügt, ist die Rotatorenmanschette zur Stabilisierung des Schultergelenks von äußerster Wichtigkeit. Neben ihrer Funktion als Stabilisator des Schultergelenks weist die Rotatorenmanschette auch noch eine extreme Beweglichkeit auf, was sie äußerst verletzungsanfällig macht. Auskugelungen (Luxationen) im Schultergelenk sind daher besonders häufig. Auch kommt es beim Sturz auf den Arm oder auf die Schulter häufig zu Verletzungen der Rotatorenmanschette und zu Knochenabrissen an den Ansätzen des M. subscapularis und M. supraspinatus.

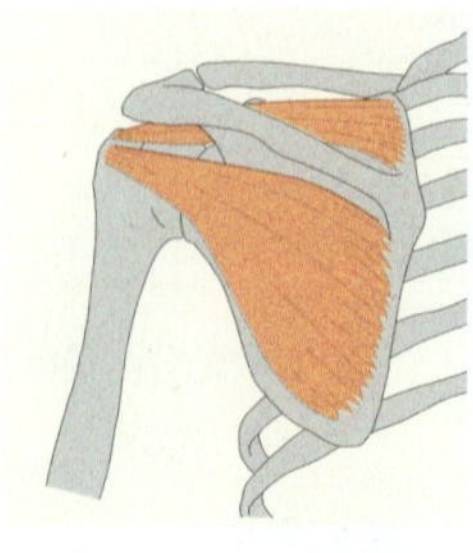

Abb. 1 *Mm. supraspinatus (oben) und infraspinatus (unten)*

Obergrätenmuskel (M. supraspinatus)
Ursprung: Obergrätengrube des Schulterblattes (Fossa supraspinata scapulae)
Ansatz: Großer Höcker am Oberarmknochen (Tuberculum majus humeri)
Funktion: Abduktion und Außenrotation des Armes.
Der M. supraspinatus unterstützt den M. deltoideus bei der Abduktionsbewegung.

Untergrätenmuskel (M. infraspinatus)
Ursprung: Untergrätengrube des Schulterblattes (Fossa infraspinata scapulae)
Ansatz: Großer Höcker am Oberarmknochen (Tuberculum majus humeri)
Funktion: Außenrotation des Armes
Besonders bei Ausholbewegungen, wie sie z. B. beim Werfen benötigt werden, ist der M. infraspinatus sehr stark beteiligt.

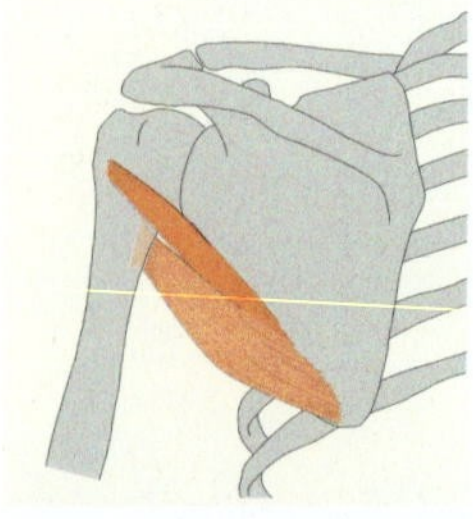

Abb. 2 *Mm. teres major (unten) und minor (oben)*

Kleiner Rundmuskel (M. teres minor)
Ursprung: Schulterblatt Außenrand
Ansatz: Großer Höcker am Oberarmknochen (Tuberculum majus humeri)
Funktion: Abduktion und Außenrotation des Armes

Großer Rundmuskel (M. teres major)
Ursprung: Unteres Drittel des Schulterblattrandes
Ansatz: Kleinhöckerleiste des Oberarmknochens (Christa tuberculi minoris humeri)
Funktion: Adduktion, Innenrotation und Nachhintenziehen des Oberarmes
Durch seine Funktionsweise unterstützt er den M. latissimus bei vielen Bewegungen wie z. B. den rudernden und allen Schlagwurfbewegungen.

Unterschulterblattmuskel (M. subscapularis)
Ursprung: Gesamte Innenfläche des Schulterblattes (Fossa subscapularis)
Ansatz: Kleiner Höcker am Oberarmknochen (Tuberculum minus humeri)
Funktion: Innenrotation des Armes

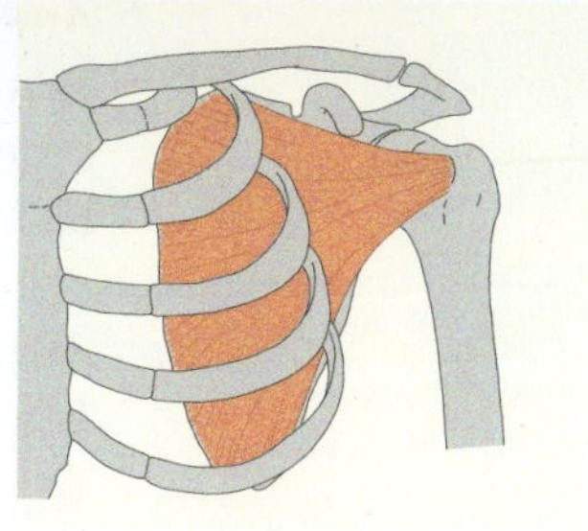
Abb. 1 *M. subscapularis*

Muskeln, die vom Rumpf kommen und am Arm ansetzen
Zu dieser Gruppe der Schultergelenkmuskeln zählen der große Brustmuskel (M. pectoralis major), der Deltamuskel (M. deltoideus) und der breite Rückenmuskel (M. latissimus dorsi).

Großer Brustmuskel (M. pectoralis major)
Ursprung: Schlüsselbein, Brustbein und Faszie des geraden Bauchmuskels
Ansatz: Großhöckerleiste des Oberarmknochens (Christa tuberculi majoris humeri)
Funktion: Adduktion und Innenrotation. Der M. pectoralis major zieht den Arm aus allen Lagen vor der Brust einwärts. Er besteht aus absteigenden, quer verlaufenden und aufsteigenden Muskelfasern, die in Abhängigkeit der Bewegung unterschiedlich stark beansprucht werden.

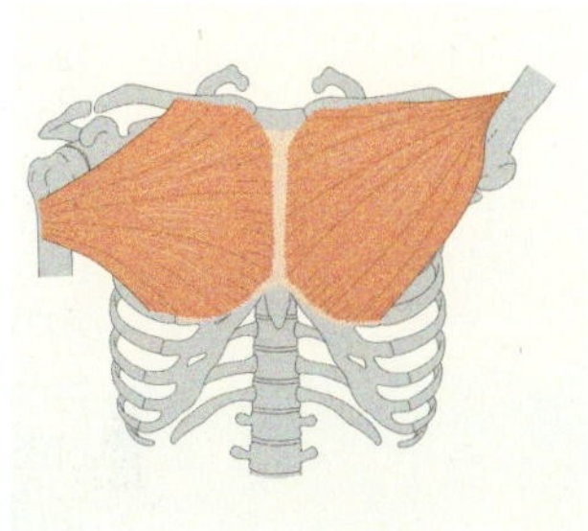
Abb. 2 *M. pectoralis major*

Deltamuskel (M. deltoideus)
Ursprung: Äußerer Teil des Schlüsselbeines (Clavicula) und der Schulterblattgräte (Spina scapulae)
Ansatz: Mitte des Oberarmknochens auf der Außenseite (Tuberositas deltoidea humeri)
Funktion: Seine wichtigste Aufgabe ist das Aufwärtsheben des Armes nach oben. Der vordere Anteil (Pars clavicularis) hebt den Arm nach vorne oben, der hintere Anteil (Pars spinalis) nach hinten oben und der mittlere Anteil (Pars acromialis) zur Seite oben.
Er ist an allen Bewegungen des Schultergelenkes beteiligt und stabilisiert das Gelenk. Außerdem umschließt der Deltamuskel kappenartig das Schultergelenk und sichert so dessen Zusammenhalt. Da eine derartige Sicherung nach unten fehlt, finden Luxationen (Auskugelungen) in der Regel nach unten statt.

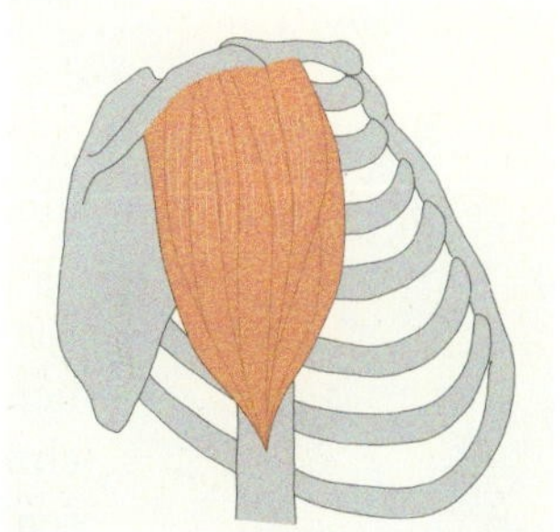
Abb. 3 *M. deltoideus*

Breiter Rückenmuskel (M. latissimus dorsi)
Ursprung: 6.–12. Brustwirbel, aller Lendenwirbel, Kreuzbein, hinterer Teil des Darmbeinkamms
Ansatz: Kleinhöckerleiste des Oberarmknochens (Christa tuberculi minoris humeri)
Funktion: Einwärtsrotation und Nachhintenziehen des Armes.
Da er den erhobenen Arm mit großem Kraftimpuls nach hinten ziehen kann, spielt er bei allen Schlagwurfbewegungen wie z. B. dem Ballwurf beim Handball oder beim Speerwurf eine entscheidende Rolle. Auch beim Klettern ist er einer der tragenden Muskeln, da er den Rumpf in Richtung der fixierten Arme zieht.

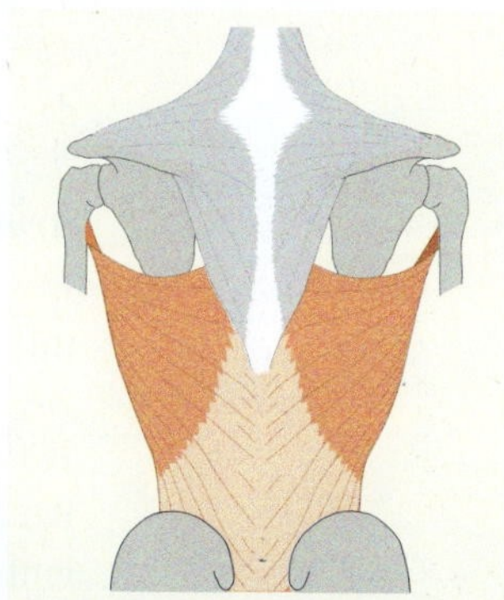
Abb. 4 *M. latissimus dorsi*

Anatomie und Funktion des Armes im Ellbogengelenk

Hierunter fallen die Muskeln, die am Schulter- und Ellenbogengelenk bzw. nur am Ellenbogengelenk vorbeiziehen. Dies sind die Beugemuskeln (M. biceps brachii, M. brachialis, M. brachioradialis) und der Streckmuskel (M. triceps brachii) des Ellenbogengelenks.

Zweiköpfiger Armmuskel (M. biceps brachii)

Ursprung: Rabenschnabelfortsatz und Höcker oberhalb der Schultergelenkpfanne (Tuberculum supraglenoidale)
Ansatz: Speichenrauigkeit (Tuberositas radii)
Funktion: Beugung im Ellbogengelenk, Drehung des Unterarms nach oben (Supination) und Nachvornependeln des Armes
Seine größte Kraft kann der M. biceps brachii bei rechtwinkeliger Beugung des Ellenbogengelenkes und Supinationsstellung der Unterarme entfalten.

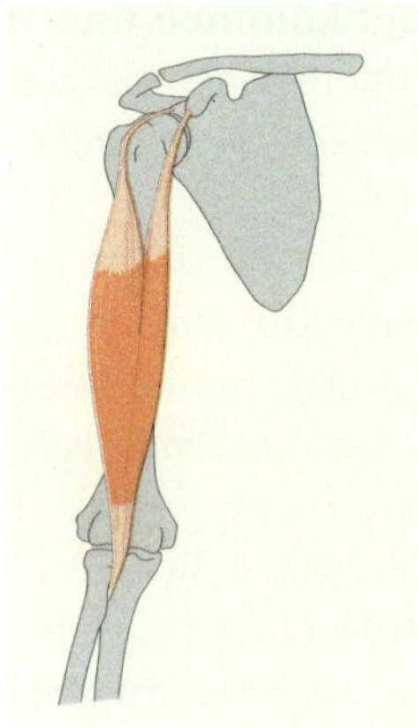

Abb. 1 *M. biceps brachii*

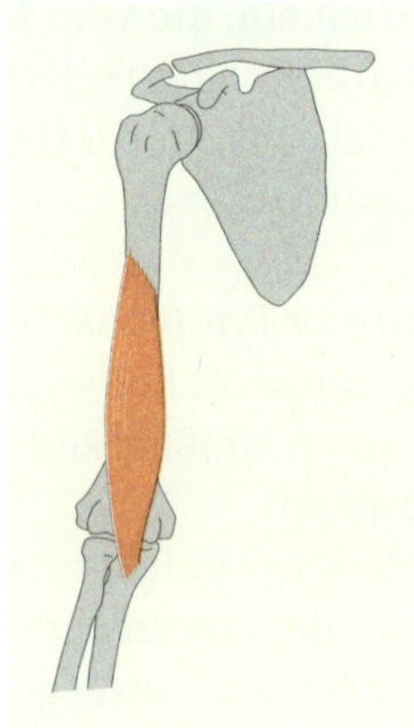

Abb. 2 *M. brachialis*

Armbeuger (M. brachialis)

Ursprung: Größter Teil der Vorderseite des Oberarms
Ansatz: Ellenrauigkeit (Tuberositas ulnae)
Funktion: Beugung im Ellbogengelenk
Als reiner Unterarmbeuger, der eine ähnliche Kraftleistung wie der M. biceps brachii entwickeln kann, unterstützt er diesen bei vielen Bewegungen.

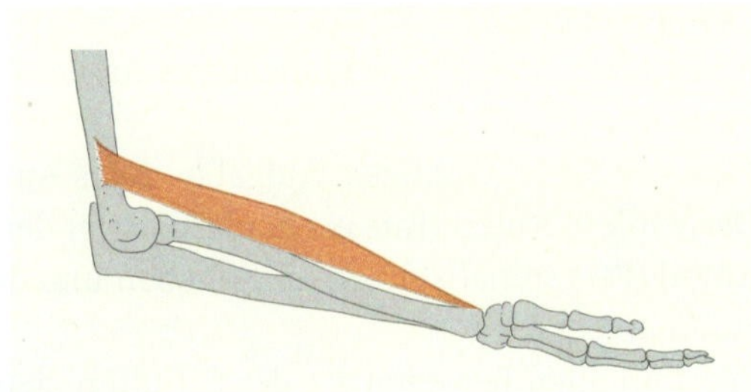

Abb. 3 *M. brachioradialis*

Oberarmspeichenmuskel (M. brachioradialis)

Ursprung: Äußere Oberarmkante (Margo lateralis humeri)
Ansatz: Griffelfortsatz der Speiche (Processus styloideus)
Funktion: Beugung im Ellbogengelenk, er kann in Abhängigkeit der Ausgangslage sowohl pronieren als auch supinieren.

Armstrecker (M. triceps brachii)

Ursprung: Höcker unter der Schultergelenkpfanne (Tuberculum infraglenoidale)
Ansatz: Hakenfortsatz der Elle (Olecranon)
Funktion: Streckung im Ellbogengelenk
Bei allen Bewegungen, die eine Streckung, bzw. Fixierung des Ellenbogengelenkes erfordern, stellt eine Schwäche des M. triceps brachii einen limitierenden Faktor dar. Dies ist z. B. bei Kampfsportarten, beim Gewichtheben oder beim Geräteturnen der Fall.

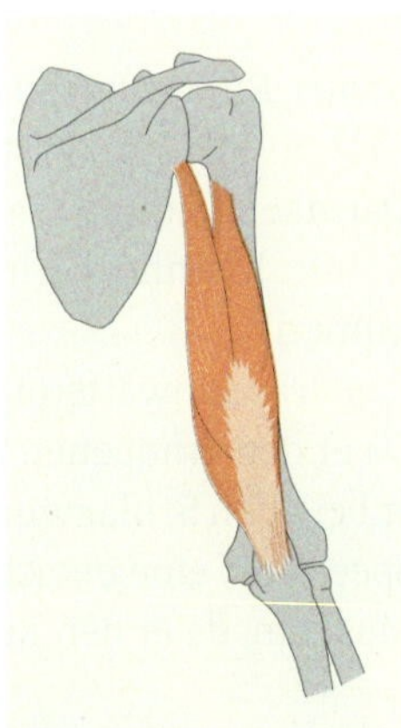

Abb. 4 *M. triceps brachii*

Prüfungsaufgaben zum Bewegungsapparat

1 Bezeichnen Sie die Knochen des Skeletts.

1. ______
2. ______
3. ______
4. ______
5. ______
6. ______
7. ______
8. ______
9. ______

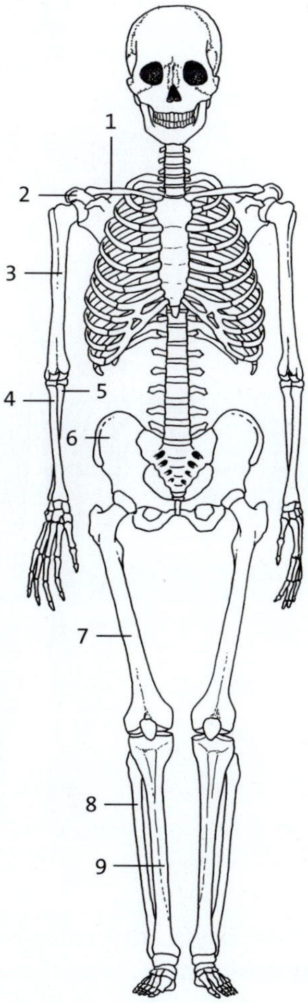

2 Erklären Sie den Aufbau der Wirbelsäule.

3 Welche Besonderheiten weisen die ersten beiden Wirbelkörper im Halsbereich auf?

4 Beschreiben Sie den Aufbau eines Gelenks am Beispiel des Knies. Welche Aufgaben haben die einzelnen Bestandteile?

5 Welche Gelenkbewegungen können im Knie ausgeführt werden?

6 Woher leitet sich die Bezeichnung Schulter- und Beckengürtel ab?

7 Bezeichnen Sie die fehlenden Muskeln.

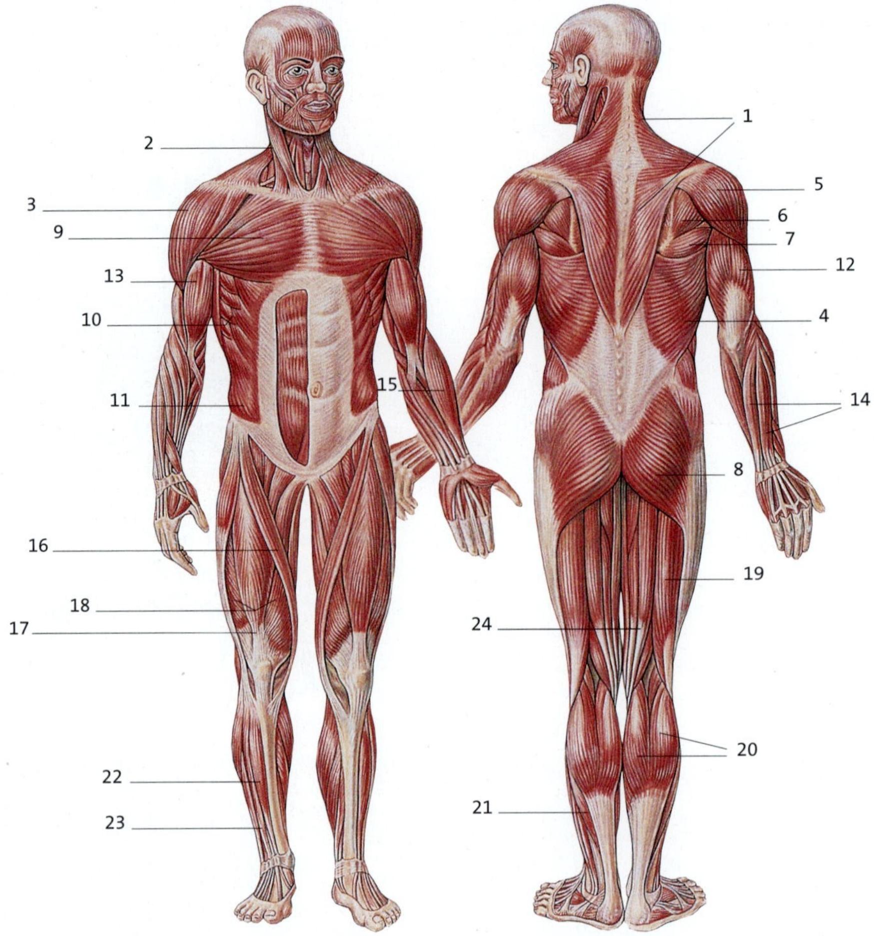

8 Welche Muskelfasern werden bei der Skelettmuskulatur unterschieden? Charakterisieren Sie diese.

9 Warum gibt es Schleimbeutel bzw. Sehnenscheiden?

10 Nennen Sie zwei Beispiele, bei denen Ansatz und Ursprung vertauscht werden können.

11 Nennen Sie die Synergisten und Antagonisten der ischiocruralen Muskulatur in Abhängigkeit ihrer Funktion.

12 Wo hat der M. quadriceps femoris seine Ursprünge und seinen Ansatz?

13 Wo hat der M. trapezius seine Ursprünge und seinen Ansatz?

14 Welche Muskeln gehören zu den Schultergürtelmuskeln?

15 Welche Muskeln gehören zu den Außenrotatoren?

16 Welche Funktion hat die Rotatorenmanschette?

Sport und Ernährung

7 Ernährung

Wenn man von der Tatsache ausgeht, dass in der Bundesrepublik Deutschland jährlich ca. 40–45 Milliarden Euro direkt oder indirekt für Folgekosten ernährungsbedingter Zivilisationskrankheiten ausgegeben werden, lässt sich die Wichtigkeit dieser Thematik bereits erahnen. Der deutsche Philosoph Ludwig A. Feuerbach erkannte bereits im 19. Jahrhundert: „Der Mensch ist, was er isst." Die Frage nach dem „was" impliziert sicherlich auch die Frage nach dem „wie viel". Und hier zeigt sich ein ganz entscheidender Unterschied zwischen dem Mensch und dem Tier. Tiere in freier Wildbahn fressen, um zu überleben. Der Mensch hingegen isst neben dem Überlebenstrieb auch aus Genuss. Diese Genusssucht – und die damit einhergehende Ernährung, d. h. dem zu viel und zu fettig – führt gerade in den großen Industrienationen, wie z. B. in den USA und dramatisch zunehmend auch in Europa, zu Adipositas (Fettleibigkeit). Neben einer falschen Ernährung kommt hier oftmals auch noch Bewegungsmangel hinzu.

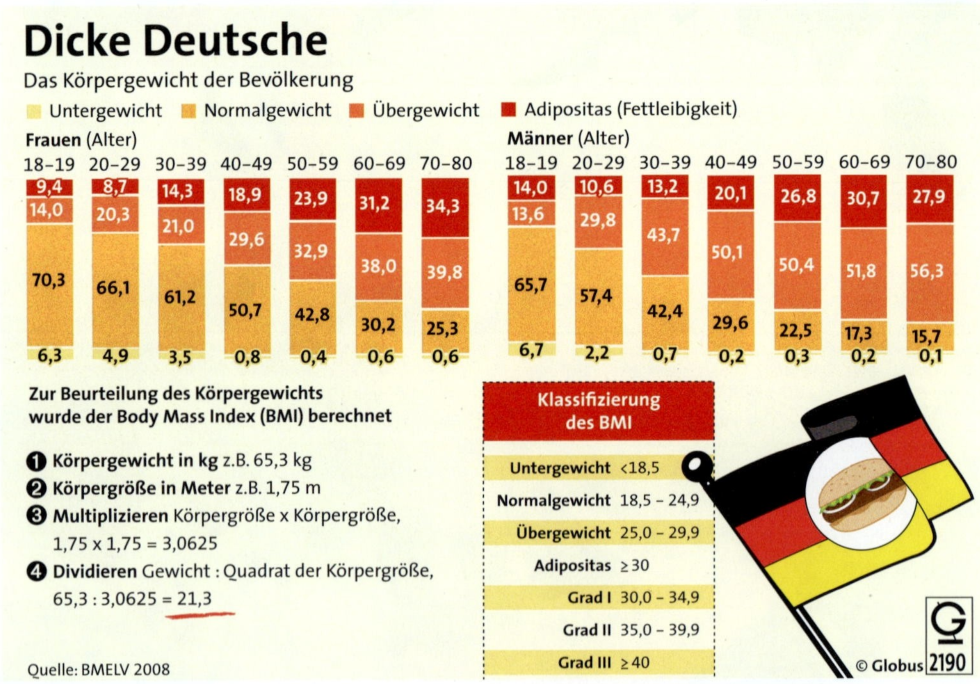

Unbestritten stellt die Ernährung auch im Rahmen der sportlichen Betätigung einen wichtigen Pfeiler im Hinblick auf den sportlichen Erfolg dar. Damit eine Ernährung sportartgerecht ist, muss sie nachfolgenden Anforderungen gerecht werden:

- Sie muss die Leistungsfähigkeit positiv beeinflussen.
- Sie muss individuell auf den einzelnen Sportler abgestimmt sein.
- Sie muss relativ einfach verständlich und praktikabel anwendbar sein.
- Sie darf nicht gesundheitsschädlich sein.

Die sich anschließenden Ausführungen sollen dem Fitnesstrainer ein Grundwissen über die verschiedenen Nährstoffe und die geeignete Nahrung bzw. Nahrungsaufnahme in Abhängigkeit der körperlichen Aktivität vermitteln.

7.1 Grundlagen der Energie

Für die körperliche Arbeit, den Auf- und Abbau von körpereigenen Substanzen und die Aufrechterhaltung der Körpertemperatur benötigt der Mensch Energie. Diese Energie bezieht der Mensch aus den in der Nahrung enthaltenen Kohlenhydraten, Fetten und Proteinen (Eiweißen) sowie ggf. auch aus Alkohol.

1 g Kohlenhydrate	= 17 kJ	= 4,1 kcal
1 g Fett	= 39 kJ	= 9,3 kcal
1 g Eiweiß	= 17 kJ	= 4,1 kcal
1 g Alkohol	= 29 kJ	= 7,1 kcal

Energie

Die Maßeinheit der Nahrungsenergie ist das Kilojoule (kJ), wobei die nach wie vor gebräuchlichere alte Energiemaßeinheit die Kilokalorie (kcal) ist.
Eine Kilokalorie ist diejenige Wärmemenge, die notwendig ist, um einen Liter Wasser von 14,5 °C auf 15,5 °C zu erwärmen. Eine Kilokalorie entspricht 4,1868 Kilojoule.

Physiologischer Brennwert

Der physiologische Brennwert definiert jene Energiemenge, die pro Gramm Energiesubstrat gewonnen werden kann:
Auch Alkohol zählt mit 7,1 kcal/Gramm zu den Energie liefernden „Nahrungsmitteln“. Allerdings hat der Alkohol als Energielieferant den ungewünschten Nebeneffekt, dass durch ihn der Stoffwechsel verändert wird. Während die Leber den Alkohol verarbeitet, um das Gift schnellstmöglich abzubauen, muss das Fett aus der Nahrung „hinten anstehen“. Bei regelmäßigem Alkoholkonsum (> 20 g/Tag für Frauen und > 30 g/Tag für Männer) ist die Gewichtszunahme und damit der „Bierbauch“ quasi vorprogrammiert.

Abb. 1 Alkohol – ein energiereicher „Nährstoff“?

Energiebedarf

Der Energiebedarf setzt sich im Wesentlichen aus zwei Faktoren zusammen:

Energiebedarf

Grundumsatz | Leistungsumsatz

Der ***Grundumsatz*** ist derjenige Energiebedarf, der morgens in Ruhe liegend nüchtern bei normaler Körpertemperatur gemessen wird.
Der Grundumsatz ist bei gesunden Menschen von Alter, Geschlecht, Körpergröße, Körpergewicht und Trainingszustand abhängig. Durchschnittlich beträgt der Grundumsatz für Männer 1 kcal/Std/kg Körpergewicht. Frauen sondern auf Grund ihres höheren Unterhautfettanteils weniger Wärme an die Umgebung ab. Daher ist der Grundumsatz bei Frauen ca. 5–10% niedriger als bei Männern.

Als ***Leistungsumsatz*** kann der Energiebedarf gesehen werden, der in Abhängigkeit der körperlichen Aktivität des Menschen gebraucht wird. Zur Vereinfachung kann der Leistungsumsatz als Vielfaches des Grundumsatzes gesehen werden. Nachfolgende Beispiele (vgl. Ainsworth, 1993) sollen diesen Zusammenhang verdeutlichen:

Aktivität	Energiebedarf im Verhältnis zum Grundumsatz
Schlafen, im Liegen fernsehen	0,9-fach
Auto fahren	2-fach
Spazieren gehen (4,5 km/h)	3,5-fach
Langsam Rad fahren	4 bis 6-fach
Basketball, Fußball	8 bis 9-fach
Laufen (9 km/h)	10-fach
Laufen (12 km/h)	13,5-fach
Laufen (15 km/h)	16-fach

Tab. 1 Leistungsumsatz in Abhängigkeit der Aktivität

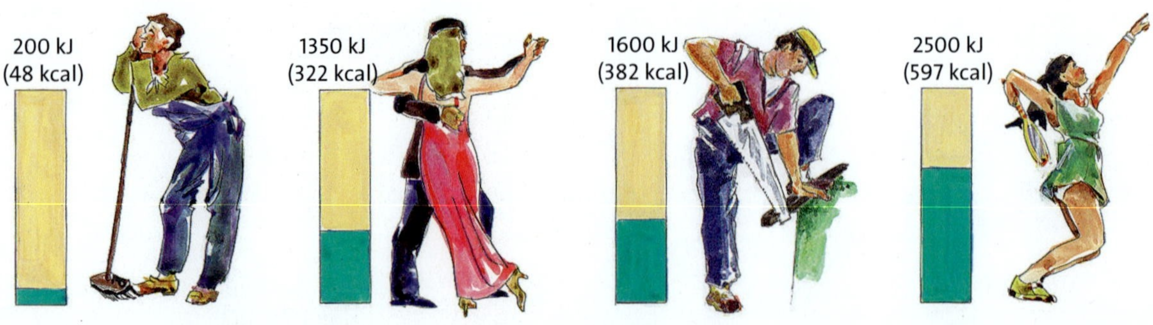

Abb. 1 Energieverbrauch pro Stunde bei verschieden anstrengenden Tätigkeiten

7.2 Hauptnährstoffe

Als Nährstoffe werden die in den Lebensmitteln enthaltenen chemischen Substanzen bezeichnet, aus denen der Organismus körpereigene Stoffe bilden kann.
Zu den Energie liefernden Nährstoffen in der Nahrung zählen die ***Kohlenhydrate, Fette*** und ***Proteine.*** Diese Stoffgruppen sind Grundlage von zwei Stoffwechselvorgängen im Körper:
1. Betriebsstoffwechsel, d. h. Gewinnung von Nutzenergie (ATP), und
2. Baustoffwechsel, wobei hier zwischen Anabolismus (= Aufbau von Körpersubstanz) und Katabolismus (= Abbau von Körpersubstanz) unterschieden wird.

Daneben gibt es noch die in der Nahrung vorkommenden nicht Energie liefernden Nährstoffe. Hierzu zählen ***Vitamine, Mineralstoffe, Spurenelemente, Ballaststoffe*** und ***Wasser.***

Abb. 1 *Nahrungsmittel unseres täglichen Bedarfs*

7.2.1 Kohlenhydrate

Kohlenhydrate sind neben Fetten und Proteinen die wichtigsten Nährstoffe des Menschen.

Definition und Einteilung der Kohlenhydrate

Kohlenhydrate sind organische Verbindungen, die aus Kohlenstoff, Wasserstoff und Sauerstoff bestehen.
Kohlenhydrate lassen sich unterteilen in:
- Einfachzucker (Monosaccharide)
- Doppelzucker (Disaccharide)
- Vielfachzucker (Polysaccharide)

Abb. 2 *Kohlenhydratreiche Lebensmittel sind vor allem pflanzlicher Herkunft.*

Die verschiedenen Kohlenhydrate der Nahrung werden im Körper in Glukose (Traubenzucker) umgewandelt. Zur Wiederherstellung von ATP ist ausschließlich die Glukose verwertbar. Alle anderen Saccharide müssen daher erst zu Glukose aufgeschlossen werden, um Energie in Form von ATP liefern zu können.

Die für den Menschen wichtigen Kohlenhydrate sind fast ausschließlich pflanzlicher Herkunft und z.B. in Obst, Gemüse, Kartoffeln, Getreide und Hülsenfrüchten enthalten. Neben verdaulichen Kohlenhydraten enthalten diese jedoch auch für den Menschen unverdauliche Kohlenhydrate, d.h. Zellulosefaserstoffe (Ballaststoffe).

Ballaststoffe sind von den Verdauungsenzymen des Dünndarmes wenig oder nicht zu verdauende Nahrungsbestandteile, die eine Förderung der Aktivität unserer Verdauungsorgane bewirken und damit unsere Verdauung in gewisser Hinsicht „trainieren" und verbessern.

Ballaststoffe verhindern Verstopfung

Ballaststoffe sind Bestandteile pflanzlicher Nahrung, die vom menschlichen Verdauungssystem nicht abgebaut werden. Sie bringen den Darm in Schwung und verlängern das Gefühl, satt zu sein.

☺
- ✓ Weizenkleie
- ✓ Vollkornmehl (Brot, Teigwaren)
- ✓ Weiße Bohnen
- ✓ Getrocknete Aprikosen, Pflaumen, Feigen
- ✓ Passionsfrüchte
- ✓ Knäckebrot, Pumpernickel, Leinsamenbrot
- ✓ Sesamsamen
- ✓ Frisches Gemüse, vor allem Erbsen, Spinat
- ✓ Frisches Obst, insbes. Himbeeren, Johannisbeeren, Brombeeren, Äpfel

☹
- ✓ Weißmehlprodukte (Brot, Nudeln, Gebäck)
- ✓ Süßspeisen wie Pudding, Eis

S0181

Abb. 1 Ballaststoffreiche und ballaststoffarme Nahrungsmittel

	Monosaccharide (Einfachzucker)	Disaccharide (Doppelzucker)	Polysaccharide (Vielfachzucker)
Beispiele	• **Glukose** (Traubenzucker) • **Fruktose** (Fruchtzucker) jeweils in Obst und Gemüse	• **Saccharose** (Rüben- und Rohrzucker) z.B. Kandis, Rübenzucker, Haushaltszucker • **Laktose** (Milchzucker) z.B. in Milch • **Maltose** (Malzzucker) z.B. in Gerste, Bier, Malzextrakt	• **Stärke** z.B. in Getreide, Kartoffeln, Hülsenfrüchten, Nudeln, Vollkornprodukten • **Glykogen** eingespeichert in Leber und Muskeln • **Cellulose** (Ballaststoffe) in allen Pflanzen

Tab. 1 Einteilung von Kohlenhydraten

Hauptaufgaben der Kohlenhydrate

- Die Kohlenhydrate sind die wichtigste ***Energiequelle*** für den Organismus. 1 g Kohlenhydrate liefert 4,1 kcal Energie.
- Fast alle Zellen nutzen Glukose als Energielieferanten. Die Gehirnzellen und die Erythrozyten (rote Blutkörperchen) sind ausschließlich auf Glukose als Energiequelle angewiesen. Bei einem Überangebot von Energie aus Kohlenhydraten wird der Überschuss in Fett umgewandelt und im Körper gespeichert.
- Eine weitere wichtige Funktion der Kohlenhydrate ist die ***Energiereserve***. In Form des körpereigenen Glykogens stellen Kohlenhydrate eine schnell verfügbare Reserveenergie dar. Ein 70 kg schwerer Mensch hat eine Glykogenreserve von etwa 300–400 g, was ca. 1500 kcal entspricht. Der Glykogenvorrat wird zu ca. 1/3 in der Leber und zu ca. 2/3 in der Muskulatur gespeichert und reicht bei sportlicher Betätigung für einen Zeitraum von 60–90 Minuten. Regelmäßiges Training vergrößert die Glykogenspeicher in der Leber und der beanspruchten Muskulatur. Die Glykogenspeicher in der Muskulatur betragen bei einem untrainierten Menschen etwa 250 g. Durch Ausdauertraining können sie auf ca. 400 g gesteigert und damit fast verdoppelt werden. In der Leber können die Glykogenspeicher durch Ausdauertraining von 80 g auf 120 g erhöht werden (vgl. Neumann 2000). Diese Energiespeicher ermöglichen bei trainierten Ausdauerathleten eine intensive Leistungserbringung von 90–120 Minuten ohne Nahrungsaufnahme. Länger dauernde intensive Belastungen erfordern eine zusätzliche Kohlenhydrataufnahme, da ansonsten ein Leistungsabfall vorprogrammiert wäre.

Glykämischer Index

Bereits seit Anfang der 1980er Jahre ist bekannt, dass unterschiedliche Nahrungsmittel mit gleicher Kohlenhydratmenge zu unterschiedlich schnellem und hohem Blutzuckeranstieg führen. Diese unterschiedliche Blutzuckerwirkung wird glykämischer Index genannt.

Der glykämische Index (GI) gibt in Zahlen die blutzuckersteigernde Wirkung der Kohlenhydrate bzw. der Lebensmittel an. Die blutzuckersteigernde Wirkung von Glukose dient als Messlatte und hat den Referenzwert von 100. Ein GI von 50 bedeutet also, dass der Blutzuckeranstieg nur halb so groß ist wie der Anstieg bei der Einnahme von Glukose.

Unterteilung der Lebensmittel nach dem glykämischen Index (GI)		
Hoher glykämischer Index	**Mittlerer glykämischer Index**	**Niedriger glykämischer Index**
Lebensmittel, die einen raschen und hohen Blutzuckeranstieg bewirken, haben einen GI zwischen 70 und 100. z. B.: Instant-Kartoffelpüree, gekochter Reis, Weißbrot, Honig, Cornflakes, Cola, Bier, Sandkuchen, reife Bananen	Lebensmittel mit mittlerem GI liegen zwischen 55 und 70. z. B.: Müsliriegel, Salzkartoffeln, Bananen, Haushaltszucker, ungesüßte Obstsäfte Der glykämische Index von Haushaltszucker ist entgegen der landläufigen Meinung nicht hoch, sondern nur durchschnittlich.	Lebensmittel, nach deren Verzehr der Blutzucker nur flach und gering ansteigt, haben einen GI unter 55. z. B.: Milch, Joghurt, Obst, Nudeln aus Hartweizen, Hülsenfrüchte (Erbsen, Bohnen, Linsen), Nüsse, Gemüse

Tab. 1 *Unterteilung der Lebensmittel nach dem glykämischen Index (GI)*

Kohlenhydrathaltige Lebensmittel, die einen schnellen und/oder hohen Blutzuckeranstieg auslösen, haben einen hohen glykämischen Index. Lebensmittel, nach deren Verzehr sich der Blutzuckerspiegel geringfügig bzw. langsam erhöht, haben einen niedrigen glykämischen Index.

Zufuhrempfehlungen von Kohlenhydraten

Energiegewinnung ↑Seite 101

www.dge.de

Kohlenhydrate können sowohl aerob als auch anaerob zur ↑Energiegewinnung herangezogen werden. Da Kohlenhydrate die bevorzugte Energiequelle für alle körperlichen und geistigen Leistungen darstellen, empfiehlt die ***Deutsche Gesellschaft für Ernährung (DGE)*** mindestens 50 % des Energiebedarfs durch Kohlenhydrate zu decken. Hierbei sollten stärke- und ballaststoffreiche Vielfachzucker dem Einfach- bzw. Doppelzucker vorgezogen werden.

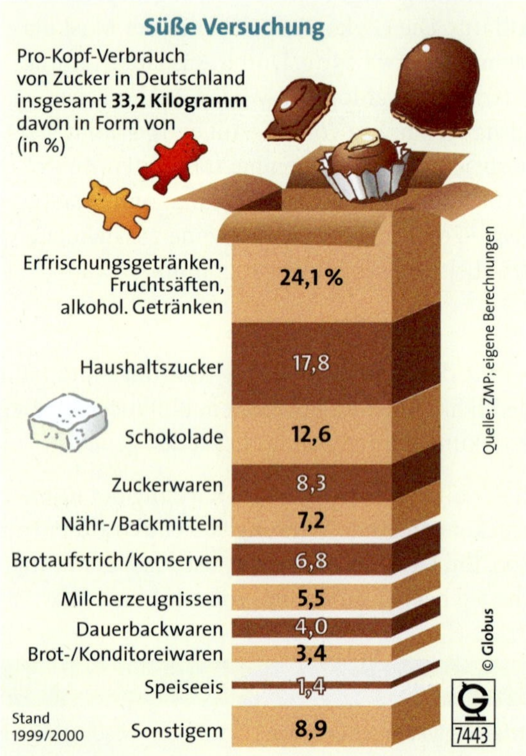

Abb. 1 *Pro-Kopf-Zuckerverbrauch*

Je größer die Belastungsintensität ist, desto größer sollte der Kohlenhydratanteil an der Energiebereitstellung sein. Kohlenhydrate sollten im Breitensport mindestens 50 % der benötigten Tagesenergiemenge abdecken. Im Leistungssport steigert sich der Anteil auf 60 %. Diese Empfehlung gilt vor allem für Spielsportarten wie Fußball, Tennis, Badminton, Squash, aber auch für Kraftausdauer-Sportarten mit dem Ziel einer Gewichtszunahme wie beim alpinen Skilauf, American Football und Eishockey. In extremen Ausdauersportarten wie Marathon, Triathlon oder Radsport soll nach Empfehlung der Dietetic Association der Kohlenhydratanteil 65–70 % der benötigten Tagesenergiemenge ausmachen.

Um die gewünschte Kohlenhydratbetonung in der Sporternährung zu erzielen, empfiehlt die DGE verschiedene Maßnahmen:

- Vermehrter Verzehr kohlenhydratreicher und fettarmer Lebensmittel wie Getreideprodukte (Nudeln, Reis, Getreideflocken, Brot), Kartoffeln, Gemüse und Obst. Schmackhaft, kohlenhydratreich und fettarm ist Brot mit Quark bestrichen und mit Apfel-, Bananen- oder Kiwischeiben belegt.
- Die Aufnahme von kohlenhydratreichen und fettarmen Snacks bzw. kleiner Imbissmahlzeiten wie Obst, fettarme Vollkornkekse und kohlenhydratreiche Riegel auf der Basis von Getreide sowie Trockenfrüchte
- Die Aufnahme von kohlenhydrathaltigen Getränken wie Fruchtsäfte und Fruchtsaftschorlen
- Grundsätzlich stellen Lebensmittel mit hohem Gehalt an komplexen Kohlenhydraten und einer hohen Nährstoffdichte die ideale Energiequelle für breiten- und leistungssportliche Belastung dar.

*Die **Nährstoffdichte** informiert über den Vitamin- und Mineralstoffgehalt eines Lebensmittels im Verhältnis zur Kalorienzahl.*

7.2.2 Fette

Im Verhältnis zu seinem Gewicht hat Fett mit 9,3 kcal/g den höchsten Energiegehalt. Im Rahmen einer ausgewogenen Ernährung sollte der Fettanteil nicht mehr als 30 % der Nahrungskalorien ausmachen. Die durchschnittliche deutsche Ernährung enthält aber im Durchschnitt ca. 40 % Fettkalorien.

Ist die Aufnahme an Energie liefernden Nährstoffen im Verhältnis zum Verbrauch zu hoch, bildet der Körper neues Fettgewebe als Speicherdepot. Ein kg Körperfett entspricht ca. 7000 gespeicherten kcal.

Abb. 1 *Fetthaltige Nahrungsmittel*

Definition und Einteilung der Fette

Fett besteht aus drei Fettsäuren (z. B. Palmitin-, Öl- und Linolsäure), die mit dem Alkohol Glycerin eine Bindung eingehen.

Fett = Glycerin + → Fettsäure (z. B. Palmitinsäure)
→ Fettsäure (z. B. Ölsäure)
→ Fettsäure (z. B. Linolsäure)

Die Fettsäuren der Fette können sehr unterschiedlich sein und bestimmen die Eigenschaften der Fette. Fettsäuren sind Wasserstoff- (H) und Sauerstoffatome (O), die an Kohlenstoffatome (C) gebunden sind. Ihre Einteilung (s. u.) hängt vom Sättigungsgrad, d. h. von der Zahl der gebundenen Wasserstoffatome ab. Nach dem Sättigungsgrad werden Fettsäuren in

- gesättigte Fettsäuren,
- einfach ungesättigte Fettsäuren und
- mehrfach ungesättigte Fettsäuren unterschieden.

	Gesättigte Fettsäuren	Einfach ungesättigte Fettsäuren	Mehrfach ungesättigte Fettsäuren
Definition	Sind bei einer Fettsäure alle Kohlenstoffatome mit Wasserstoffatomen abgesättigt, so wird von gesättigten Fettsäuren gesprochen.	Wenn zwei benachbarte C-Atome eine Doppelbindung eingehen, spricht man von einfach ungesättigten Fettsäuren.	Bei mehreren durch Doppelbindungen verknüpften C-Atomen handelt es sich um mehrfach ungesättigte Fettsäuren.
Vorkommen in Nahrungsmitteln	Gesättigte Fettsäuren kommen überwiegend in Fetten tierischen Ursprungs vor.	Ungesättigte Fettsäuren kommen überwiegend in Fetten pflanzlichen Ursprungs vor.	
	• Butter • Milch • Hartkäse • Sahne • Schmalz • Rindertalg • Fleisch und Wurstwaren • Kokosnussfett • Palmkernfett • Kakaobutter	• Olivenöl • Rapsöl • Erdnussöl • Rüböl • Avocados • Nüsse • Samen	Manche mehrfach ungesättigten Fette können vom Körper nicht hergestellt werden und müssen deshalb über die Nahrung aufgenommen werden. Sie wurden früher auch als Vitamin F bezeichnet. Diese so genannten essenziellen Fettsäuren lassen sich in zwei Gruppen unterscheiden: • **Omega-3-Fettsäuren** wie in Leinsamen-, Soja- und Walnussöl, aber auch im Fett von Makrele, Lachs, Hering, Forelle und Thunfisch • **Omega-6-Fettsäuren** wie in Mais- oder Sonnenblumenöl

Tab. 1 Unterscheidung der Fettsäuren nach ihrem Sättigungsgrad

Hauptaufgaben der Fette

- Fette werden als ***Energielieferant*** verwendet. 1 g Fett liefert 9,3 kcal Energie. Nicht benötigtes Fett wird als Energiereserve des Körpers gespeichert.
- Fettpolster ***schützen Organe*** vor Verletzungen und stellen eine Wärmeisolierung dar.
- Fette in der Nahrung enthalten bestimmte mehrfach ungesättigte Fettsäuren, die der Körper benötigt, aber nicht selbst herstellen kann.
- Die Aufnahme der fettlöslichen Vitamine (E, D, K und A) ist nur zusammen mit Fett möglich.
- Fett ist ein Geschmacksträger für fettlösliche Aroma- und Geschmacksstoffe.

Cholesterin

Cholesterin ist eine fettähnliche Substanz, die in der Leber gebildet wird. Sie bildet z. B. das Gerüst für Steroidhormone, ist am Aufbau der Zellwände beteiligt und dient der Aktivierung und dem Transport von Vitamin D. Cholesterin ist in allen Zellen des menschlichen Körpers vorhanden. Ein zu hoher Cholesteringehalt ist schädlich, weil Cholesterin in den Arterien abgelagert wird und es zu Arteriosklerose (Arterienverkalkung) kommen kann. Arteriosklerose ist eine der Hauptursachen für Herzinfarkte und Schlaganfälle. Der Körper kann seinen gesamten Cholesterinbedarf von ca. 1–1,5 g/Tag selber decken, sodass kein zusätzliches Cholesterin mit der Nahrung aufgenommen werden muss. Bei einer „normalen“ Aufnahme von Cholesterin durch die Nahrung (d. h. durch gesättigte Fettsäuren in z. B. Wurst, Fleisch, Eier, Butter, Sahne, fettem Käse, Mayonnaise oder Innereien) wird die körpereigene Cholesterinproduktion vermindert, sodass es nicht zwangsläufig zu erhöhten Blutfettwerten kommt. Bei der Frage nach dem Einfluss von cholesterinhaltigen Nahrungsmitteln auf den Cholesterinspiegel gehen die Expertenmeinungen auseinander. Es kann aber davon ausgegangen werden, dass der Blutcholesterinspiegel in vielen Fällen genetisch bedingt ist und von daher nur im geringen Umfang beeinflusst werden kann. Liegt allerdings eine Veranlagung zu einem erhöhten Blutcholesterinspiegel vor, wird ein übermäßiger Konsum von cholesterinhaltigen Nahrungsmitteln zusätzlich zu einer Erhöhung des Cholesterinspiegels führen. In diesem Fall ist es besonders wichtig, im Rahmen der Ernährung auf eine Reduktion von gesättigten Fettsäuren und auf eine Steigerung der Zufuhr von Ballaststoffen zu achten.

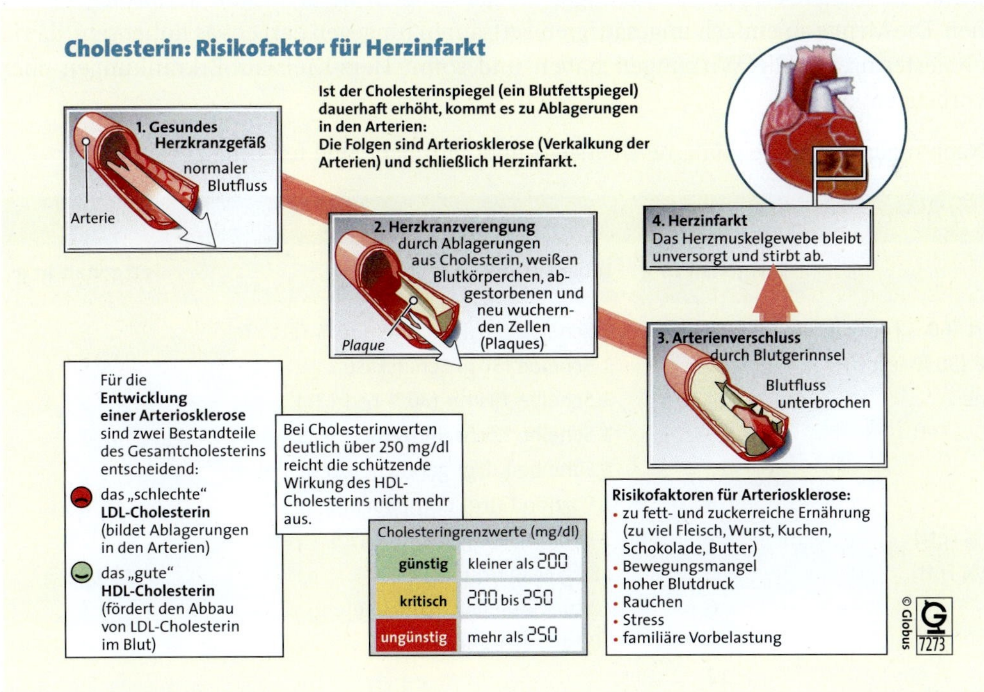

Abb. 1 Cholesterin: Risikofaktor für Herzinfarkt

Zufuhrempfehlungen von Fetten

Im Ausdauerleistungssport und in Spielsportarten sollte der tageskalorische Fettanteil über einen Zeitraum von 75 % des Trainingsjahres einen Anteil von 25 % nicht übersteigen. In der Wettkampfphase ist eine Reduktion des Fettkalorienanteils auf 20–25 % leistungsoptimierend. Diese Ernährungsphase sollte jedoch nicht länger als einen Monat durchgeführt werden, da die in der Regel fehlende geschmackliche Komponente der Nahrung die Athleten demotiviert und die Freude am Sport nehmen kann. Eine Fettzufuhr von weniger als 20 % ist nicht ratsam, da es dabei fast unmöglich wird, den Bedarf an fettlöslichen Vitaminen, Mineralstoffen und Spurenelementen abzudecken (Hoppeler 1998).
In Kraftsportarten wie Schwerathletik, Gewichtheben oder Kraftdreikampf (Ausnahme: Bodybuilding) kann der Fettanteil bis zu 30 % ausmachen.
Die Fettspeicher für den Energiestoffwechsel („Betriebsfett") liegen vorwiegend im Unterhautfettgewebe und in der Skelettmuskulatur. Baufette um Herz, Nieren und Gelenke sollten nicht zur Energiebereitstellung herangezogen werden, da Organschädigungen folgen könnten. Der Körperfettanteil von Weltklasseausdauerathleten liegt unter 10 % (Armstrong 2002).
Die DGE empfiehlt den Fettbedarf jeweils zu einem Drittel durch gesättigte, einfach ungesättigte und mehrfach ungesättigte Fettsäuren zu decken. Gesättigte und mehrfach ungesättigte Fettsäuren dürfen auch in etwas geringeren Mengen konsumiert werden.
Mit Ausnahme von Palm- und Kokosfett stammen die meisten gesättigten Fette aus tierischen Lebensmitteln. Deren Aufnahme sollte begrenzt werden, da gesättigte Fettsäuren das Risiko für Herz-Kreislauf-Erkrankungen steigern, indem sie den Cholesterinspiegel erhöhen. Die Menge an einfach ungesättigten Fettsäuren hingegen darf etwas höher sein, da sie cholesterinsenkende Wirkungen haben und somit Herz-Kreislauf-Erkrankungen eher vorbeugen.

Nachfolgende Tabelle gibt eine Übersicht über fettreiche und fettarme Lebensmittel:

Fettreiche Lebensmittel		Fettarme Lebensmittel	
Lebensmittel	**Fettgehalt in g**	**Lebensmittel**	**Fettgehalt in g**
1 Portion (30 g) Camembert (60 % Fett i. Tr.)	10	1 Scheibe (30 g) Edamer (30 % Fett i. Tr.)	5
1 Scheibe (30 g) Butterkäse (50 % Fett i. Tr.)	9	1 Scheibe (30 g) Schafskäse	5
1 Portion (50 g) Mascarpone	24	1 Scheibe Tilsiter (30 % Fett i. Tr.)	5
1 Scheibe (39 g) Tilsiter (45 % Fett i. Tr.)	9	1 Scheibe Kochschinken	1
1 Croissant	12	1 Scheibe (20 g) geräucherter Schinken	3
1 Müsliriegel	5	1 Portion (30 g) Cornedbeef	2
1 Portion Kaffeesahne (10 % Fett)	2	1 Becher (150 g) Joghurt (1,5 % Fett)	2
1 Portion Schlagsahne (30 % Fett)	5	150 g Magerquark	0,5
1 Hühnerei	6	1 Stück Apfelkuchen (Hefeteig)	3
1 Bratwurst, fein	40	100 g Fruchtgummi	0
1 Frikadelle	12		
1 Paar Wiener Würstchen	18		
1 Portion (30 g) Leberwurst, fein	10		
1 Portion (25 g) Salami	7		

Tab. 1 Fettreiche und fettarme Lebensmittel

Um eine fettarme, aber ausgewogene Ernährung zu gewährleisten, hat die DGE nachfolgende 10 Fettspartipps entwickelt:

1. Essen Sie überwiegend pflanzliche Lebensmittel wie Gemüse und Obst, einen Teil davon roh, sowie Getreideerzeugnisse. Sie enthalten wenig oder gar kein Fett (Ausnahme: Nüsse).
2. Bereiten Sie Speisen überwiegend aus frischen Lebensmitteln zu. Fertiggerichte, Fertigsuppen oder Fertigsoßen können viel Fett enthalten. Lesen Sie die Zutatenliste und wählen Sie fettarme Varianten aus.
3. Bevorzugen Sie fettarmes Fleisch und Geflügel, fettarme Wurst, Milch und Milcherzeugnisse. Fragen Sie an der Fleisch-, Wurst- und Käsetheke danach, und beachten Sie bei verpackten Lebensmitteln die Fettangabe.
4. Nehmen Sie für belegte Brote öfters etwas Frischkäse, Senf, Quark oder saure Sahne. Damit sparen Sie Streichfett.
5. Entfernen Sie bei Fisch, Fleisch und Geflügel die fettreiche Haut oder Kruste und beim Schinkenaufschnitt den Fettrand.
6. Belegen Sie Ihr Brot häufiger vegetarisch, z.B. mit Tomaten-, Gurken-, Rettich- oder Radieschenscheiben.
7. Geizen Sie grundsätzlich bei der Speisenzubereitung mit Fett. In speziellen Edelstahltöpfen, beschichteten Pfannen, Grillpfannen, im Tontopf, in der Folie oder im Mikrowellenherd kommen Sie ohne oder mit nur wenig Fett zum Garen aus.
8. Bereiten Sie Salatsoßen mit wenig Öl zu, und verwenden Sie statt Mayonnaise saure Sahne, Joghurt, Quark, Dickmilch oder Milch.
9. Ersetzen Sie bei Rahmsoßen oder Aufläufen die Sahne zur Hälfte durch Milch. Schmackhafte Soßen lassen sich auch aus püriertem Gemüse (z.B. Tomaten, Karotten oder Brokkoli) zubereiten.
10. Bevorzugen Sie Salz-, Pell- oder Folienkartoffeln statt Bratkartoffeln, Kartoffelpuffer, Rösti, Pommes frites oder Kroketten.

*Die häufig auf Etiketten von Lebensmitteln zu lesende Angabe „Fett i.Tr." gibt den **Fettgehalt** eines Käses in der Trockenmasse an, weil Käse während der Lagerung an Wasser verliert. Der absolute Fettgehalt beträgt etwa die Hälfte des Fettgehalts in der Trockenmasse.*

7.2.3 Proteine (Eiweiße)

Proteine bilden neben den Kohlenhydraten und den Fetten den Hauptbestandteil der Nahrung. Während die Fette in der Nahrungszufuhr zeitweilig fehlen können, benötigt der Körper eine ständige Zufuhr von Proteinen, da er selbst keine Proteine herstellen kann.

Der menschliche Körper besteht zu 15–20 % aus Proteinen, die einem ständigen Auf- und Abbau unterliegen. Proteine erhalten im Gegensatz zu Fetten und Kohlenhydraten Stickstoff und Schwefel, welche für den Körper essenzielle Elemente darstellen. Im Gegensatz zum großen Fett- oder zum Kohlenhydratspeicher besitzt der Mensch keine Möglichkeit, Proteine zu speichern. Alle Proteine, die sich im Organismus befinden, sind funktionelle Proteine.

Abb. 1 *Eiweißhaltige Nahrungsmittel sind vor allem tierischer Herkunft.*

Definition und Einteilung der Proteine

Proteine sind Makromoleküle, die aus Kohlenstoff, Wasserstoff, Sauerstoff, Stickstoff und Schwefel aufgebaut sind. Sie gehören zu den Grundbausteinen aller Zellen. Für den körpereigenen Proteinaufbau stehen dem menschlichen Organismus ca. 20 verschiedene Aminosäuren zur Verfügung.

Es wird zwischen *nichtessenziellen Aminosäuren*, die im Körper hergestellt werden, und den 10 *essenziellen Aminosäuren*, die nicht vom Körper aufgebaut werden können und somit mit der Nahrung zugeführt werden müssen, unterschieden.

Essenziell bedeutet lebenswichtig und nicht im Körper erzeugbar.

Einteilung der Aminosäuren			
Essenzielle Aminosäuren		Nichtessenzielle Aminosäuren	
• Leucin • Isoleucin • Lysin • Methionin • Valin	• Phenylalanin • Threonin • Tryptophan • Arginin • Histidin	• Alanin • Asparagin • Asparaginsäure • Zystein • Glutamin	• Glutaminsäure • Prolin • Hydroxyprolin • Glycin • Serin

Tab. 1 *Einteilung der Aminosäuren*

Je nach Herkunft unterscheidet man zwischen tierischem und pflanzlichem Protein. Tierisches Protein findet sich hauptsächlich in Fleisch, Fisch, Milch und Milchprodukten sowie Eiern. Pflanzliches Protein wird in nennenswerten Mengen mit Brot, Hülsenfrüchten und Kartoffeln aufgenommen, in geringen Mengen mit fast allen Obst- und Gemüsesorten.

Hauptaufgaben der Proteine

Proteine sind die Grundbausteine allen Lebens. Sie erfüllen in allen Bereichen des Körpers wichtige Aufgaben verschiedenster Art:

- Transportproteine, z. B. Hämoglobin transportiert Sauerstoff
- Speicherproteine, z. B. Ferritin speichert Eisen
- Bewegungsproteine, z. B. Myosine in den Skelettmuskeln sorgen für das Zusammenziehen der Muskeln
- Strukturproteine, z. B. Kollagen in Sehnen und Muskeln gibt dem Körper Festigkeit und Formbeständigkeit
- Enzyme und Hormone bewirken und steuern vielfältige Prozesse
- Antikörper in der Immunabwehr bestehen aus Proteinen (Globuline)
- Übertragung von Nervenimpulsen

Für die Energiebereitstellung spielen sie eine untergeordnete Rolle. Die Einbeziehung von Aminosäuren in den Energiestoffwechsel erfolgt erst bei mehrstündigen Langzeitbelastungen, d. h. im energetischen Notfall. 1 g Protein liefert 4,1 kcal Energie.

Zufuhrempfehlung von Proteinen

Die Proteinzufuhr sollte bei 12–15 % des täglichen Energiebedarfs liegen (Seebauer 2000). Diese Prozentanteile gelten sowohl für alle Kraft- als auch alle Ausdauersportarten. Unterschiede gibt es jedoch bei den absoluten Bedarfsmengen: Die Empfehlungen der Österreichischen und Deutschen Gesellschaft für Ernährung von 0,8 g Protein/kg Körpergewicht sind für Leistungssportler zu gering gehalten. Die Proteinmenge, die der Athlet täglich benötigt, ist von Belastungsumfang, Sportart, Alter und Geschlecht abhängig.

Die meisten Studien postulieren sowohl für Kraft- als auch Ausdauersportler einen ↑Proteinbedarf von 1,5–2,5 g/kg Körpergewicht, um optimale Leistung und Wohlbefinden zu erlangen (Lemon 1991 u. 1992, Tarnopolsky et al. 1992, Neumann 2000, Geiss/Hamm 2001).

Proteinbedarf
↑Seite 196

Supplementation

Für die meisten Leistungssportler sind Proteinsupplementationen kein Thema, da durch normale, ausgewogene, frische Ernährung sehr leicht ein Proteinkonsum von 1,5 g/kg Körpergewicht (KG) und Tag möglich ist (Geiss/Hamm 2001). Eine höhere Bedarfsmenge bzw. Supplementation könnte bei folgenden Zielgruppen gegeben sein:

- Ultralangzeitausdauerathleten (Triathlon, 24-Stunden-Lauf, Extremsport) – Etappenrennen (Rad, Laufen u. ä.)
- Sportarten mit Gewichtsklassen, wo ein niedrigeres Körpergewicht einen sportlichen Vorteil bringen kann (Boxen, Ringen, Karate u. ä.), d. h. bei energiereduzierter Diät.
- Sportarten (Skisprung, Ballett, Sportgymnastik, Turnen) mit konstant geringer Energieaufnahme, in welchen vor allem auf Kosten der Fette eine adäquate Proteindichte notwendig ist.
- Kraftsport (Bodybuilding, Schwerathletik, Kraftdreikampf) – Rehabilitation
- Bei Veganern, da sie kein tierisches Eiweiß zu sich nehmen.

Üblicherweise enthalten die im Handel angebotenen Proteinpräparate acht essenzielle Aminosäuren (Isoleuzin, Leuzin, Lysin, Methionin, Phenylanalin, Threonin, Tryptophan, Valin) und liefern eine biologische Wertigkeit > 100. Die biologische Wertigkeit gibt darüber Auskunft, wie viel von dem im Nahrungsmittel enthaltenen Protein in Körperprotein umwandelbar ist.

Überdosierung

Was die Überdosierung von Proteinen betrifft, gibt es derzeit wenig Hinweise, dass es bei Dosierungen zwischen 4 und 6 g/kg KG/Tag (wie sie im Kraftsport durchaus üblich sind) zu schädlichen Auswirkungen auf den gesunden Sportler kommt. Vorsicht scheint jedoch in diesem Zusammenhang bei Vorerkrankungen der Nieren geboten (Brenner et al. 1982). So wird überschüssiges Protein energetisch verstoffwechselt. Im Unterschied zu Kohlenhydraten und Fett, die rückstandslos zu Wasser und Kohlendioxid abgebaut werden, muss die Aminogruppe der Aminosäuren als Harnstoff entgiftet und mit dem Urin ausgeschieden werden. Experimentelle Befunde zeigen, dass Bodybuilder täglich mehr als die doppelte Menge Harnstoff ausscheiden als eine Vergleichsgruppe. Die tägliche Urinmenge beträgt jedoch nur das 1,25-Fache. Daraus resultiert eine stärkere Belastung der Nieren.

Proteinträger

Magermilch oder Halbfettmilch, Magerquark (10–20 % Fett i. Tr.), Magerjoghurt, Käse, Putenbrust, mageres Rind- oder Schweinefleisch, Fisch und Sojabohnen sind Proteinspender mit einer hohen biologischen Wertigkeit (BW). Grundsätzlich ist die biologische Wertigkeit bei tierischen Nahrungsmitteln höher als bei pflanzlichen.

Nahrungsmittel	Biologische Wertigkeit (%)
Vollei	100
Fleisch	95
Fisch	94
Milch	88
Käse	85
Sojabohnen	84
Reis	70
Brot	70
Kartoffeln	70
Weizen	56
Mais	54

Tab. 1 *Biologische Wertigkeit von Nahrungsmitteleiweiß (vgl. Konopka 2001)*

Eine geeignete Mischung von pflanzlichen Lebensmitteln mit tierischen Lebensmitteln kann allerdings die biologische Wertigkeit verbessern. Dies ist vor allem für Vegetarier von Bedeutung.

Nahrungsmittelmischung	Mischungsverhältnis in %	BW der Mischung
Milch und Weizen (Müsli)	75 / 25	105
Vollei und Weizen	68 / 32	118
Vollei und Milch	71 / 29	122
Vollei und Kartoffel	35 / 65	137

Tab. 2 *Kombinationen von Nahrungsmitteln mit einer hohen biologischen Wertigkeit (vgl. Konopka 2001)*

Zum Vergleich: Bei einer pflanzlichen Nahrungsmittelmischung von Bohnen und Mais ergibt sich bei einem Mischungsverhältnis von 52 / 48 lediglich eine BW von 101.

7.3 Vitamine

Vitamine sind lebenswichtige organische Substanzen, die der Organismus nicht oder nicht in genügender Menge herstellen kann und deren Energiegehalt ohne Bedeutung ist.
Fast alle biochemischen Stoffwechselvorgänge werden von **Enzymen** katalysiert. Den Enzymen stehen dabei Hilfskatalysatoren (**Coenzyme**) zur Verfügung. Viele Vitamine sind Bestandteil dieser Coenzyme. Ohne Vitamine könnten viele biochemische Reaktionen im Organismus nicht ablaufen.

__Enzyme__ bestehen aus Eiweißen und sind biochemische Katalysatoren, die helfen, ein Substrat zu spalten oder anderweitig zu verändern.

Ein __Coenzym__ ist ein organisches Molekül (kein Protein), das durch die Interaktionen von Enzymen biochemische Reaktionen beeinflusst.

Einteilung

Nach ihrer Löslichkeit werden Vitamine in zwei Gruppen unterteilt:

Wasserlösliche Vitamine	Fettlösliche Vitamine
• B_1 (Thiamin) • B_2 (Riboflavin) • B_6 (Pyridoxin • B_{12} (Cobalamin) • Vitamin C • Biotin	• Vitamin A • ß-Carotin • Vitamin D • Vitamin K • Vitamin E

__Tab. 1__ Einteilung der Vitamine nach ihrer Löslichkeit

Folgende Schemata geben Aufschluss über die Vorkommen und die biologische Funktion der Vitamine:

Wasserlösliche Vitamine		
Bezeichnung	**Wichtige Quellen**	**Typische biologische Funktion**
B_1 (Thiamin)	Schweinefleisch, Vollkornprodukte, Erbsen	Kohlenhydratstoffwechsel, Schilddrüsenfunktion, Nerven
B_2 (Riboflavin)	Schweinefleisch, grünes Blattgemüse, Milch, Milchprodukte, Fleisch, Hülsenfrüchte, Vollkornprodukte	Verwertung von Fetten, Eiweiß und Kohlenhydraten, gut für Haut und Nägel
B_6 (Pyridoxin)	Fisch, Fleisch, Getreide, Mais, Reis, Leber, Kiwi, Kartoffeln	Störungen des zentralen Nervensystems (ZNS), Hauterkrankungen, wirkt mit beim Eiweißstoffwechsel
B_7 (Biotin)	Milch, Innereien, Eier, Blumenkohl	Schützt vor Hautentzündungen, Haarausfall, brüchigen Nägel
B_9 (Folsäure)	Weizenkeime, Sojabohnen, Kartoffeln, Vollkornbrot, Weißkohl, Rosenkohl, Blumenkohl, Wirsingkohl	Blutbildung, Zellteilung, Haut
B_{12} (Cobalamin)	Nur in tierischen Lebensmitteln: Schwein, Rind, Leber	Blutbildung, verhindert bestimmte Formen der Anämie, appetitfördernd, Nerven
Vitamin C	Zitrusfrüchte, Kiwi, Petersilie, Grüngemüse, Kartoffeln, Paprika, Acerola-Kirsche	Infektanfälligkeit, Störungen im Bindegewebswachstum, wirkt als Radikalenfänger

__Tab. 2__ Wasserlösliche Vitamine – Quellen und ihre Funktion

Fettlösliche Vitamine		
Bezeichnung	**Wichtige Quellen**	**Typische biologische Funktion (+)/ Mangelerscheinungen (–)**
Vitamin A	Nur in tierischen Nahrungsmitteln: Milchprodukte, Leber, Eigelb	Sehkraft (+), Verhornung von Haut und Schleimhäuten (–)
ß-Carotin	Rote, gelbe und grüne Obst- und Gemüsesorten	Nachtblindheit (–), Verhornung von Haut und Schleimhäuten (–)
Vitamin D	Butter, Käse, Leber, Seefisch, Eigelb	Knochenmineralisierung (+), Calcium- und Phosphorstoffwechsel (+)
Vitamin K	Milch, Kopfsalat, Blumenkohl, Tomaten	Blutgerinnung (+)
Vitamin E	Pflanzliche Öle, Nüsse, Eier, Naturreis	Zellerneuerung (+), hemmt entzündliche Prozesse (+), Immunfunktion (+), Radikalenfänger (+)

Tab. 1 *Fettlösliche Vitamine – Quellen und ihre Funktion*

Supplementationen/Überdosierungen

Erhöhte Vitaminaufnahmen – auch hoch dosiert – führen zu keiner unmittelbaren Leistungssteigerung, sofern kein Mangel vorausging. Beim Leistungssportler geht es vielmehr darum, Mangelerscheinungen (z. B. Konzentrationsschwäche, Müdigkeit, Anfälligkeit gegenüber Infektionen) vorzubeugen. Der Vitaminbedarf bei Athleten ist im Leistungssport bis zu einem Vielfachen höher als beim Nichtsportler. Die in der Literatur als Bedarfsmengen für Leistungssportler vorgeschlagenen Konzentrationen sind erstaunlich divergent.

Der wichtigste Punkt bei Vitaminsupplementen ist die Bioverfügbarkeit der einzelnen Vitamine. Hohe Vitaminkonzentrationen oder Vitaminverteilungsmuster sagen nichts über den Prozentsatz der Aufnahme ins Blut aus.

Überdosierungen sind nur bei den fettlöslichen Vitaminen A und D bekannt. Eine Überdosierung von Vitamin A wirkt toxisch auf das zentrale Nervensystem, Vitamin-D-Überdosierungen führen zur Verknöcherung des Bindegewebes.

7.4 Mineralstoffe

Mineralstoffe sind anorganische Substanzen, können also vom Körper selber nicht hergestellt werden. Mineralstoffe sind für die Entwicklung des Skeletts und der Zähne, für die Funktion der Muskulatur und aller Zellen unentbehrlich. Sie gehen über Schweiß, Harn und Stuhl verloren und müssen über die Nahrung ausgeglichen werden.

Mineralstoffe werden auch als Elektrolyte bezeichnet, weil sie geladene Teilchen sind und deshalb den elektrischen Strom leiten. Zahlreiche physiologische Funktionen wie ↑ osmotischer Druck, Nervenimpulsübertragung, Muskelkontraktion, Enzymaktivitäten u. a. sind ohne Mineralstoffe nicht möglich.

Abb. 1 *Deutschland gilt mit Ausnahme der Küstengebiete als Iodmangelgebiet. Mit iodhaltigem Speisesalz führt man deshalb dem Körper regelmäßig kleinste Mengen Iod zu.*

osmotischer Druck
↑ *Seite 193*

Abb. 2 *Käse und andere Milchprodukte liefern Calcium*

Einteilung

Geht der tägliche Bedarf über eine Menge von 100 mg hinaus, wird von Mineralstoffen im engeren Sinn gesprochen. Liegt der Bedarf unter 100 mg, handelt es sich um Spurenelemente.

Mineralstoffe	Spurenelemente
• Natrium (Na)	• Zink (Zn)
• Chlor (Cl)	• Eisen (Fe)
• Kalium (K)	• Mangan (Mn)
• Phosphor (P)	• Kupfer (Cu)
• Calcium (Ca)	• Iod (I)
• Magnesium (Mg)	• Fluor (F)
• Silicium (Si)	• Selen (Se)

Tab. 1 *Einteilung der Mineralstoffe nach ihrer Menge*

Nachfolgende Tabellen geben Aufschluss über die Vorkommen und die biologische Funktion der Mineralstoffe:

Mineralstoffe			
Bezeichnung	**Wichtige Quellen**	**Typische biologische Funktion**	**Empfohlener Tagesbedarf**
Natrium (Na)	Kochsalz, gesalzene Speisen	Rückhaltung des Wassers im Gewebe, Enzymaktivierung	2000–3000 mg
Chlor (Cl)	Kochsalz, gesalzene Speisen	Aufrechterhaltung der Flüssigkeitsbalance in den Zellzwischenräumen, Bestandteil der Magensäure und Gehirnflüssigkeit	3000–5000 mg
Kalium (K)	Bananen, Trockenfrüchte, Fruchtsäfte, Zitrusfrüchte	Wasserentzug aus dem Gewebe (Gegenspieler zum Natrium), Einlagerung von Glykogen	3000–4000 mg
Phosphor (P)	Milch-, Fleisch- und Fischprodukte, Vollkorn	Knochenaufbau, energiereiche Phosphate	800 mg
Calcium (Ca)	Milch und Milchprodukte, Vollkorn	Knochenaufbau, Muskelkontraktion, Energiegewinnung	800 mg
Magnesium (Mg)	Kakaopulver, Bierhefe, Erdnüsse, Haferflocken, Bohnen, Reis (unpoliert)	Muskelkontraktion, Eiweißsynthese, Knochenaufbau	300–400 mg
Silicium (Si)	Pflanzenfasern, Kleie, Kieselerde	Knochen-, Knorpel-, Bindegewebeaufbau	100 mg

Tab. 1 Mineralstoffe – Quellen und ihre Funktion

Spurenelemente			
Bezeichnung	**Wichtige Quellen**	**Typische biologische Funktion**	**Empfohlener Tagesbedarf**
Zink (Zn)	Fleisch, Leber, Seefisch, Erbsen, Milch, Eier	Enzymbaustein	15–40 mg
Eisen (Fe)	Fleisch, Leber, Schnittlauch, Petersilie, Vollkorn, Hülsenfrüchte	Sauerstofftransport, Enzymbestandteil, Blutfarbstoff	12–18 mg
Kupfer (Cu)	Leber, Fisch, Hülsenfrüchte, Nüsse	Enzymbildung, Blutbildung, Melaninbildung, Elastinbildung	2–4 mg
Iod (I)	Seefisch, Milch, Eier	Bildung von Schilddrüsenhormonen	0,15–0,2 mg
Fluor (F)	Fleisch, Eier, Obst, Gemüse	Kariesverhütung, Zahnschmelzbildung	1 mg

Tab. 2 Spurenelemente – Quellen und ihre Funktion

Supplementation

Zielgruppe von Mineralstoffsupplementationen sind vor allem Sportler, die ein niedriges Körpergewicht anstreben, sowie Sportarten mit hohem Schweißverlust betreiben. Bei ständig niedriger oder zu geringer Energiezufuhr bzw. negativer Energiebilanz kann sowohl die Vitamin- als auch die Mineralstoffversorgung nicht ausreichend sein. Multimineralstoffsubstitutionen sind gegenüber selektiven Supplementationen (nur Mg, Ca, K) zu bevorzugen.

Überdosierungen

- Zu hohe ↑ NaCl- und Kalium-Aufnahmen führen zu einer hypertonen ↑ Blutzusammensetzung. Bluteindickung, Leistungsminderung, Belastung des Herz-Kreislauf-Systems sind die Folge.
- Zu hohe Magnesiumdosierungen können zu Unwohlsein, Übelkeit und Durchfall führen.
- Übertriebene Calcium- und Phosphatsubstitutionen belasten die Nieren und können in Kombination mit zu viel Vitamin D zur Verknöcherung von Bindegewebe führen.

NaCl
↑ *Seite 194*
Blutzusammensetzung
↑ *Seite 192*

7.5 Flüssigkeitshaushalt

Die Gesamtkörpermasse eines erwachsenen Menschen besteht zu ca. 60-70 % aus Wasser, wobei die verschiedenen Gewebe und Organe dabei unterschiedlich hohe Anteile enthalten. Zum Beispiel besteht die Muskulatur zu 77 %, das Fettgewebe hingegen zu 10–15 % aus Wasser. Diese extreme Differenz erklärt die Tatsache, dass der männliche Körper auf Grund seines verhältnismäßig höheren Muskelanteils auch einen um bis zu 10 % höheren Wasseranteil aufweist. Neben dem Geschlecht ist der Wasseranteil des Körpers auch vom Alter und Körpergewicht abhängig.

7.5.1 Körperwasser

Das Körperwasser ist in verschiedenen Flüssigkeitsräumen verteilt. Bei einem 80 kg schweren Mann wären dies ca. 50 l Körperwasser, die sich zu zwei Dritteln innerhalb der Zellen (intrazelluläre Flüssigkeit) und einem Drittel außerhalb der Zellen (extrazelluläre Flüssigkeit) befinden. Schematisch lässt sich dieser Zusammenhang wie folgt darstellen:

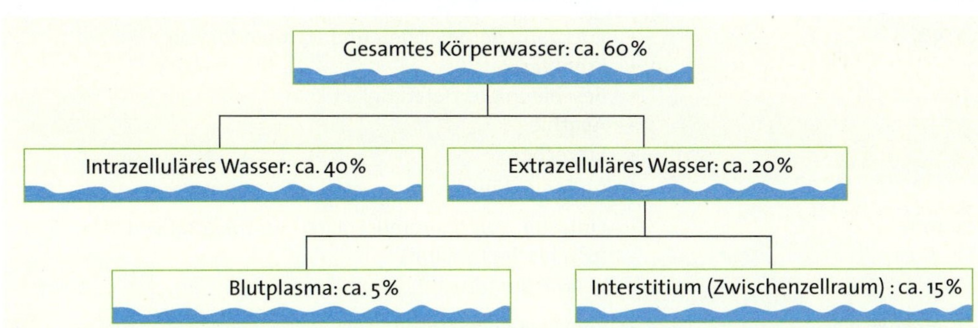

Abb. 1 *Verteilung des Körperwassers in % der Körpermasse*

Abb. 1 *Durchschnittlicher Wasseranteil des Körpers*

Bei Sportlern ist die angepasste Zufuhr von Flüssigkeit auf Grund der vermehrten Wärmeproduktion im Körper und der Schweißabsonderung eine der wichtigsten Maßnahmen, um die Kühlung des Körpers zu gewährleisten und die Fließfähigkeit des Blutes zu erhalten. Schweißverlust führt zu einer Verminderung des Plasmavolumens (Hypovolämie) und dadurch zu einer verschlechterten Fließfähigkeit des Blutes. Eine Dehydratation kann die Muskelkraft, -ausdauer und -koordination negativ beeinflussen.

Die einsetzenden Symptome in Abhängigkeit des prozentualen Flüssigkeitsverlustes verdeutlicht nachstehende Tabelle:

Flüssigkeitsverlust ausgehend vom Ausgangsgewicht	Symptome
ab 1 %	• Auftreten des Durstgefühles
ca. 2 %	• Verminderung der Ausdauerleistungsfähigkeit
ca. 4 %	• Verminderung der Kraftleistung
ca. 5 %	• Rückgang der Speichel- und Harnproduktion • Erhöhter Puls • Beschleunigte Herztätigkeit • Apathie • Erbrechen • Muskelkrämpfe
ca. 10 %	• Eintreten von neuromuskulären und vegetativen Störungen (psychische Labilität) • Verwirrtheitszustände
ca. 15–20 %	• Keine Lebensfähigkeit

Tab. 1 *Symptome bei Flüssigkeitsverlusten (vgl. Reuss 1992)*

7.5.2 Flüssigkeitsaufnahme

Bei einer Umgebungstemperatur zwischen 18–22 °C benötigen Erwachsene 35 ml Wasser pro Kilogramm Körpergewicht und Tag (vgl. Seebauer 2000). Die benötigte Wassermenge setzt sich aus Getränken, aus Wasser in festen Nahrungsmitteln und Oxidationswasser zusammen.

Oxidationswasser entsteht als „Abfallprodukt" bei der Resynthese von ATP mittels Kohlenhydraten, Fett und Proteinen.

Die Flüssigkeitsmenge, die aufgenommen werden kann, hängt vor allem von der Beschaffenheit des Getränkes und von der Belastungsintensität ab. In Ruhe und bei extensiven Belastungen an der ↑ *aeroben Schwelle* (ca. 70 % der maximalen Herzfrequenz) können pro Stunde bis zu 1,5 l Flüssigkeit aufgenommen werden.

aerobe Schwelle ↑ Seite 103

Bei Belastungen an der ↑ *anaeroben Schwelle* und darüber kann pro Stunde maximal 1 Liter Flüssigkeit resorbiert werden (vgl. Costill 1990). Die geringere maximale Resorptionsmenge ist vor allem darin begründet, dass während der intensiven Belastung der Verdauungstrakt deutlich geringer durchblutet wird. Da der Flüssigkeitsverlust bei diesen Belastungen jedoch bis zu 2,5 l pro Stunde betragen kann, stellt diese Art der Belastungen sehr wohl ein Dehydratationsproblem dar.

aerobe Schwelle ↑ Seite 103

Sportler müssen also ausreichend Flüssigkeit zu sich nehmen, damit sie nicht die in der vorherigen Tabelle dargestellten Symptome erleiden.

> Da ein Überhang an Flüssigkeit über die Nieren ausgeschieden wird, gilt die Devise im Zweifelsfall: Ein „Mehr" an Flüssigkeitsaufnahme ist besser als ein „Zuwenig"! **!**

7.5.3 Getränke

Die Zusammensetzung des Getränkes zum Flüssigkeitsausgleich spielt eine ganz entscheidende Rolle. Ein geeigneter Flüssigkeitsersatz enthält neben Wasser auch noch Kohlenhydrate und Elektrolyte.

Grundlegende Bedeutung bei der Zusammensetzung des Getränkes hat der osmotische Druck. Er sollte in etwa gleich bzw. geringfügig niedriger als der osmotische Druck des Blutes (ca. 300 mOsmol/l) sein. Getränke mit gleichem osmotischen Druck wie das Blut werden als isoton bezeichnet. Ist der osmotische Druck des Getränkes höher als der des Blutes, so wird von ***hyperton*** gesprochen. Ist er niedriger, ist das Getränk ***hypoton***. Die besten Sportgetränke haben einen osmotischen Druck von ca. 250 mOsmol/l.

Der osmotische Druck ist ein Maß für die Konzentration gelöster Stoffe im Plasma. 96 % des osmotischen Druckes des Blutes beruhen auf der Anwesenheit anorganischer Elektrolyte, hauptsächlich Kochsalz (vgl. Schmidt, Thews 1995).

Reines Wasser hat einen osmotischen Druck von ca. 50 mOsmol/l. Die Zufuhr von reinem Wasser bei stundenlangen Belastungen ist deshalb nicht empfehlenswert, weil zu wenig Natrium (Kochsalz) und andere Mineralien enthalten sind. Glukose, Wasser und Natrium sollten daher immer gemeinsam in isotonischen Getränken zugeführt werden (vgl. Schwaberger 1993). Ein Natriummangel kann zu Ermüdungserscheinungen, Konzentrationsschwächen und Antriebsverlust führen. Bei schnellem und sehr hohem Natriumverlust können im Extremfall Bewusstlosigkeit, Gehirnfunktionsstörungen und Gehirnödeme auftreten.

Ein Ödem ist eine Anschwellung des Gewebes auf Grund von Wassereinlagerungen.

Der Mineralstoffgehalt eines guten Sportgetränkes zur Förderung der Rehydration und Regeneration sollte folgende Zusammensetzung enthalten (vgl. Seebauer 2000):

Na	500–700 mg/l
Cl	700–1100 mg/l
K	120–225 mg/l
Ca	50–225 mg/l
Mg	50–100 mg/l
Osmolarität	200–300 mOsmol/l
pH-Wert	> 4,0

Tab. 1 Der Mineralstoffgehalt eines guten Sportgetränkes

Vorschläge von Getränkearten während und nach längerer Belastungen

- Apfelsaft (pasteurisiert) + Wasser + Messerspitze/Prise NaCl (Salz) im Verhältnis 50:50 bis 30:70 (je nach Witterung und Intensität) zu Gunsten des Wassers
- Fruchtmolke + Wasser + Messerspitze/Prise NaCl im Verhältnis 40:60 bis 20:80 zu Gunsten des Wassers
- Sportgetränke-Pulver (z.B. Gatorade, Isostar), wie auf den Verpackungen vorgeschlagen Achtung! Die vorgeschlagenen Mischungsverhältnisse ergeben die Höchstkonzentrationen. Bei heißem Klima und intensiven Belastungen können die Vorgaben bis auf ein Drittel reduziert werden.

Bier, Cola und Powerdrinks sind unmittelbar vor und während der Belastung auf keinen Fall zu gebrauchen. Bier ist bis zum 4-Fachen hyperton und müsste mit bis zu 4 Anteilen Wasser verdünnt werden, um isoton zu sein.
Cola und andere Limonaden haben 11–12 % Zuckeranteil (mindestens doppelt hyperton), zu wenig Mineralstoffe, außerdem enthalten sie Kohlensäure. Für das so genannte „Radler" gilt das Gleiche.
Power- oder Designerdrinks enthalten ebenfalls zu viel Zucker und die für den Magen belastende Kohlensäure.

Ganz allgemein gilt die Regel, dass

- ***bei kurzen (< 1 Stunde) Belastungen*** die Rehydration im Vordergrund steht, d.h., das Getränk sollte einen hohen Wasseranteil aufweisen (hypotones Getränk).
- ***bei langen (> 1,5 Stunden) Belastungen*** der Energienachschub ganz entscheidend ist und damit der Kohlenhydratanteil steigt. Der Kohlenhydratanteil des Getränkes sollte bei 6–8 % liegen. Neben einem erhöhten Kohlenhydratanteil sollte das Getränk auch einen Natriumzusatz in Höhe von 500–1000 mg/l enthalten (hypertones Getränk), um die durch das Schwitzen verursachten Natriumverluste auszugleichen. Ein Zusatz weiterer Mineralstoffe wie Kalium, Kalzium oder Magnesium ist nicht notwendig. Gleiches gilt für die Beimengung von Vitaminen.
- ***sich nach Belastungen*** Getränke mit einem Natriumanteil von 500–1000 mg/l und einem höheren Kohlenhydratanteil (> 8 %) zur Wiederauffüllung der Glykogenspeicher eignen. Da im Zeitraum bis zu 60 min nach der Belastung die muskuläre Glykogenresyntheserate am höchsten ist, sollte rasch nach Belastungsende mit der Zufuhr von Kohlenhydraten begonnen werden. Der durch die Belastung induzierte Verlust weiterer Mineralien wie Kalzium, Magnesium oder auch von Vitaminen muss nicht zwingend über das Sportgetränk ausgeglichen werden, sondern kann auch über die Nahrung erfolgen.

7.6 Ernährung in den verschiedenen Sportphasen

Eine der jeweiligen Sportphase angepasste Ernährung ist von entscheidender Bedeutung für eine optimale Leistungsfähigkeit. Es wird hierbei zwischen der Ernährung des Breitensportlers und der Ernährung des Leistungssportlers differenziert.

7.6.1 Ernährung des Breitensportlers

Für ***Breitensportler (Freizeitsportler)*** gelten grundsätzlich die gleichen Ernährungsempfehlungen wie für Nichtsportler. Selbst bei einer sportlichen Betätigung von 3–4 Stunden in der Woche beträgt der zusätzliche Energieverbrauch nur etwa 2000 kcal/Woche, was durch die normale Nahrung kompensiert werden kann. Mit einer höheren Nahrungsenergiezufuhr und einer abwechslungsreich zusammengestellten Nahrung können alle benötigten Nährstoffe in ausreichender Menge zugeführt werden. Zusatznahrungen für Breitensportler sind daher nicht notwendig, auf eine adäquate Flüssigkeitszufuhr sollte jedoch besonders geachtet werden.
Die Deutsche Gesellschaft für Ernährung hat in diesem Zusammenhang zehn „goldene Regeln“ für eine vollwertige Ernährung festgelegt:

• Vielseitig, aber nicht zu viel	• Reichlich Gemüse, Kartoffeln und Obst
• Weniger Fett und fettreiche Lebensmittel	• Weniger tierisches Eiweiß
• Würzig, aber nicht zu salzig	• Trinken mit Verstand
• Wenig Süßes	• Öfters kleine Mahlzeiten
• Mehr Vollkornprodukte	• Schmackhaft und schonend zubereiten

Tab. 1 *Die zehn „goldenen Regeln“ für eine vollwertige Ernährung*

Insgesamt sollte die Energiezufuhr eines normalgewichtigen Mannes (25–51 Jahre, 176 cm, 74 kg) 2400 kcal und bei einer gleichaltrigen Frau (164 cm, 59 kg) 1900 kcal bei leichter körperlicher Arbeit am Tag betragen (vgl. Koula-Jenik 2006). Heranwachsende bis zum 18. Lebensjahr können auch einen Bedarf von ca. 3000 kcal/Tag haben.

- Von dieser gesamten Energiezufuhr sollte mehr als die Hälfte durch ***Kohlenhydrate*** gedeckt werden. Es sind besonders Lebensmittel mit „langkettigen“ Kohlenhydraten (Polysaccharide) zu empfehlen, wie sie sich als pflanzliche Stärke in Getreideprodukten, Kartoffeln und Gemüse befinden. Diese Lebensmittel haben den Vorteil, dass sie einen höheren Gehalt an Vitaminen und Mineralstoffen besitzen. Auch werden sie vorteilhaft langsam resorbiert.
- Der erwachsene männliche Durchschnittsverbraucher sollte nicht mehr als 80–90 g ***Fett*** und die erwachsene weibliche Durchschnittsverbraucherin nicht mehr als 60–70 g Fett zu sich nehmen. Es ist in diesem Zusammenhang darauf zu achten, dass die konsumierten Fette mindestens aus einem Drittel mehrfach ungesättigter Fettsäuren, aber nicht mehr als zu einem Drittel aus gesättigten Fettsäuren bestehen.

- Die empfohlene tägliche ***Proteinzufuhr*** sollte ca. 0,8 g/kg Körpergewicht betragen. Etwa 50 % dieser angeratenen Proteinmenge sollte sich aus tierischem Protein zusammensetzen.

Für den Breitensportler bzw. Nichtsportler ergibt sich daraus die folgende prozentuale Verteilungsempfehlung der Gesamtenergiemenge in der Nahrung:
- Kohlenhydrate: 55–60 %
- Fette: 25–30 %
- Proteine 10–15 %

Daneben empfiehlt die Deutsche Gesellschaft für Ernährung, auf Supplemente zu verzichten, falls diese nicht auf Grund akuter Mangelerscheinungen eingenommen werden sollen.

7.6.2 Ernährung des Leistungssportlers

Für den Leistungssportler, der mit einem deutlich höheren Umfang und einer höheren Intensität trainiert, gelten etwas andere Empfehlungen, die sich im Hinblick auf die Sportart, die körperliche Beanspruchung und die einzelnen Belastungsphasen (Training, Vorwettkampf, Wettkampf, Nachwettkampfphase) unterscheiden:

Trainingsphase:

- Während der Trainingsphase sollte der Kohlenhydratanteil bei Ausdauersportlern auf ca. 60 % der Gesamtenergiezufuhr erhöht werden. Die American Dietetic Association empfiehlt mit 65–70 % für Extremausdauersportler (z. B. Ironman, Marathon) sogar einen noch höheren Anteil. Vor der Trainingseinheit wie auch vor dem Wettkampf gilt es, die ↑ Glykogendepots in der Muskulatur aufzufüllen, um eine optimale Ausdauer und Leistungsfähigkeit zu ermöglichen.

Glykogen ↑ Seite 177

- Sowohl Ausdauersportler als auch Kraftsportler haben einen erhöhten Proteinbedarf. Die Gründe hierfür liegen darin, dass bei Ausdauerbelastungen auch bestimmte Aminosäuren zur Energiegewinnung eingesetzt sowie beim Krafttraining Aminosäuren für Reparaturvorgänge und den Aufbau von Muskelmasse verwendet werden. Allerdings hat sich gezeigt, dass dieser erhöhte Bedarf allein durch Lebensmittel ohne Proteinsupplemente gedeckt werden kann.
- Bei allen Sportarten ist es sinnvoll, die letzte größere Mahlzeit ca. 2–3 Stunden vor dem Training einzunehmen. Um die Glykogenvorräte nach dem Training schnellstmöglich wieder aufzufüllen, empfiehlt es sich, nach dem Training in den ersten zwei Stunden kurzkettige Kohlenhydrate (z. B. in Bananen, Energieriegeln) und nach ca. zwei Stunden wieder langkettige Kohlenhydrate zuzuführen.
- Im Training muss auf eine ausreichende Flüssigkeitsaufnahme geachtet werden. Bei Trainingszeiten von weniger als einer Stunde ist Wasser als Getränk ausreichend. Bei länger andauernden Belastungen sollten Elektrolyte, die mit dem Schweiß verloren gehen, sowie Kohlenhydrate substituiert werden.

Vorwettkampfphase:

- Muskelglykogen kann nur in begrenztem Umfang gespeichert werden. Daher wird besonders in der Vorwettkampfphase versucht, die Glykogenspeicher aufzufüllen. Bei Ausdauer- und Spielsportarten (z. B. Marathon, Tennis, Fußball) ist das Essen von Nu-

deln am Vorabend des Wettkampfes weit verbreitet. Ferner wird ein kohlenhydratreiches Frühstück am Morgen des Wettkampftages empfohlen.
- Auch für Kraftsportler muss die Kohlenhydratzufuhr ausreichend sein (>60 %) und leicht verdauliches Protein zugeführt werden.
- Für alle Sportarten gilt, dass die Versorgung mit Vitaminen und Mineralstoffen durch die Auswahl von Lebensmitteln mit hoher Nährstoffdichte für eine hohe Leistungsfähigkeit unerlässlich ist!

Wettkampftag

- Am Wettkampftag ist besonders darauf zu achten, dass der Start nicht mit einem Flüssigkeitsdefizit, aber auch nicht im hungrigen Zustand oder mit einem „vollem" Magen erfolgt. Die letzte größere Mahlzeit empfiehlt sich 4 Stunden vor dem Wettkampf, möglichst kohlenhydratreich sowie fettarm.
- Eine kohlenhydratreiche und ballaststoffarme Zwischenmahlzeit aus z. B. Bananen, Energieriegeln ist noch 30–60 Minuten vor dem Start möglich. Außerdem empfiehlt es sich, nochmals 200 ml Flüssigkeit zu sich zu nehmen. Isotone Getränke sollen – neben der Funktion als Flüssigkeitsersatz – den Mineralstoffverlust ausgleichen und durch ihren Gehalt an Kohlenhydraten den Blutglukosespiegel aufrechterhalten.

Während der Belastung

- Während der sportlichen Betätigung ist es von Vorteil, mit der Kohlenhydratzufuhr nach etwa 45 Minuten z. B. mit Obst oder Energieriegel zu beginnen, um die Glykogenspeicher zu schonen. Wichtig ist in dem Zusammenhang zu beachten, dass eine Regeneration der Kohlenhydratspeicher unter Belastung nicht mehr möglich ist. Sind diese Speicher aufgebraucht, entsteht ein „Hungerast", d. h. ein plötzlicher totaler Leistungseinbruch, da auch eine Fettverbrennung ohne Kohlenhydrate nicht möglich ist.
- Die Flüssigkeitsverluste sind regelmäßig auszugleichen (alle 15–20 Minuten).

Nachwettkampfphase

- Im Anschluss an die Belastung sollten sehr schnell 300–500 ml getrunken werden. Es gilt: Jeweils 500 g Gewichtsverlust sind durch ca. 400 ml Flüssigkeit zu ersetzen.
- Es sollten weiterhin möglichst schnell kurzkettige Kohlenhydrate zugeführt werden, da die Glykogenresynthese in den ersten zwei Stunden nach der Belastung maximal verläuft. Die Glykogenresynthese kann durch die zusätzliche Einnahme von Proteinen noch unterstützt werden.

7.6.3 Nahrungsergänzungsmittel (Supplements)

Nahrungsergänzungsmittel sollen den Trainingsprozess des Athleten unterstützen, um letztlich seine sportliche Leistungsfähigkeit zu erhöhen. Es werden in diesem Zusammenhang allerdings nur die im Fitnessbereich sehr häufig eingesetzten Nahrungsergänzungsmittel L-Carnitin und Kreatin besprochen. Diese Wirkstoffe kommen grundsätzlich in der Nahrung vor und fallen nicht unter die Dopingbestimmungen. Außerdem wird hier der Einfluss von Koffein betrachtet.

L-Carnitin

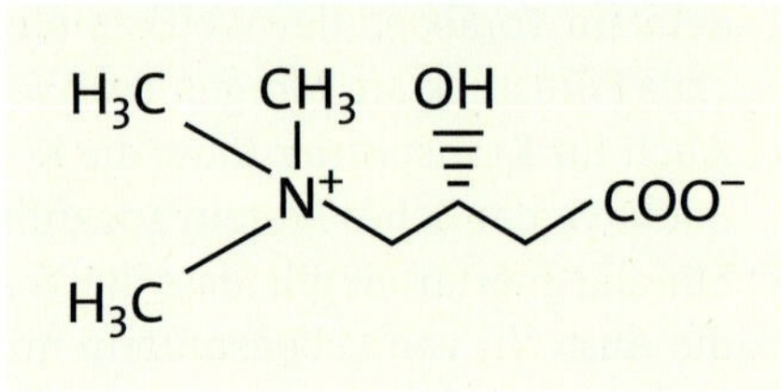

Abb. 1 *Chemische Strukturformel L-Carnitin*

L-Carnitin ist ein so genanntes Trägermolekül, das in der Leber, den Nieren und dem Gehirn aus den essenziellen Aminosäuren Lysin und Methionin bedarfsdeckend synthetisiert wird (ca. 16 mg/Tag).
In tierischen Lebensmitteln ist L-Carnitin besonders in Rinderbraten, Kalbsschnitzel, Lammkeule, Hirschkalbssteak, Rinderhackfleisch oder Schweineschnitzel enthalten. Da L-Carnitin als Trägermolekül langkettige Fettsäuren durch die innere Mitochondrienmembran transportiert, verspricht die Werbung bei einer erhöhten Carnitinzufuhr eine gesteigerte mitochondriale Fettsäureoxidation. Dieser Effekt soll insbesondere Ausdauersportlern zu einer besseren Leistung verhelfen und Übergewichtige bei ihrer Gewichtsreduktion unterstützen. Weiterhin wird behauptet, dass eine gesteigerte körperliche Aktivität zu einem Mehrbedarf an L-Carnitin führt.
Nachgewiesenermaßen lässt sich mit einer erhöhten Carnitinzufuhr weder die Fettsäureoxidation in den Mitochondrien erhöhen (Wachter 2002), noch führt eine gesteigerte körperliche Aktivität zu einem Mehrbedarf an L-Carnitin, da es sich als Transportmolekül nicht verbraucht, sondern regeneriert wird. Die erhöhte Carnitinausscheidung über den Urin bei gesteigerter körperlicher Aktivität ist mit 0,25 % vom Gesamtspeicher hierbei vernachlässigbar (Schek 1994).
Angesichts der nicht vorhandenen leistungssteigernden Wirkung scheint eine Nahrungsergänzung mit L-Carnitin für den gesunden Sportler unsinnig, zumal auch die Eigenproduktion bei lang andauernder exogener Zufuhr reduziert bzw. eingestellt wird.

Kreatin

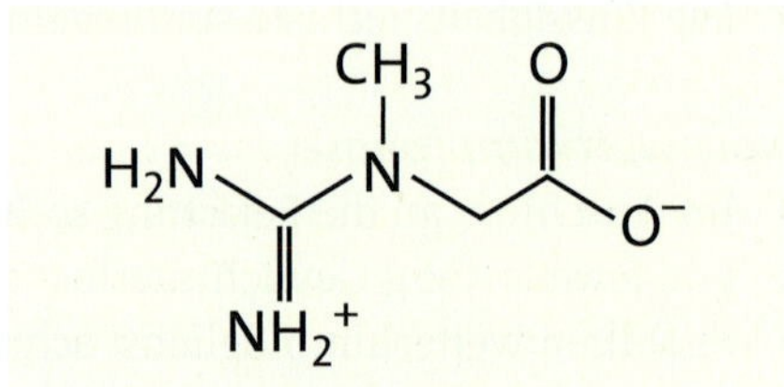

Abb. 2 *Chemische Strukturformel Kreatin*

Beim Kreatin handelt es sich um eine natürlich vorkommende Schlüsselsubstanz, die überwiegend in der Leber aus den Aminosäuren Glycin und Arginin synthetisiert wird.
Da der tägliche Gesamtbedarf von ca. 2 g Kreatin nur zur Hälfte in der Leber produziert wird, muss die andere Hälfte in Form von tierischen Eiweißen mit der Nahrungsaufnahme erfolgen. Fisch und Fleisch enthalten hierbei als die größten Kreatinträger durchschnittlich ca. 3–5 g Kreatin pro Kilogramm. Die Gesamtspeichermenge des Kreatins beträgt 120–150 g, wobei 95 % der Gesamtspeichermenge in der Skelettmuskulatur und die restlichen 5 % in Herz, Gehirn und Hoden eingelagert sind.
Kreatinphosphat dient als sofortige Energiequelle der Muskelkontraktion, indem es seine energiereiche Phosphatverbindung auf das Adenosindiphosphat (ADP) zur Wiederauffüllung der Adenosintriphosphatspeicher (ATP) während kurzzeitiger, hochintensiver Belastungen überträgt. Da allerdings die im Anschluss an hochintensive Belastungen dauernde Erholungszeit zur Wiederauffüllung der Kreatinphosphatspeicher 4 bis 6 Minuten beträgt, ergibt sich die theoretische Überlegung, Kreatinphosphat als limitierenden Faktor zu supplementieren.
Das Ausmaß der Erhöhung der Kreatinphosphatspeicher bei einer Supplementierung ist dabei von dem vorliegenden Ausgangswert abhängig. Weist ein Sportler bereits vor der

Supplementierung hohe Kreatinwerte auf, ist ein Effekt kaum nachweisbar. Insgesamt konnte nachgewiesen werden, dass schätzungsweise 30 % der Menschen so genannte ***Non-responder*** sind, d. h., nach einer Kreatinsupplementierung keine Vergrößerung der Kreatinphosphatspeicher festzustellen war.
Bei erfolgter Vergrößerung der Kreatinphosphatspeicher der so genannten ***Responder*** konnte eine signifikante Verbesserung bei kurzzeitigen, maximalen anaeroben Belastungen festgestellt werden. Eine Verbesserung der Ausdauerleistungsfähigkeit wurde nach Kreatinsupplementierungen bisher nicht nachgewiesen.
Für die Aufnahme von Kreatinpräparaten empfehlen Hersteller mit einer Aufsättigungsdosis von 20 g Kreatinphosphat über einen Zeitraum von 3–7 Tagen zu beginnen, bevor dann eine Erhaltungsdosis von 2–5 g über weitere fünf Wochen folgt. Nach einer anschließenden vierwöchigen Abstinenz wiederholt sich der Vorgang.
Eine niedrigere Dosierung von 3 g Kreatinphosphat täglich führt letztendlich innerhalb von zwei bis vier Wochen zu denselben Ergebnissen. Auch bei dieser Alternative ist eine anschließende Abstinenzphase einzuhalten, damit die Eigenproduktion des Kreatins nicht eingestellt wird.
Die Aufnahme von Kreatinphosphat kann dabei durch weitere Faktoren positiv oder negativ beeinflusst werden. Durch die zusätzliche Aufnahme von Einfachzuckern lässt sich die Kreatinbereitstellung steigern. Im Gegensatz hierzu steht eine gleichzeitige Koffein-Aufnahme, die eine signifikante Reduktion der Kreatinaufnahme zur Folge hat.
Obwohl bisher bei der Einhaltung der empfohlenen Dosierungen keine schwer wiegenden Nebenwirkungen bekannt sind, kann trotzdem keine generelle Unbedenklichkeit attestiert werden. So existieren bisher keine Langzeitstudien, wie sich eine Supplementierung auf die Organsysteme wie Herz, Gehirn oder Hoden auswirkt. Eine Zunahme des Körpergewichts um bis zu 2 kg durch Wassereinlagerungen scheint bisher der Hauptnebeneffekt bei der Kreatinsupplementierung zu sein.

Koffein

Koffein ist ein weißes, geruchloses, kristallines Pulver mit bitterem Geschmack aus der Gruppe der Stimulantien. Es stellt den anregend wirkenden Bestandteil von Genussmitteln wie Kaffee, Tee, Cola, Mate, Guaraná oder Energy-Drinks dar.
Das Wirkungsspektrum von Koffein ist zwar relativ breit, doch in geringen Dosen ist es in erster Linie ein Stimulans.
Koffein kann in flüssiger Form (Kaffee) oder in Tablettenform aufgenommen werden und entfaltet ca. 30 Minuten nach der Einnahme seine anregende Wirkung, die beim Erwachsenen durchschnittlich 4 Stunden anhält.
Eine Leistungsverbesserung durch Koffein wurde im Sport besonders bei Ausdauersportarten nachgewiesen. So konnte bei Dosierungen von 4–13 mg Koffein/kg Körpergewicht (KG) ein signifikanter Anstieg der ↑ aeroben Lipolyse beobachtet werden. Dies hat zur Folge, dass die Glykogenreserven in der Muskulatur geschont werden und somit im Laufe der Belastung länger zur Verfügung stehen. Auch bei sportlichen Belastungen, bei denen dauerhaft eine hohe Konzentration gefordert wird (z. B. bei Ballsportarten), kann das Koffein aufgrund seiner stimulierenden Wirkung einen entscheidenden Vorteil bringen.
Abzuraten ist jedoch von Dosierungen über 6 mg/kg KG, da diese zu Symptomen wie Kopfschmerzen, Schlaflosigkeit, Magen-Darm-Problemen oder Schwindel führen können.

Stimulantien sind im Allgemeinen Substanzen mit anregender Wirkung auf die Psyche, die Antrieb sowie Konzentration steigern und auf diese Weise Ermüdungserscheinungen beseitigt.

aerobe Lipolyse
↑ Seite 102

7.7 Adipositas

Abb. 1 *Übergewicht und Bewegungsmangel als Vorläufer vieler Stoffwechselerkrankungen*

Jeder zweite erwachsene Deutsche ist übergewichtig (BMI = 25–30) und jeder fünfte bis sechste adipös (BMI >30). Besonders Besorgnis erregend ist dabei die Tatsache, dass der Anteil der Adipösen in den letzten Jahren kontinuierlich zunahm. So ergab eine Befragung im Rahmen des Mikrozensus 1999/2003, dass eine signifikante Zunahme der Adipösen bei konstantem Anteil der Übergewichtigen zu verzeichnen war. Auf Grund des Mikrozensus lag die Rate der adipösen Männer bei 19,1 % und wurde von den Frauen mit 21,4 % sogar noch getoppt. Auch bei Schulkindern liegt der Anteil adipöser Kinder mittlerweile schon bei 15 %.

Mikrozensus
Repräsentative Datenerhebung für Gesamtdeutschland. Befragt wurden rund 380.000 (1999) resp. 370.000 Haushalte (2003). Die Angaben der Befragten wurden auf die 20- bis 74-jährige Bevölkerung hochgerechnet.

Definition und Klassifikation von Adipositas

Adipositas ist definiert als eine über das Normalmaß hinausgehende Vermehrung des Körperfetts als Folge einer dem individuellen Energiebedarf chronisch überschreitenden Energieaufnahme.

Berechnungsgrundlage für die Gewichtsklassifikation ist der Körpermaßindex ↑ BMI und die Bauchumfangmessung.

BMI und Bauchumfangsmessung
↑ Seite 18, 23

7.7.1 Ursachen von Adipositas

Wie schon erwähnt ist Adipositas die Folge eines Missverhältnisses zwischen Energieaufnahme und -verbrauch. Dies reicht jedoch als einzige Erklärung nicht aus, da einige Personen einen deutlichen höheren Hang zur Gewichtszunahme als andere haben. Zusammenfassend kristallisieren sich folgende Ursachen zur Entstehung von Adipositas heraus:

Genetik
Genetische Faktoren spielen für die Entstehung von Adipositas häufig (60–80 %) eine bedeutende Rolle. Die Erbanlagen können beispielsweise zu einer vermehrten Nahrungsaufnahme, zu einem verminderten Energieumsatz oder einer bevorzugten Energiespeicherung in Form von Fett führen. Diese Veranlagung – kombiniert mit einem Kalorienüberschuss auf Grund einer fettreichen Ernährung und Bewegungsmangel – führt zu Adipositas.

Umweltfaktoren
Die Fähigkeit, Energie (Fett) zu speichern, stellte in Zeiten limitierter Nahrungsressourcen und somit während des größten Teiles der menschlichen Evolution einen Selektionsvorteil dar und wurde deshalb genetisch fixiert. Erst in der heutigen Zeit mit einer fast unlimitierten Nahrungsmittelversorgung in den westlichen Industrienationen erweisen sich die gleichen Erbanlagen als ungünstig für Gesundheit und Überleben, da es die Zeiten der Nahrungsmittelknappheit einfach nicht mehr gibt und somit die Fettdepots nicht mehr verbraucht werden.

Psychologische Gründe

Eine Vielzahl psychischer Störungen können zu Adipositas führen, vor allem Störungen des Essverhaltens wie die Binge-Eating-Störung oder depressive Störungen, die mit einer übermäßig kalorienreichen Ernährung einhergehen („Essen aus Kummer", „Kummerspeck").

Das wesentliche Kennzeichen der **Binge-Eating-Störung** ist das wiederholte Auftreten von Heißhungerattacken bzw. „Fressanfällen", die ohne regelmäßig angewandte Maßnahmen zu einer Gewichtszunahme führen.

Regulation der Nahrungsaufnahme

Entscheidend für die Steuerung der Nahrungsaufnahme ist das Sättigungsgefühl. Dieses dient nicht dazu die Energieaufnahme zu blockieren, sondern zu optimieren. So sind die Ruhephasen zwischen der Nahrungsaufnahme wichtig, um dem Körper die Zeit zu geben, die Nahrungsbestandteile zu verdauen und aufzunehmen.

Dieser natürlich vorhandene Regulationsmechanismus wird heutzutage sehr stark durch den Verstand und von äußeren Einflüssen verändert. So überspielt der Genuss der Nahrung sehr schnell die Sättigungsregulation und fördert somit eine übermäßige Energieaufnahme.

7.7.2 Risiken bei Adipositas

Ganz allgemein lässt sich feststellen, dass Adipositas mit einer erhöhten Mortalitätsrate einhergeht, die positiv mit dem Grad des Übergewichts korreliert, d. h., je höher das Übergewicht, desto höher die Mortalitätsrate. Ab einem BMI > 25 beginnt die Sterblichkeit zu steigen, ist jedoch bis zu einem BMI von 30 nicht besonders ausgeprägt. Ab einem BMI > 30 steigt die Sterblichkeit deutlich an.

Die **Mortalität** gibt die Anzahl der Todesfälle pro Bevölkerung pro Zeit an.

Die Ursache liegt bei den mit dem Übergewicht einhergehenden Krankheiten, von denen einige der signifikantesten im Folgenden dargestellt werden:

Koronare Herzerkrankung, Herzinsuffizienz

Das Risiko, einen Herzinfarkt zu erleiden bzw. an einem Herzinfarkt zu sterben, steigt mit zunehmendem BMI an. Als Herzinfarkt wird das Absterben eines Teils des Herzmuskels infolge Sauerstoffmangels mit z. T. lebensbedrohlichen Komplikationen bezeichnet.

Bei der Herzinsuffizienz (Herzschwäche) handelt es sich um eine Funktionsstörung des Herzens, bei der das Blut nicht mehr in ausreichenden Mengen ausgeworfen werden kann.

Herzinsuffizienz ist eine weitere Komplikation bei starkem Übergewicht und eine wesentliche Todesursache. Das Risiko von Herz-Kreislauf-Erkrankungen ist abhängig von der Dauer des Übergewichts.

Schlaganfall

Als Schlaganfall wird das plötzliche Auftreten von neurologischen Ausfällen bezeichnet, die meist auf eine akute Durchblutungsstörung im Gehirn zurückzuführen sind. Das Schlaganfallrisiko steigt ebenso mit zunehmendem BMI. Bei Frauen ist das Schlaganfallrisiko mit einem BMI > 27 um 75 % höher und mit einem BMI > 32 um 137 % höher als mit einem BMI im Normalbereich.

Koronare Herzerkrankungen, Herzinsuffizienz und Schlaganfall sind durch die folgenden Risikofaktoren begründet, die bei adipösen Menschen deutlich häufiger auftreten:

- Hypertonie
- Diabetes mellitus Typ II
- Fettstoffwechselstörungen

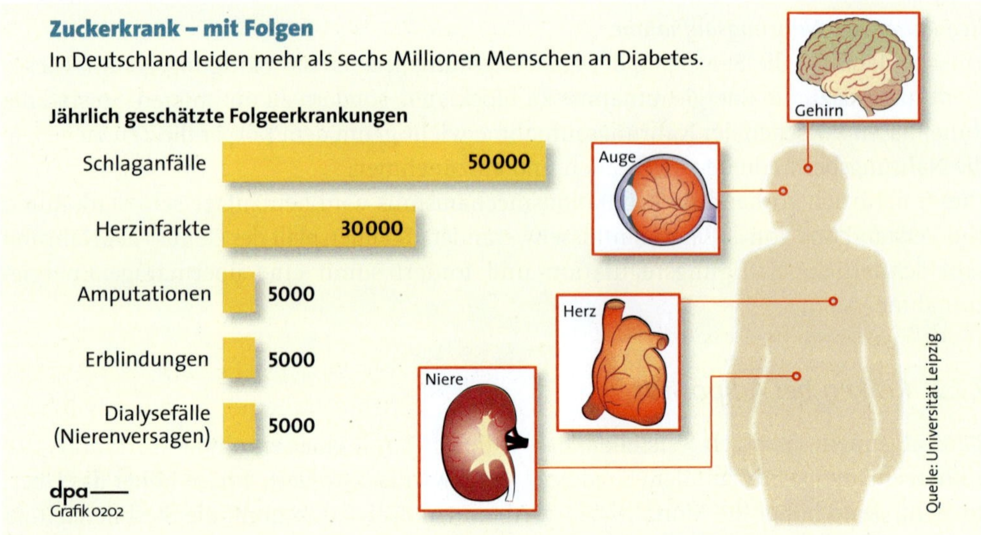

Abb. 1 *Die Folgen von Diabetes*

Sonstige Erkrankungen
Auch das Risiko, an Gicht, Gallenblasenerkrankungen, orthopädischen Komplikationen oder dem Schlafapnoe-Syndrom (Atempause im Schlaf) zu leiden, ist bei adipösen Menschen ebenfalls deutlich erhöht.

7.7.3 Therapie bei Adipositas

Bei der Therapie und der damit implizierten Gewichtsreduktion bei Adipositas ist es zunächst einmal wichtig, dass sich der Kunde realistische Ziele steckt. Primär gilt es eine Gewichtsreduktion zu erreichen, die er auch nachhaltig beibehält und somit entscheidend die Risikofaktoren der Adipositas reduziert. Therapien bei Adipositas sollten immer nur nach ärztlicher Abklärung durchgeführt werden.

www.adipositas-gesellschaft.de

Nach den Richtlinien der ***Deutschen Adipositas-Gesellschaft*** sind hierbei die Grundpfeiler der ***Ernährungstherapie, Bewegungstherapie und Verhaltenstherapie*** zu beachten.

Ernährungstherapie
Die Idee der Ernährungstherapie basiert auf der Zielvorgabe, dass der Kunde eine negative Energiebilanz, d.h. ein Energiedefizit erreicht. Das bedeutet, dass die täglich zugeführte Energie kleiner ist als die tatsächlich benötigte Energie. Liegt dieses gewollte Missverhältnis vor, muss der Körper auf seine Reserven zurückgreifen, was einen Fett- bzw. Gewichtsverlust zur Folge hat.

Die Deutsche Adipositas-Gesellschaft empfiehlt zur Erreichung des gewünschten Energiedefizites nachfolgende Möglichkeiten (wobei der Beginn der Ernährungstherapie auf allen Stufen möglich ist). Wichtig ist hierbei, dass der Kunde vor Beginn der Therapie über die Hintergründe der Ernährungsumstellung gut aufgeklärt wird:

- *Alleinige Reduktion des Fettverzehrs*

Durch die Reduktion des Fettverzehrs soll ein tägliches Energiedefizit von ca. 500 kcal angestrebt werden. Die Fettaufnahme wird hierbei auf ca. 60 Gramm pro Tag verringert, ohne dass der Verzehr von Kohlenhydraten eingeschränkt wird. Durch diese Maßnahme ist ein Gewichtsverlust von durchschnittlich 3,2–4,3 kg in einem halben Jahr möglich. Der Gewichtsverlust ist umso größer, je höher das Ausgangsgewicht und der vorherige Fettverzehr war (Astrup et al. 2000, Popitt et al. 2002). Neben der angestrebten Gewichtsreduktion ist diese Maßnahme auch zur dauerhaften Stabilisierung des Körpergewichts geeignet.

- *Mäßig energiereduzierte Mischkost*

Durch eine mäßig energiereduzierte Mischkost wird ein Energiedefizit von 500–800 kcal pro Tag angestrebt. Im Unterschied zu der reinen Reduktion des Fettverzehrs wird auch die Aufnahme von Kohlenhydraten und Proteinen reduziert. Dies wird erreicht, indem die Aufnahme an pflanzlichen Produkten gesteigert und die Aufnahme der tierischen Produkte reduziert wird. Durch diese Maßnahme wird das gewünschte Energiedefizit bei Erhalt der Sättigung erreicht. Damit gelingt eine durchschnittliche Gewichtsreduktion von 5,1 kg in einem Jahr. Diese Ernährungsform ist weitgehend nebenwirkungsfrei und auch langfristig wirksam. Sie gilt als Standardtherapie der Adipositas (Anderson et al. 2001).

- *Ersatz einzelner Mahlzeiten durch Formulaprodukte*

Formulaprodukte sind industriell hergestellte Diätprodukte, die als Fertigdrink, Riegel oder in Pulverform zu erwerben sind. Das Pulver wird zu einem Getränk oder einer Suppe mit fettarmer Milch oder Wasser zubereitet. Verschiedene Geschmacksrichtungen sorgen für Abwechselung. Der Energie- und Nährstoffgehalt des Formulaproduktes ist gesetzlich in der Diätverordnung festgelegt. Eine oder zwei Hauptmahlzeiten können pro Tag mit Formulaprodukten mit ca. 200 kcal pro Mahlzeit substituiert werden. Über einen Zeitraum von drei Monaten sind bei einer durchschnittlichen Energiezufuhr von täglich 1200–1600 kcal ca. 6,5 kg Gewichtsverlust zu erwarten. Der Einsatz von Formulaprodukten sollte unter ärztliche Aufsicht erfolgen.

- *Formuladiät*

Reine Formuladiäten müssen unter ärztlicher Aufsicht durchgeführt werden. Sie ermöglichen einen Gewichtsverlust von 0,5–2 kg/Woche über einen Zeitraum von bis zu 12 Wochen. Diese sehr niedrig kalorische Kostform (< 800 kcal/Tag) kommt allerdings nur bei Personen mit einem BMI > 30 in Frage, die aus medizinischer Sicht kurzfristig Gewicht abnehmen sollen. Eine Formuladiät sollte stets von Bewegungssteigerung begleitet sein. Spätestens nach 12 Wochen muss eine Umstellung auf eine mäßig hypokalorische Mischkost zur Gewichtserhaltung erfolgen. Während der Formuladiät sollte eine tägliche Trinkmenge von mindestens 2,5 l eingehalten werden. Daneben ist auf eine Mitbetreuung durch Ärzte wegen des erhöhten Nebenwirkungsrisikos unbedingt zu achten.

Bewegungstherapie

Die Bewegungstherapie trägt als zweite Säule entscheidend zu einer nachhaltigen Gewichtsreduktion bei. So führt alleine schon der erhöhte Energieverbrauch durch eine Steigerung der körperlichen Alltagsbelastungen zur Gewichtsabnahme und Gewichtserhaltung. Die Trainingsintensität der Bewegungstherapie sollte sich an einem gelenkschonenden Herz-Kreislauf-Training orientieren und – sofern keine Kontraindikationen bestehen – ca. 75 % der maximalen Herzfrequenz betragen. Die Kombination eines Ausdauertrainings mit Krafttraining erhöht die Kraft, steigert den Grundumsatz und verbraucht Fett.

Auch in diesem Zusammenhang gibt die Deutsche Adipositas-Gesellschaft folgende Hinweise:

- Um das ***Gewicht*** zu ***reduzieren***, ist ein zusätzlicher Energieverbrauch von mindestens 2500 kcal/Woche erforderlich. Dies entspricht einem Umfang von mindestens 5 Stunden zusätzlicher körperlicher Bewegung pro Woche (Jakcic et al. 2001, Jefferey et al. 2003).
- Daneben ist die körperliche Aktivität besonders zur ***Gewichtserhaltung*** nach einer Phase der Gewichtsreduktion geeignet. So kann Sport in Verbindung mit einem geeigneten Ernährungsprogramm den Energiebedarf hochhalten und die erneute Gewichtszunahme verhindern. Um das Gewicht zu stabilisieren, sind 3–5 Stunden vermehrte Bewegung pro Woche mit einem Energieverbrauch von mindestens 1500 kcal erforderlich (Jakcic et al. 2001).
- Eine Steigerung der Alltagsaktivität, wie z. B. Treppensteigen, Gartenarbeit oder wenn möglich das Auto durch das Fahrrad ersetzen, hat bereits einen ähnlich günstigen Effekt auf die ***Gewichtsstabilisierung*** wie ein strukturiertes Bewegungsprogramm (Andersen et al. 2001).

Verhaltenstherapie

Auch die dritte Säule, die Verhaltenstherapie, trägt entscheidend zum Gesamtergebnis bei. Es steht bei dieser Therapieform besonders die Willenskraft und das Durchhaltevermögen des Kunden im Vordergrund, sein bisheriges *ungesundes Verhalten zu erkennen, dieses zu verändern* und schließlich auch *nachhaltig verändert beizubehalten.* Verhaltenstherapeutische Ansätze haben die Aufgabe, die Kundenmotivation bei der Einhaltung der Ernährungs- und Bewegungsempfehlungen zu unterstützen, um eine langfristige Gewichtsreduktion bzw. -stabilisierung zu erreichen. Besonders die Kunden, die immer und für alles eine Ausrede haben, gilt es, einfühlsam zur Einsicht zu bewegen und ihnen Lösungsvorschläge zu unterbreiten.

Es ist in diesem Zusammenhang noch einmal explizit darauf hinzuweisen, dass dem Kunden realistische Ziele gesteckt werden müssen. Ein reines Verzichten auf all das, was für ihn bisher die Lebensqualität ausgemacht hat, ist von vornherein zum Scheitern verurteilt. Gönnt sich der Kunde z. B. beim Abendessen ein Bier oder eine Cola, gilt es in einem ersten Schritt diese kalorienreduziert zu substituieren. In diesem Fall würden sich Lightprodukte anbieten.

Vorgehen bei der Ernährungsberatung im Fitness-Studio

Damit dem Kunden sein ungesundes Verhalten bezüglich Ernährung und Bewegung schwarz auf weiß präsentiert werden kann, bietet sich ein Ernährungs- bzw. Bewegungstagebuch an. Der Kunde bekommt hierbei die Hausaufgabe, über einen Zeitraum von einer Woche sein Ernährungs- und Bewegungsverhalten zu dokumentieren. Dieses wird dann von dem Fitnesstrainer ausgewertet und mit dem Kunden besprochen. Auf Fehler muss der Kunde hingewiesen werden und mit gemeinsam vereinbarten Zielvorgaben müssen realistische Ziele gesetzt werden. In regelmäßigen Zeitabständen sollte es zu einem kurzen Erfahrungsaustausch kommen, um den Erfolg festzustellen bzw. gegebenenfalls Modifikationen vorzunehmen.

Das Ernährungstagebuch

Ernährungstagebuch:		
Tageszeit:	Was esse und trinke ich?	Beweggründe/Umstände (z. B. Hunger, Süßhunger, Heißhunger, stressbedingtes Essen, Essen aus Langeweile)
Datum:		
Datum:		
Datum:		
Datum:		
Datum:		
Datum:		

Abb. 1 Ernährungstagebuch

Die folgende Checkliste soll ein strategisches Vorgehen zur Auswertung des Essverhaltens und der Nahrungsaufnahme ermöglichen. Die vorgegebene Reihenfolge ist dabei nicht zwingend einzuhalten. Es hat sich allerdings als sinnvoll erwiesen, das Essverhalten und die Nahrungsaufnahme getrennt voneinander zu bewerten.

Checkliste zum Essverhalten und zur Nahrungsaufnahme		
	Zu beachten:	**Zu bemängeln:**
Essverhalten	• Regelmäßigkeit *Die Hauptmahlzeiten wurden regelmäßig eingenommen.*	• Komplettes Weglassen einzelner Mahlzeiten • Hauptmahlzeit direkt vor dem Zubettgehen
	• „Geplante" Zwischenmahlzeiten *Werden Zwischenmahlzeiten – „nimm fünf am Tag" – eingenommen? Wie viele? Sind sie geplant?*	• Häufige Zwischenmahlzeiten (Süßigkeiten) am Arbeitsplatz, beim Fernsehen usw. • Unkontrollierte Heißhungerattacken
	• Beweggründe des Essens *Ich esse, weil ich Hunger habe.*	• Essen aus Stress • Essen aus Langeweile • Heißhungerattacken • Süßhunger (in Maßen völlig in Ordnung)
	• Atmosphäre beim Essen *Das Essen wird langsam, genussvoll im Sitzen eingenommen.*	• Hauptmahlzeiten werden häufig mit anderen Tätigkeiten (Zeitunglesen oder beim Fernsehen) eingenommen. • Essen findet sehr häufig im Stehen statt. • Essen wird sehr häufig geschlungen.
Nahrungsaufnahme	• Kohlenhydrate *Zucker wird sparsam verwendet, ballaststoffreiche Kohlenhydrate werden bevorzugt.*	• Süßigkeiten, Kuchen usw. • Cola und Limonaden, Fruchtsäfte, Wein, Bier oder hochprozentige Alkoholika
	• Fette *Fett wird in Maßen benutzt und fettreiche Lebensmittel gemieden. Pflanzliche Öle werden bevorzugt verwendet.*	• Fettreiches Fleisch, Wurst, Käse und Eier • Fettreiche Haut, Kruste und der Fettrand • Bratkartoffeln, Kartoffelpuffer, Rösti, Pommes frites oder Kroketten • Aufläufe oder Rahmsoßen werden mit Sahne gemacht • Mayonnaise und Öle werden reichlich, z.B. im Salat, verwendet
	• Proteine *Der Proteinkonsum orientiert sich an der körperlichen Aktivität.*	• Proteine mit zu viel Fett wie z.B. Leberkäse, Leberwurst, Wammerl, panierte Schnitzel • Proteinmast
	• Getränke *Reichliche Flüssigkeitszufuhr in Abhängigkeit der körperlichen Aktivität; kalorienarme Getränke wie Tee und Wasser werden bevorzugt.*	• Hoher Kaffeekonsum • Cola und Limonaden, Fruchtsäfte, Wein, Bier oder hochprozentige Alkoholika

Tab. 1 *Checkliste Essverhalten – Nahrungsaufnahme*

Das Bewegungstagebuch

Die Interpretation des Bewegungstagebuchs basiert letztlich auf zwei Zielvorstellungen: Zum einen soll dem Kunden verdeutlicht werden, welche Tätigkeiten seinen Tag eigentlich dominieren und welcher Stellenwert dabei der Bewegung zukommt. Zum anderen sollen dem Kunden Potenziale aufgezeigt werden, wie er auch im Alltagsleben mehr Bewegung mit einfließen lassen kann und somit seinen Kalorienumsatz steigern kann. Ganz davon abgesehen wird auch etwas für seine Fitness getan. Der Fitnesstrainer hat sich bei der Auswertung des Bewegungstagebuchs u. a. folgende Fragen zu stellen:

- Wird der Fahrstuhl den Treppen vorgezogen?
- Wird der Weg zum Bäcker o. Ä. lieber mit dem Auto gefahren?
- Könnten viele Erledigungen, Einkäufe manchmal nicht auch ohne Auto bewältigt werden?
- Könnte der Weg zur Arbeit nicht auch mit dem Fahrrad oder zu Fuß bewältigt werden?

Bewegungstagebuch:	
Tageszeit:	Welche körperliche Tätigkeit übe ich im Laufe des Tages aus?
Datum:	
Datum:	
Datum:	
Datum:	
Datum:	
Datum:	

Abb. 1 Bewegungstagebuch

Mit nachfolgender Tabelle, die auf den Leitlinien der Deutschen Adipositas-Gesellschaft basiert, soll dem Fitnesstrainer ein Leitfaden gegeben werden, welche Therapieformen sich bei welcher körperlichen Voraussetzung anbieten. Die Kombination aus Ernährungstherapie, Bewegungstherapie und Verhaltenstherapie wird dabei als Basisprogramm bezeichnet:

*Unter **Risikofaktoren** werden z. B. regelmäßiges Rauchen oder Alkoholgenuss, Hypertonie, Diabetes mellitus und erhöhtes Cholesterin verstanden.*

***Risikofaktoren-Management** meint z. B. die Einschränkung des Alkoholgenusses, die Aufgabe des Rauchens, d. h. letztlich die Einführung eines gesundheitsförderlichen Lebensstils.*

*Zur Beratung über einen gesundheitsförderlichen **Lebensstil** gehört u. a. auch der Sport als Bewegungstherapie.*

Leitfaden zur Behandlung von Adipositas		
Körpergewicht und weitere Gefährdungen	**Ziel**	**Therapie**
Normalgewicht	• Gewichtsstabilisierung	• Ggf. Gewichtsmonitoring (Gewichtskontrolle)
Normalgewicht und Risikofaktoren	• Gewichtsstabilisierung • Bei familiärer Prädisposition sind Gewichtszunahmen über 3 kg zu vermeiden • Risikofaktoren-Management	• Gewichtsmonitoring • Beratung über gesundheitsförderlichen Lebensstil
Übergewicht	• Verhinderung der Gewichtszunahme	• Gewichtsmonitoring • Beratung über gesundheitsförderlichen Lebensstil
Übergewicht und Risikofaktoren oder Bauchumfang w: >88 cm m: >102 cm	• Dauerhafte Gewichtsreduktion um 5–10 %	• Gewichtsmonitoring • Basisprogramm • Beratung über gesundheitsförderlichen Lebensstil • Ärztliche Mitbetreuung
Adipositas Grad I mit und ohne Risikofaktoren oder Bauchumfang w: >88 cm m: >102 cm	• Dauerhafte Gewichtsreduktion um 5–10 %	• Gewichtsmonitoring • Basisprogramm • Beratung über gesundheitsförderlichen Lebensstil • Ärztliche Mitbetreuung
Adipositas Grad II mit und ohne Risikofaktoren	• Dauerhafte Gewichtsreduktion um 10–20 %	• Gewichtsmonitoring • Basisprogramm • Beratung über gesundheitsförderlichen Lebensstil • Ärztliche Mitbetreuung
Adipositas Grad III	• Dauerhafte Gewichtsreduktion um 10–30 %	• Gewichtsmonitoring • Basisprogramm • Beratung über gesundheitsförderlichen Lebensstil • Ärztliche Mitbetreuung

Tab. 1 Adipositastherapie

7.7.4 Die großen Diät-Irrtümer

Neben den im vorherigen Kapitel genannten erprobten ernährungstherapeutischen Ansätzen zur Gewichtsreduktion kursieren leider immer noch zahlreiche Irrtümer, von denen im Folgenden einige der Bekanntesten thematisiert werden sollen:

„Null-Diät macht schlank!"
Hierbei handelt es sich um einen der größten Irrtümer überhaupt. So erscheint es zwar zunächst einmal offensichtlich, dass zu einer schnellen Gewichtsreduktion die Nahrung einfach weggelassen werden sollte. Doch was hier leider nicht berücksichtigt wird, ist, dass unser Körper bei solchen Radikaldiäten den Energieverbrauch erheblich senkt. Wenn nun die Diät beendet wird, d. h., die Nahrungszufuhr wieder normalisiert wird, läuft der Körper aber weiterhin auf Sparflamme. Der Körper erhält also mehr Energie, als er verbraucht und legt sich folglich Energiereserven in Form von Fettpolstern an. Der berühmte „Jo-Jo-Effekt" ist eingetreten und nicht selten ist das Gesamtresultat nach einer Null-Diät eine weitere Gewichtszunahme.

„Adipöse essen mehr als Dünne!"
Auch diese These ist nicht haltbar, denn dicke Menschen nehmen unter Umständen sogar weniger Kalorien zu sich als Schlanke. Die Erklärung liegt hierbei in dem unterschiedlichen Grund- bzw. Leistungsumsatz der genannten Personengruppen. Während sich der Leistungsumsatz aus den körperlichen Aktivitäten ergibt, ist der Grundumsatz sehr stark von den genetischen Veranlagungen beeinflusst. So gibt es Personengruppen, die alles essen können und sehr schlank sind und auf der anderen Seite diejenigen, die alleine schon vom „Anschauen" zunehmen. Falls man leider zu der letzteren Gruppe gehört, ist natürlich im erhöhten Maße Selbstdisziplin gefordert.

„Es empfiehlt sich bei Adipösen, lieber viele kleine als weniger große Mahlzeiten zu sich zu nehmen!"
Problematisch erweist sich bei dieser Empfehlung, dass Adipöse oftmals ihr natürliches Sättigungsgefühl verloren haben. So werden viele kleine Mahlzeiten sehr schnell zu vielen großen Mahlzeiten und damit wird genau das Gegenteil erreicht, nämlich eine Gewichtszunahme.

„Zum Abnehmen empfiehlt es sich, das Abendessen wegzulassen!"
Leider führt auch diese Maßnahme nicht zwangsweise zum gewünschten Resultat, da immer die energetische Tagesbilanz betrachtet werden muss. Es macht keinen Unterschied, ob ich das Abendessen weglasse, wenn ich bei den anderen Mahlzeiten entsprechend „reinhaue". Ganz im Gegenteil, da ein Weglassen einer Mahlzeit oftmals auch die Psyche beeinflusst, insofern sie aus reiner Selbstdisziplin und nicht mangels Hunger weggelassen wird.

„Wer raucht, nimmt ab!“

Leider ist diese Behauptung nicht ganz von der Hand zu weisen. So wurde nachgewiesen, dass der Grundumsatz von Rauchern höher ist als der von Nichtrauchern. Ehemalige Raucher nahmen bei gleichem Essverhalten im Schnitt 3 kg zu. Verstärkt wird dieser Effekt allerdings vom Suchen nach einer Ersatzbefriedigung, um die Sucht nach dem Glimmstängel zu bekämpfen. Hier erweist sich leider die ganze Palette der Süßigkeiten als willkommene Alternative.

„Fett macht fett!“

So einfach ist es nicht, da es auf die Menge des konsumierten Fettes ankommt. Fett in moderaten Mengen ist ein absolutes Muss im Rahmen einer gesunden ausgewogenen Ernährung, da der Körper die fettlöslichen Vitamine E, D, K, A ohne Fett gar nicht aufnehmen kann.

Prüfungsaufgaben zur Ernährung

Situation
Um das Essverhalten von Frau Kellermann zu analysieren, haben wir sie gebeten, ein Ernährungstagebuch über zwei repräsentative Tage zu führen.

Ernährungs-/Bewegungstagebuch: Helga Kellermann

Tageszeit:	Was esse und trinke ich?	Beweggründe/Umstände
	Montag	
Vormittag	1 Vollkornsemmel, 2 Scheiben gekochter Schinken, 1 Apfel, 1 große Tasse Kaffee, 0,5 l Wasser	Frühstück
Mittag	1 Buttersemmel, 0,5 l Wasser	Mittagessen
Nachmittag	1 große Tasse Kaffee, 2 Stück Apfelkuchen mit Sahne, 0,5 l Wasser	Einladung zum Kaffeetrinken
Abend (19:00)	1 Maiskolben gegrillt, gemischter Salat, 2 Scheiben gegrilltes Schweinefleisch, Röstkartoffeln, 0,5 l Pils	Abendessen
	Dienstag	
Vormittag	1 Tasse Kaffee, 1 Glas Milch mit Süßstoff 8:30 – 14:45 2 l Wasser	Frühstück
Nachmittag	5 Schokoladenkekse	Süßhunger
Abend (17:00)	Großer gemischter Salat, Pellkartoffeln mit Joghurt-Dip, 2 kleine gegrillte Scheiben Schweinefleisch, 0,5 l Cola	Abendessen
(21:00)	1 Tafel Nugatschokolade	Süßhunger

1 Werten Sie den Auszug aus dem Ernährungstagebuch von Frau Kellermann aus.

2 Erläutern Sie zwei Gefahren, die mit Frau Kellermanns Adipositas verbunden sind.

3 Frau Kellermann möchte zur schnellen Gewichtsabnahme erst einmal eine Null-Diät über einen Zeitraum von einer Woche durchführen. Beurteilen Sie diese Maßnahme.

4 Welche Ziele sollte sich Frau Kellermann bei der Gewichtsabnahme vornehmen?

5 Wie sollte ihre Adipositastherapie aussehen?

A

Abduktoren Beinabspreizmuskeln
Adduktoren Beinanziehermuskeln
aerobe Energiegewinnung Stoffwechselvorgänge, die nur in Anwesenheit von Sauerstoff ablaufen
Agonist Muskel, der eine bestimmte, dem Antagonisten entgegengesetzte Bewegung ausführt
Amortisation Tilgung von Kräften durch elastisches Nachgeben in den Gelenken
anaerobe Energiebereitstellung Stoffwechselvorgänge, die ohne Sauerstoff ablaufen
Antagonist Gegenspieler; Muskel, der eine bestimmte, dem Agonisten entgegengesetzte Bewegung ausführt
anterior vorne
Anteversion das Vorführen; Nachvornholen (z. B. des Arms)
Atrophie Schrumpfung einer Zelle bzw. von Zellverbänden durch Abnahme der Zellmasse (Muskelatrophie)
Auxotonische Kontraktion Spannungsentwicklung des Muskels mit Längenänderung

C

contract anspannen, kontrahieren
Cool-down die Entmüdung
Crunches funktionelle Kräftigungsübung für die geraden Bauchmuskeln

D

Demineralisierung Verarmung des Gewebes an Mineralien (z. B. Kalkmangel etc.)
dexter rechts
distal entfernt, vom Körper weg
Distorsion Gelenkverrenkung
dorsal rückenwärts
Dorsalflexoren Muskeln, die den Fuß in Richtung Schienbein anziehen (Bewegung im oberen Sprunggelenk)
Dysbalance funktionelles Ungleichgewicht; Störung im harmonischen Zusammenspiel einzelner Organsysteme (z. B. Muskeln)

E

Elevatoren Hebung über die Waagrechte
Extensoren Gelenkstreckmuskeln
externus außen
Extremitäten Arme und Beine
exzentrische Muskelarbeit Spannungsentwicklung des Muskels, bei dem die Länge des Muskels trotz Kontraktion zunimmt (nachgebende Arbeitsweise)

F

Flexoren Gelenkbeugemuskeln

G

Glykogendepot Energiespeicher
Golgisches Sehnenorgan Sinnesorgan des Sehnenmuskelapparates, das als Messfühler für die Anzeige der augenblicklichen Spannung bzw. deren Änderung dient

H

Hüftdysplasie minderwertige Gelenkanlage der Hüfte
Hypermobilität Überbeweglichkeit eines Gelenks
Hypertrophie Vergrößerung einzelner Zellen und Gewebsbestandteile ohne zahlenmäßige Zunahme
Hypomobilität eingeschränkte Beweglichkeit eines Gelenks
Hypotonie herabgesetzte Muskelspannung/Blutniederdruck

I

inferior unten
intermuskuläre Koordination Zusammenspiel motorischer Einheiten verschiedener Muskeln
internus innen
intramuskuläre Koordination Zusammenspiel zwischen den Muskelzellen verschiedener motorischer Einheiten in einem Muskel
ischiocrurale Muskelgruppe Kniegelenkbeugemuskulatur
isometrische Kontraktion Spannungsentwicklung des Muskels ohne sichtbare Verkürzung
isotonische Kontraktion Muskelverkürzung bei gleichbleibender Spannung

K

Kapillaren haarfeine Aufzweigungen des Gefäßsystems in den Organen
Kapillarisierung Öffnung vorhandener oder Neubildung von Kapillaren
kaudal fußwärts
Kinästhesie Bewegungsgefühl; Muskelempfinden
Kontraktilität Fähigkeit der Muskelfasern, sich zusammenzuziehen
Kontraktur Funktions- und Bewegungseinschränkung von Gelenken und Gelenksystemen
konzentrische Muskelarbeit Spannungsentwicklung des Muskels unter Längenverkürzung (überwindende Arbeitsweise)
kranial kopfwärts
Kyphose Krümmung der Wirbelsäule nach hinten (z. B. Brustkyphose)

L

lateral zur Seite hin
Lordose Krümmung der Wirbelsäule nach vorn (z. B. Lendenlordose)
lumbo-sakraler Übergang Übergang von der Lendenwirbelsäule zum Kreuzbein

M

medial zur Mitte hin
Mitochondrien kleine Zellorgane, in denen die Enzyme der aeroben Energiegewinnung lokalisiert sind
Motoneuron Nervenzelle
Motorik Summe der willkürlich gesteuerten Bewegungsvorgänge
Muskeldysfunktion gestörte Muskelfunktion
Muskelkontraktur Funktionseinschränkung der Muskulatur, Muskelsteifheit
Myoglobin roter Farbstoff der Muskulatur, dem Hämoglobin ähnlich

P

palmar hohlhandwärts
Patellarsehne Kniescheibensehne; Sehne des Kniegelenkstreckers (M. quadriceps femoris)
Periost Knochenhaut
plantar fußsohlenwärts
Plantarflexoren Muskeln, die den Fuß strecken (Bewegung im oberen Sprunggelenk)
Plastizität Verformbarkeit eines Materials
plyometrische Sprünge Tiefsprünge; spezielle Form des Sprungkrafttrainings
posterior hinten
präventiv vorbeugend, verhütend
profundus in der Tiefe
Pronatoren Muskeln, die den äußeren Fußrand heben (Pronation)

Propriozeptoren Empfängerorgane für Muskel- und Sehnenreflexe
punctum fixum feststehender Punkt innerhalb eines bewegten Systems (z.B. Muskelursprung)
punctum mobile beweglicher Punkt innerhalb eines Systems (z.B. Ansatz eines Muskels)

R

Relaxation Entspannung
Regenerationsfähigkeit Erholungsfähigkeit
Restitutionsvorgang Wiederherstellungsprozess
Retroversion das Zurückführen (nach hinten) eines Arms

S

Sensomotorik wechselseitiges Zusammenwirken sensorischer (das Empfindungsvermögen betreffender) und willkürlich gesteuerter (motorischer) Teilprozesse innerhalb einer Bewegung
sinister links
Skoliose seitliche Verkrümmung der Wirbelsäule
spinal das Rückenmark betreffend
Spinalmotorik auf Rückenmarksebene ausgelöste Bewegungsabläufe
superficialis oberflächlich
superior oben
Supinatoren Muskeln, die den inneren Fußrand heben (Supination)
Synovitis Entzündung der Gelenkinnenhaut

T

Tendomyosen degenerative Erkrankung einer Sehne samt ihrem Muskelanteil; funktionelle, mit Schmerzen einhergehende Muskelstörung
Thorakalwirbel Brustwirbel
thorakolumbaler Übergang Übergang von der Brust- zur Lendenwirbelsäule

V

ventral bauchwärts
viskoplastisch zähe Verformbarkeit

A

B

C

H

I

J

K

AINSWORTH B (1993). *Compendium of physical activities: classification of energy costs of human physical activities.* Med Sci Exerc 25 (1), 71–80

ANDERSON JW, KONZ EC, FREDERICH RC, WOOD CL (2001). *Long-term weight-loss maintenance:* a meta-analysis of US studies

ARMSTRONG L, CARMICHAEL C, NYE PJ (2002). *Das Lance Armstrong Trainingsprogramm,* Bergisch Gladbach

ASTRUP A, GRUNWALD GK, MELANSON EL, SARIS WHM, HILL JO (2000). *The role of low-fat diets in the body weight control:* a meta-analysis of ad libitum dietary intervention studies

BACHMANN RM, SCHLEINKOFER GM (2000). *Die Kneipp-Wassertherapie,* Stuttgart

BLOOMFIELD SA (1997). *Changes in musculoskeletal structure and function with prolonged bed rest.* Medicine & Science in Sports & Exercise 1997, 29 (2), 197–206

BOECKH-BEHRENS W-U, BUSKIES W (2005). *Fitness-Krafttraining – Die besten Übungen und Methoden für Sport und Gesundheit,* Hamburg

BÖS K (2001). *Handbuch Motorische Tests,* Göttingen

BRENNER B, MEYER T, HOFSTETTER T (1982). *Dietary protein intake and the progressive nature of kidney disease:* the role of hemodynamically mediated glomerular injury in the pathogenesis of progressive glomerular sclerosis in aging, renal ablation, and intrinsic renal disease, N. Engl. J. Med. 9 307 (11), 652–659

BROUNS F (1996). *15. Jahrestagung der AKE und der DGEM,* Innsbruck

COLETTI LA, et al. (1989). *The effects of muscle building exercise on bone mineral density of the radius, spine and hip in young men.* Calcified Tissue International 1989, 45, 12–14

COSTILL D (1990). *Fluid homeostasis during exercise, vol. 3,* in: Gisolfis CV, Lamb DR (eds) Benchmark Press, Carmel, Indiana, 97–121

CLASING D, SIEGFRIED I (2002). *Sportärztliche Untersuchung und Beratung,* Balingen

CURRY JR. J (1993). *Endurance & strength training help reduce fat,* The Times picayune

EHLENZ H, GROSSER M, ZIMMERMANN E (2003). *Krafttraining,* BLV Sportwissen, München

FROBÖSE I, NELLESSEN G, WILKE C (Hrsg.) (2003). *Training in der Therapie – Grundlagen und Praxis,* München

GEISS K, HAMM M (2001). *Handbuch Sportlerernährung,* Hamburg

GOTTLOB A (2001). *Differenziertes Krafttraining mit Schwerpunkt Wirbelsäule,* Heidelberg

GREEN H. et al. (1999). *Regulation of fiber size, oxidative potential, and capillarization in human muscle by resistance exercise,* Am J Physiol, 276: 91–96

GROSSER M, STARISCHKA ST, ZIMMERMANN E (2004). *Das neue Konditionstraining,* München

GÜLLICH A, SCHMIDTBLEICHER D (2000). *Methodik des Krafttrainings – Struktur der Kraftfähigkeiten und ihrer Trainingsmethoden,* in: Siewers M (Hrsg.). Muskelkrafttraining Band 1: Ausgewählte Themen, Kiel

HÄFELINGER U, SCHUBA V (2002). *Koordinationstherapie – Propriozeptives Training,* Aachen

HECK H, BENEKE R (2008). *Deutsche Zeitschrift für Sportmedizin,* 59, Nr. 12, 297–302

HERM K-P (1996). *Die Messung der Hautfalte (Kalipermetrie) und Ermittlung des Körperdepotfettes.* In: Clasing D, Damm F, Marx K, Platen P (Hrsg.) (1996). Die essgestörte Athletin, Köln

HERM K-P (2003). *Methoden der Körperfettmessung,* in: Deutsche Zeitschrift für Sportmedizin, Jahrgang 54, Nr. 5 S. 153

HOLLMANN W, HETTINGER T (1990). *Sportmedizin,* Stuttgart

HOLLOSZY JO (1983). *Exercise, healtz and aging: A need for more information, Medicine and Science in Sports and Exercise,* 15: 1–5

HOPPELER H (1992). *Strukturelle und funktionelle Grundlagen der Schnelligkeit,* Stuttgart

HOPPELER H (1998). *Fettarme Kost,* Insider, Vol 6, Nr. 2, September

Jakicic JM, Clark K, Coleman E, Donelly JE (2001). Appropriate intervention strategies for weight loss and prevention of weight regain for adults

Jakicic JM, Marcus BH, Gallagher KI, Napolitano M (2003). *Effect of exercise duration and intensity on weight loss in overweight, sedentary women*

Janda V (1979). *Muskelfunktionsdiagnostik*, Heidelberg

Jeffery RW, Wing RR, Sherwood NE (2003). *Physical Activity and weight loss: does prescribing higher physical activity goals improve outcome*

Jung K (1984). *Sport und Ernährung*, Aachen

Kendall F, Mc Creary E, Provance P (2001). *Muskeln – Funktionen und Tests*, München

Kjaer M (2004). *Anpassung der Sehnen an körperliche Belastung*, Deutsche Zeitschrift für Sportmedizin, 55, Nr. 6, 148–151

Koula-Jenik (2006). *Leitfaden Ernährungsmedizin*

Knebel K-P (1995). *Tennisfunktionsgymnastik*, Hamburg

Knebel K-P (2000). *Funktionsgymnastik*, Hamburg

Knebel K-P (2005). *Muskelcoaching: Top in Form mit Stretching*, Hamburg

Konopka P (2001). *Sporternährung*, BLV Sportwissen, München

Koronas K, Athanailidis I, Varsamis P. (2003). *Knochendichte erwachsener Tennisspieler im Vergleich zu sportlich Inaktiven*, Deutsche Zeitschrift für Sportmedizin, 54, Nr. 4, 113–117

Koula-Jenik H, Kraft M, Miko M, et al. (2005). *Leitfaden Ernährungsmedizin*

Leitzmann C, Müller C, Michel P. et al. (2003). *Ernährung in Prävention und Therapie*

Lemon PWR (1991). *Protein and amino acids needs of the strength athlete.* Int. J. Sport Nutr. 1, 127–145

Lemon PWR, MacDougall JD, Tarnopolsky MA, Atkinson SA (1992). *Protein requirements and muscle mass/strength changes durcing intensive training in novice body builders*, J. Appl. Physiol 73, 767–775

Marèes H (2003). *Sportphysiologie*, Köln

Markworth P (2007). *Sportmedizin*, Hamburg

Martin D, Carl K, Lehnertz K (1993). *Handbuch Trainingslehre*, Schorndorf

Mayer F, Gollhofer A, Berg A (2003). *Krafttraining mit Älteren und chronisch Kranken*, Deutsche Zeitschrift für Sportmedizin, 54, Nr. 3, 88–94

Meinel K, Schnabel G (1987). *Bewegungslehre – Sportmotorik*, Berlin

Neumann G (2000). *Ernährung im Sport*, Aachen

Parizkova J (1962). *Rozvoj aktivni hmoty a tuku u deti a mladeje*, Praha

Pokan et al. (2004). *Kompendium der Sportmedizin*, Wien

Popitt SD, Keogh GF, Prentice AM (2002). *Long-term effects of ad libitium low fat, high carbohydrate diets on body weight and serum lipids in overweight subjects with metabolic syndrome*

Reimann S (2002). *Befunderhebung – Grundlagenwissen für Physiotherapeuten und Masseure*, München

Reuss F (1992). *Elektrolyt- und Flüssigkeitssubstitution beim Sportler in der Trainings- und Wettkampfphase*, Ern Umschau 39, 117–122

Rohen JW (1998). *Funktionelle Anatomie des Menschen*, Stuttgart/New York

Schek A (1994). *L-Carnitin: Sinn und Unsinn der Substitution einer körpereigenen Substanz*, Ernährungs-Umschau 41, 9–15 u. 60–67

Schmidt H (1972). *Orthopädie im Sport*, Leipzig

Schiffer J (1993). *Schnelligkeit – trainingsmethodische, biomechanische, leistungsphysiologische und leistungsdiagnostische Aspekte*, Köln

SCHMID, R F, THEWS G (1995). *Physiologie des Menschen*, Heidelberg

SCHMIDTBLEICHER D (1980). *Maximalkraft und Bewegungsschnelligkeit*, Bad Homburg

SCHWABERGER G (1993). *Skriptum für Arbeits- und Sportphysiologie*

SEEBAUER W (2000). *Nahrungssupplementation, Vollwerternährung und oxidativer* Stress im Hochleistungssport, Triathlon Band 15, 95–178

SPRING H, ILLI U, KUNZ H-R, RÖTHLIN K (1986). *Dehn- und Kräftigungsymnastik*, New York

STEMPER T (2003). *Lehrbuch lizensierter Fitness-Trainer DSSV*, Hamburg

TARNOPLSKY MA, ATKINSON SA, MAC DOUGALL JD (1992). *Evaluation of protein requirements for trained strength athletes*, J. Appl. Physiol 73 (5), 1986–1995

TOUBRO S, ASTRUPP A (1997). *Radomised comparisons of diets for maintaining obese subjects weight after major weight loss:* ad lib, low fat, high carbohydrate diet vs fixed energy intake

VERCHOSHANSKIJ J (1992). *ein neues Trainingssystem für zyklische Sportarten*, Trainer Bibliothek 29, Münster

VERCHOSHANSKIJ J (1995). *ein neues Trainingssystem für azyklische Sportarten*, Trainer Bibliothek 32, Münster

WACHTER S (2002). *Long-term administration of L-carnitine to humans:* effect on skeletal muscle carnitine content and physical performance. Clin Chim Acta 318, 51–61

WEINECK J (2003). *Optimales Training*, Erlangen

WEINECK J (2004). *Sportbiologie*, Erlangen

WESTENHÖFER J (2001). *So hilft Verhaltenstherapie beim Abnehmen*

WIEMANN K, KLEE A (2000). *Die Bedeutung von Dehnen und Stretching in der Aufwärmphase vor Höchstleistungen.* In: Leistungssport (4), 5–9

ZINTL F (1988). *Ausdauertraining*, München

Internetadressen

www.adipositas-gesellschaft.de
www.aid.de
www.deutsche-diabetes-gesellschaft.de
www.dge.de
www.fitness-online.at
www.talkingfood.de

Bildquellen

Titelseite: fotolia
Biste, G., Schwäbisch-Gmünd: 138/1
CARC/Westermann: 200/1
Cornelsen Verlagsarchiv: 38/1, 173/1
Flicke, T., München: 23/2, 32/2–3, 41/1–2, 42/1, 43/1–3, 44/1–3, 45/1–4, 46/1–2, 47/1–2, 48/1–3, 77/1–4, 78/1–2, 79/1–3, 80/1–3, 81/1–3, 82/1–5, 83/1–4, 85/1–4, 86/1–4, 87/1–4, 88/1–4, 89/1–3, 90/1–4, 91/1–4, 92/1–4, 111/1–2, 112/1–4, 113/1–3, 114/1–3/1–2, 115/1–3, 116/1–3, 124/1–2, 125/1–3, 126/1
fotofinder/blickwinkel: 131
fotolia 7 (3d-Master), 8/3, 37/2 (Petr Nad), 131 (Mario Bruno), 171 (Olga Lyubkina)
getty images: 171
Haydin, H., Bensheim: 174/1
Hollatz, I., Heidelberg: 175/1–2, 179/1, 183/1, 189/1
Ironman Germany/Medien Infos: 8/4
Krischke, K., Marbach: 101/1, 106/1, 132/1–2, 146/1, 156/1
Lieder, Ludwigsburg: 158/1, 169
Mair, I., München: 12/1, 15/1, 14/2, 19/2, 23/1, 24/1–3, 25/1–2, 26/1, 28/1, 31/1, 32/1, 57/1, 61/1, 70/1, 93/1–3, 94/1–3, 95/1–3, 96/1–3, 97/1–3, 102/1, 103/1, 132/3, 133/1, 134/1–2, 135/1, 140/1, 141/1–2, 142/1–3, 143/1, 145/1, 146/2, 147/1, 148/1–4, 149/1, 150/1–2, 151/1–4, 152/1, 153/1, 154/1, 156/2, 157/1–2, 168
picture-alliance (dpa): 8/1 (TASS/Matysin), 9 (dpa/Istan Bajzat), 37/2 (Bernd Settnik), 65/1 (Sven Simon), 65/2 (Schreyer Fotoagentur), 65/3 (dpa/Abaca Kempinaire)
Projektphotos: 39/1, 192/1
Schnell Trainingsgeräte GmbH, Peutenhausen 8/2
TANITA-Europe, Hoofdorp (NL): 22/1
Wikipedia/GNU/Julo: 14/1
www.about.com: 19/1
www.ferdin.de: 18/1
www.moenks-scheer.de: 27/1
www.sport-tiedje.de: 34/1, 37/1
Raichle, G., Ulm: 159/1–2, 160/1–3, 161/1–3, 162/1–3, 163, 164/1, 165/1–3, 166/1–2, 167/1–4, 168